HERA LIND | Tausendundein Tag

Über den Roman

Der sportlichen Katharina von Schenck steht mit siebzehn die ganze Welt offen: Sie reist ins sonnige Kalifornien, wo sie ein Jahr später ihre große Liebe aus Deutschland heiratet. Doch Falk enttäuscht sie so perfide, dass sie glaubt, nicht tiefer fallen zu können. Umso heftiger sind ihre Gefühle für Bernd, einen Bauingenieur, der im Iran ein großes Projekt leitet. Sie will Falk vergessen und folgt Bernd nach Shiraz, wo ihr Leben gegensätzlicher nicht sein könnte. Nach Khomeinis Machtübernahme haben Frauen keine Freiheiten mehr und müssen sich verschleiern. Aus Liebe arrangiert sich Katharina, schließt Freundschaften und entdeckt die geheimnisvollen Schönheiten des Landes. Bis sie eines Tages von drei bärtigen Glaubenswächtern brutal überfallen wird – eine Schande, für die ihr Gefängnis droht und die zudem nicht ohne Folgen bleibt …

Über die Autorin

Hera Lind studierte Germanistik, Musik und Theologie und war Sängerin, bevor sie mit ihren zahlreichen Romanen von *Die Champagner-Diät* über *Verwechseljahre* bis hin zu *Verwandt in alle Ewigkeit* sensationellen Erfolg hatte. Auch mit ihren Tatsachenromanen *Der Mann, der wirklich liebte*, *Himmel und Hölle*, *Gefangen in Afrika* und *Drachenkinder* eroberte sie wieder die SPIEGEL-Bestsellerliste. Hera Lind lebt mit ihrer Familie in Salzburg.

HERA LIND

Tausendundein Tag

Roman nach einer wahren Geschichte

Diana Verlag

Vorbemerkung

Dieses Buch erhebt keinen Faktizitätsanspruch. Es basiert zwar zum Teil auf wahren Begebenheiten und behandelt typisierte Personen, die es so oder so ähnlich gegeben haben könnte. Diese Urbilder wurden jedoch durch künstlerische Gestaltung des Stoffs und dessen Ein- und Unterordnung in den Gesamtorganismus dieses Kunstwerks gegenüber den im Text beschriebenen Abbildern so stark verselbstständigt, dass das Individuelle, Persönlich-Intime zugunsten des Allgemeinen, Zeichenhaften der Figuren objektiviert ist.

Für alle Leser erkennbar erschöpft sich der Text nicht in einer reportagehaften Schilderung von realen Personen und Ereignissen, sondern besitzt eine zweite Ebene hinter der realistischen Ebene. Es findet ein Spiel der Autorin mit der Verschränkung von Wahrheit und Fiktion statt. Sie lässt bewusst Grenzen verschwimmen.

MIX
Papier aus verantwortungsvollen Quellen
FSC www.fsc.org
FSC® C014496

Verlagsgruppe Random House FSC®-N001967.
Das für dieses Buch verwendete FSC®-zertifizierte Papier *Holmen Book Cream* liefert Holmen Paper, Hallstavik, Schweden.

Originalausgabe 12/2014

Umschlaggestaltung | t.mutzenbach design, München
Umschlagmotiv | © age fotostock / LOOK-foto; Shutterstock
Satz | Christine Roithner Verlagsservice, Breitenaich
Druck und Bindung | GGP Media GmbH, Pößneck
Printed in Germany

ISBN 978-3-453-35781-5

www.diana-verlag.de

Mai 1974

Nebenan checkte die Crew ein. Lauter gut aussehende junge Leute in schicken Uniformen schlängelten sich lächelnd an uns Passagieren vorbei. Ich fing den Blick des Piloten auf, der mich amüsiert musterte. Ja, ich gebe es zu: Ich war schrecklich aufgeregt und schrecklich glücklich. Voller Reisefieber lief ich in meinen lässigen neuen Turnschuhen und meinen angesagten Schlaghosen vor dem Schalter auf und ab, während mein Vater sich noch um ein Upgrade in die erste Klasse bemühte. Von nun an würde sich mein ganzes Leben ändern. Besser gesagt: Es würde überhaupt erst richtig anfangen!

»Unsere Tochter hat ihr Abitur mit Auszeichnung bestanden, obwohl sie eine ganze Klasse übersprungen hat!«, musste meine Mutter laut herausposaunen. »Und da schenken wir ihr einen unvergesslichen Kalifornien-Aufenthalt!«

Ich spürte, wie ich bis zu den Haarspitzen errötete. Verlegen nestelte ich an den Zipfeln meiner vor dem Bauch gebundenen Bluse. Das hatte dieser schicke Pilot doch mit Sicherheit gehört! Und wie ich meine Mutter kannte, wollte sie sogar, dass er das hörte! Sie brachte es noch fertig, ihn aufzufordern, dass er mich zu sich ins Cockpit einlud! Ich sah, wie der schöne Pilot die Brauen hochzog.

Er sah mir direkt in die Augen, und ich wollte den Blick nicht senken, also grinste ich schief zurück. Ach, dass Mütter so peinlich sein können! Was musste dieser Halbgott in Uniform denn von mir denken? Ich schob energisch das Kinn vor und beachtete ihn einfach nicht weiter.

Mit gönnerhafter Geste schob uns die Bodenstewardess die neuen Bordkarten herüber: »Na dann viel Spaß in Kalifornien, junge Dame! Wo geht es denn hin?«

»Santa Barbara«, platzte meine Mutter vor Mitteilungsdrang. »Da wohnt nämlich Thaddäus, unser Sohn! Er ist Banker, mit einer entzückenden Amerikanerin verheiratet und hat zwei hinreißende Kinder!«

»Mama!« Nun reichte es aber! Als wenn das hier eine Sau interessierte! Der Name Thaddäus war schon peinlich genug. Im Vergleich dazu konnte ich dankbar sein, dass ich Katharina hieß!

Um die Mundwinkel des schönen Piloten zuckte es, als er in seinem blütenweißen Hemd unterm tadellos sitzenden Jackett mit den vier goldenen Streifen auf der Schulter an mir vorbeiging, um seiner Berufung nachzugehen: nämlich uns, die Familie von Schenck, ins Land der unbegrenzten Möglichkeiten zu fliegen!

Und genau die wollte ich ausnutzen. Ich war siebzehn, und die Welt stand mir offen! Oh, ich freute mich so unbändig! Mindestens ein Jahr wollte ich bleiben. Nicht, dass ich was gegen meine Eltern hatte. Beileibe nicht. Aber ein Jahr Auszeit von ihnen – speziell von meiner Mutter – würde mir guttun. Ich meine, welche Siebzehnjährige braucht nicht ein Jahr Auszeit von ihrer Mutter? Ich würde richtig toll Englisch lernen. Und mich um Joey und Charly kümmern, meine süßen kleinen Neffen.

Meine Eltern würden mich fürs Erste begleiten und natürlich auch ein paar Tage bei Ted, Pam und den Kleinen bleiben, bevor sie zu Tante Agnes und Onkel Bruno nach Argentinien weiterreisten. Tante Agnes war Papas ältere Schwester und hatte dort direkt nach dem Krieg mit Onkel Bruno lukrative Geschäfte gemacht. Die beiden besaßen riesige Plantagen und hatten Mama und Papa so lange in den Ohren gelegen, bis diese beschlossen hatten, ebenfalls dorthin auszuwandern. Sie hatten nur noch mein Abitur abgewartet, und das war jetzt bestanden.

Mit Auszeichnung.

Ich atmete tief ein und aus. Das war einer der Höhepunkte meines Lebens! Ich durfte frei bestimmen, ob und wann ich nachkommen würde. Aber im Moment lockte mich Argentinien nicht besonders. Was sollte ich mit Mama und Papa bei Onkel Bruno und Tante Agnes auf der Kaffeeplantage herumhocken! Kalifornien war das Ziel meiner Träume! Die Rolling Stones, Creedence Clearwater Revival – ich würde abtanzen bis zum Gehtnichtmehr! Und tagsüber wellenreiten, Cabrio fahren, windsurfen und Tennis spielen! Zum Glück hatte Papa immer viel Wert darauf gelegt, dass ich Sport trieb, und das Ergebnis war eine blendende Figur. Sollte der Pilot doch ruhig grinsen! Ich fuhr mir durch die langen blonden Haare und warf sie über die Schulter. Ich würde Hamburger essen, bis ich platzte und diese wundervollen, in Sirup schwimmenden Pancakes, die Pam zubereiten konnte wie keine andere. Konnte ich mir doch alles leisten. Und bauchfrei würde ich natürlich auch gehen wie alle kalifornischen Strandschönheiten. Und einen gepunkteten Bikini würde ich mir kaufen. Oder vielleicht sogar einen von diesen gehäkelten, die hauptsächlich aus Luftmaschen bestanden und gerade schwer in Mode waren.

»Los, Schätzchen, jetzt sind wir dran!«

Meine Mutter scheuchte mich herrisch durch die Sicherheitskontrolle, bewaffnet mit diversen Hutschachteln und anderem Handgepäck.

»Die erste Klasse darf jetzt einsteigen!«

»Ja, Mama, wir haben's alle gehört …«

Verschämt senkte ich den Blick. Musste denn die ganze Welt mitkriegen, dass wir jetzt auswanderten und dass heute ein besonderer Tag für uns war? Fehlte nur noch, dass sie sagte: »Man gönnt sich ja sonst nichts.«

Papa grinste nur. Wie ein Gentleman schlenderte er nur mit seinem Stockschirm über das Rollfeld. Unsere zahlreichen riesigen Koffer lagen schon verschnürt im Bauch der Maschine. Auf den Stufen der Flugzeugtreppe drehte sich Papa noch einmal um: »Auf Wiedersehen, Deutschland! Es war eine schöne Zeit.«

»Aber jetzt fängt ein ganz neuer Lebensabschnitt an!« Mama zupfte an ihrem weißen Hosenanzug und klapperte nervös mit den Augendeckeln, sodass ihr grüner Lidschatten voll zur Geltung kam. »Ach, Karl, ich brauche jetzt sofort einen Gin Tonic!«

Auch ich hielt auf der obersten Stufe der Flugzeugtreppe inne. Instinktiv sog ich noch einmal tief die Luft ein und ließ meinen Blick über den Frankfurter Flughafen schweifen. Alles grau in grau, trist und düster. Danke für das schlechte Wetter!, dachte ich. Das macht mir den Abschied von meiner Kindheit und meiner Heimat leicht. Eigentlich wollte ich ein Dankesgebet murmeln, aber mir fiel nichts ein. Da war ich neun Jahre lang auf einer Klosterschule gewesen, doch ein passendes Gebet hatte ich nicht im Repertoire. Ich schloss die Augen. Na gut: Lieber Gott, mach, dass wir heil ankommen. Und dass Mutter mich nicht weiter blamiert. Amen. Und mach, dass ich bald einen ganz tollen Mann treffe! Noch mal Amen.

Als ich die Augen wieder öffnete, blickte ich in das grinsende Gesicht des Piloten. Oje. Was musste der von mir denken? Aufgekratztes kleines Huhn, das mit seiner noch viel aufgekratzteren, flatternden, schnatternden Hühnermutter und dem stolzen Hahnenvater zum ersten Mal im Leben fliegt. Und dann gleich so weit weg! Schon wieder schoss mir die Röte ins Gesicht. Trotzdem betrat ich betont lässig das Flugzeug, um es mir in der ersten Klasse bequem zu machen, als würde ich das ständig tun. Der tolle Pilot sollte bloß nicht denken, er hätte es mit einem kleinen dummen Schulmädchen zu tun!

Dabei war ich tatsächlich aufgeregt wie noch nie im Leben! Morgen würde ich meinen ersten Sonnenuntergang über dem Pazifik sehen! Ich zwickte mich in den Arm, um mich davon zu überzeugen, dass das nicht alles nur ein Traum war. Mama blätterte bereits in einem Modemagazin und schlürfte ihren Drink.

»Guck mal hier, Liebes, die Farah Diba!«

Auf dem Hochglanzmagazin prangte die persische Kaiserin mit ihrem berühmten Lidstrich, die man in diesem Frühling in jedem Klatschblatt sah. Sie trug ein weißes tief ausgeschnittenes Kleid mit feinsten Stickereien am Dekolleté und an den weiten Flatterärmeln und blickte majestätisch in die Ferne. Mutter seufzte. »So eine wunderschöne Frau!«

Wir vertieften uns beide in die Illustrierte, die über einen Frankreichbesuch des persischen Kaiserpaars berichtete. Auch der Schah sah toll aus in seiner kaiserlichen Uniform. Auf seinen Schultern prangten glitzernde Bordüren, und er trug eine goldene Schärpe.

»So ein faszinierendes Paar«, sagte Mutter beeindruckt.

»Na ja, die einen sagen so, die anderen sagen so«, murmelte Vater, der seine Zeitung aufschlug. »Sie sind nicht überall so beliebt wie bei den deutschen Klatschblattleserinnen.«

»Ach, Karl! Lies du deinen Politikkram!«

»Eben«, sagte Vater. »Eben drum.« Das sagte er oft, wenn er das Gefühl hatte, gegen Mutter nicht anzukommen. Obwohl er zehnmal klüger und gebildeter war.

Dafür war Mutter schön. Also bestimmt mal gewesen.

»Farah Diba bricht ja unter ihrem Diadem fast zusammen«, witzelte ich, um elterlichen Ehekrach schon im Keim zu ersticken.

»Das ist ja bereits seine dritte Frau«, seufzte Mutter. »Die erste hat er schon in den Fünfzigerjahren verstoßen, weil sie nur eine Tochter geboren hat. Und die zweite konnte ihm überhaupt keine Kinder gebären.«

Ich verdrehte die Augen.

»Ach, Edith«, ließ mein Vater sich hinter seiner Frankfurter Allgemeinen vernehmen. »Solange du uns die Weltpolitik erklärst, ist alles gut.«

Mutter ignorierte wie immer seine leise Ironie und tippte mit ihrem lackierten Finger auf die Illustrierte: »Ein MÄNNLICHER Thronfolger ist in solchen Kreisen erwünscht.«

»Aha«, machte Vater und zog genüsslich an seiner dicken Zigarre. Dabei zwinkerte er mir verschwörerisch zu.

»Cyrus Reza Pahlavi! Süß, der Kleine! Hach, diese dunklen Augen … Diese kulleräugigen Kinder, die könnte ich alle knuddeln.«

»Ja, ja, Edith. Bald knuddelst du ja deine Enkelkinder.«

»Ob die mich überhaupt verstehen?« Mutter zupfte an ihrem Ohrring. »Oder reden die nur Englisch?«

»Wir starten!«

Ich riss mich von der kaiserlichen persischen Hochglanzfamilie los und schaute aus dem Fenster. Der schöne Pilot schien sich endlich auf seine Arbeit zu konzentrieren: Wir hoben tatsächlich ab. Ganz sanft verließen wir deutschen Boden und schossen in die graue Wolkensuppe hinein. Die letzten Frankfurter Hochhäuser und Fabrikschlote verschwanden im Nebel. Von mir aus konnten sie mir für immer gestohlen bleiben. Pah, Hochhäuser! In Kalifornien würde ich in der Sonne blitzende Wolkenkratzer sehen! Und zwar vor blauem Himmel! Mit diesen tollen verspiegelten Fenstern! Thaddäus hatte uns Bilder geschickt, und ich konnte es kaum erwarten, diese paradiesische neue Welt zu betreten.

Vater lugte hinter seinem Wirtschaftsteil hervor: »Na, Katharina, Süße … Freust du dich?«

»Und wie, Papa!« Ich zwickte ihn neckisch in den Arm. »Ich bin euch so dankbar, dass ihr mir dieses eine Jahr Amerika schenkt!«

»Aber klar doch, Kleine. Du hast es dir verdient. Immerhin hast du mit siebzehn als Jüngste das beste Abitur gemacht!« Täuschte ich mich, oder traten meinem Vater Tränen in die Augen?

»Ja, die Intelligenz hast du von deinem Vater«, mischte sich Mutter ein, die nun bei einem Handarbeitsmagazin zum Ausschneiden und Mitschneidern gelandet war. »Aber das Aussehen hast du von mir!«

»Das hört sich doch nach einer gelungenen Mischung an!«, sagte da plötzlich eine sonore Stimme schräg hinter mir. Eine Stimme wie aus einem Kino-Trailer. So eine ultratiefe Subwoofer Stimme.

Ich fuhr herum. Neben meinem Sitz stand der Pilot. Meine Güte, der sah ja noch besser aus als gedacht! Eine Art Clark Gable mit Grübchen im braun gebrannten, markanten Gesicht. Mir schoss schon wieder alles Blut ins Gesicht. Ja hatte der denn gar nichts zu tun, lenken, Funksprüche durchsagen oder so?

»Darf ich die junge Dame mal für ein paar Minuten ins Cockpit entführen?«

Mein Herz setzte aus. Das hatte ich doch vorhin nur gedacht, und nicht laut gesagt, oder? Sehr charmant verbeugte er sich vor meinen Eltern. Wollte der mich auf den Arm nehmen? Ich war doch nicht elf oder so! Ich ließ doch keinen Papierflieger durchs Klassenzimmer sausen oder machte sonst irgendwie den Eindruck, beschäftigt werden zu wollen!

Mutter errötete auch und ließ ihre grünen Augendeckel klappern, Vater nickte gnädig. »Aber lassen Sie sich von diesem neugierigen Grünschnabel nicht von der Arbeit abhalten!«

Verdattert stolperte ich hinter diesem perfekten Mann her. Wie alt mochte er sein? Mitte dreißig bestimmt. Also etwa doppelt so alt wie ich. Zu meiner Erleichterung saß da noch ein anderer uniformierter Mensch, der eifrig an

Hebeln herumfummelte und an Knöpfen drehte. Natürlich war der nicht halb so schön. Ein kleiner Bulliger mit Stiernacken und Halbglatze.

»Hallo Arno, ich hab uns netten Besuch mitgebracht.« Mein schöner Pilot wies mir seinen Sitz zu, und ich bekam weiche Knie.

»Tu was du nicht lassen kannst, Falk«, sagte Arno und murmelte ein paar englische Brocken ins Mikrofon.

Nun saß ich doch tatsächlich auf dem Pilotensitz! »Falk«, wie er anscheinend hieß, beugte sich über mich, sodass ich seinen männlich-herben Duft riechen konnte, und erklärte mir die verschiedenen Schaltknöpfe. Er führte meine Hände zu den verschiedenen Hebeln, und mein Herz klopfte zum Zerspringen.

»Mein Gott, ich fliege doch nicht wirklich diese Boeing?« Mein Kopf schnellte herum, und meine Lippen streiften beinahe seinen weißgestärkten Hemdkragen.

»Doch, Püppi. Tust du.« O Gott, ich musste die Augen zukneifen, so nah war sein Gesicht vor meinem. »Und jetzt fliegt Püppi noch einen Looping…«

»Falk, lass den Quatsch«, brummte Arno.

Ich weiß nicht, wie lange ich da vorn im Cockpit bei den beiden Halbgöttern saß. Ich weiß nur noch, dass ich im siebten Himmel schwebte. Im wahrsten Sinne des Wortes. Und dass ich das glücklichste Mädchen auf der ganzen Welt war.

1975

Die Zeit in Kalifornien war wie ein schöner Traum. Wie einer jener rosaroten Träume, aus denen man nie mehr erwachen möchte. Alles passte. Ich fühlte mich leicht und frei, so jung und knackig wie frischer grüner Salat. Mama und Papa waren irgendwann nach Argentinien weitergereist, nicht ohne mir anheimzustellen, ihnen jederzeit folgen zu können, falls es mir hier zu langweilig würde.

Aber das wurde es mitnichten! Kalifornien war einfach nur cool! Alles war Flower Power, bunt, lässig, freundlich. Alles schien erlaubt – etwas Besseres war für eine inzwischen Achtzehnjährige, deren Eltern meilenweit weg sind, gar nicht vorstellbar! Ich lag am weißen Sandstrand, ließ mich in den Wellen treiben, joggte kilometerlang den Strand entlang. Ich erkundete die sonnendurchflutete Stadt mit den tollen Shops und Einkaufszentren, saß stundenlang vor den Hamburgerläden oder Juice Bars in der Sonne und beobachtete die verrückten Leute, die hier in Stiefeln zu Minikleid und kurzer Hose auf und ab flanierten. Zusammen mit ihren zum teil abenteuerlich getrimmten oder sogar bekleideten Hunden. Es war ein buntes schrilles Bild, im Hintergrund der blaue Ozean mit den weiß schäumenden Wellen und den vielen Surfern, die wie glänzende Seehunde durch die Gischt glitten, und auf abenteuerlichste Weise den Riesenbrechern standhielten. Im Vordergrund der ockergelbe breite Sandstrand mit den rotweiß gestreiften Sonnenschirmen, gesäumt von großzügig angelegten sattgrünen Rasenflächen und Palmen, die sich im Wind wiegten. Dazu die üppigen Blumenbeete, die hier die Straßenränder schmückten. Die prächtigen Anwesen der Anwohner waren hinter riesigen Oleander- oder Hibiskushecken verborgen. Überall wässerten Gärtner mit Strohhüten die prächtigen Büsche und Stauden, die in den herrlichsten Farben blühten. Kein Maler hätte es farbenfroher und kitschiger malen können. Keine Postkarte war so schön wie das Original, und den betörenden Duft nach Honig und Vanille, ja das Zwitschern der vielen Vögel und das Lachen und Keckern der Möwen konnte man sowieso nicht auf einem Foto einfangen. Aus allen Autos und Cafés kam fetzige Musik, und gegen Abend duftete es aus Restaurantküchen und geöffneten Terrassenfenstern dezent nach Knoblauch und frisch gegrilltem Fisch. Außerdem lag ständig leichter Marihuana-Geruch in der Luft. So stellte ich mir das Paradies vor. Es konnte dort nicht besser sein! Die Menschen waren braun gebrannt, Männlein wie Weiblein schmückten sich mit abenteuerlichen Mähnen, auf die sie breitkrempige Lederhüte setzten, lächelten mit unglaublich ebenmäßigen weißen Zähnen, kauten Wrigleys *Chewing Gum* und stellten ihre wunderschön durchtrainierten Körper zur Schau – wenn sie nicht gerade extrem fett waren, was an ihrem übermäßigen Verzehr von diesem neuartigen, fetttriefenden »Fastfood« lag, das man, eingewickelt in braunes Papier, mit den Fingern essen konnte. Die Burger-Läden schossen wie Pilze aus dem Boden. Die beliebteste Kette, die im benachbarten San Bernardino ihre erste Filiale eröffnet hatte, zierten die »*Golden Arches*« als Logo, und dort trieb sich die Jugend der hippen Kleinstadt am liebsten herum.

Ich staunte über die Vielfalt der Menschen, die jedoch alle freundlich waren. Auf der breiten Strandpromenade zogen sexy Rollschuhläuferinnen und knackige Skater ihre Bahnen. Bald kurvte ich selbst mit diesen neumodischen Rollschuhen herum, natürlich mit den voll angesagten knallbunten Kofferradios, die wir bei solch sportlichen Unternehmungen stets unterm Arm hatten. Selbstverständlich genoss ich es, im Mittelpunkt der Aufmerksamkeit der Strandboys zu stehen. Ich hatte mir einen knallgelben Bikini zugelegt und trug dazu rote Hotpants, was hier absolut nichts Anstößiges war. Es war ein Ausdruck von Lebensfreude und Coolness, keinesfalls hatte ich die Absicht, Männer damit aufzureißen.

Thaddäus passte auf mich auf, das hatte er Mama und Papa versprochen.

Schon nach kurzer Zeit war ich nicht nur knackig braun gebrannt, sondern sprach das amerikanische Englisch wie meine Muttersprache. Für meine neuen Freunde war ich *sweet little Kathy from Germany*. Man fragte mich manchmal nach Hitler, worauf ich nichts antworten konnte, aber dann ließ das Interesse auch nach. Ich konnte Tennis und Squash spielen, dass es nur so krachte, und Thaddäus nahm mich zum ersten Mal mit auf den Golfplatz, wo ich mich auch nicht blöd anstellte. Ich hatte ein gutes Ballgefühl, und in meinem Gymnasium war viel Wert auf täglichen Sport gelegt worden. Glücklicherweise konnte ich auch reiten, was ich morgens gern mit Pam am Strand tat. Wir ritten der aufgehenden Sonne entgegen und galoppierten dann durch die spritzende Gischt zurück zur Biltmore-Steilküste, die um diese Zeit in märchenhaftes Licht getaucht war.

Thaddäus, von den Amerikanern knapp »Ted« genannt, weil sie mit dem »Th« in seinem Namen nur ein Lispeln zustande brachten, fuhr ein schickes Cabrio, einen türkisfarbenen Cadillac, der auf der Straße lag wie eine Badewanne. Wenn wir abends bei lauter Musik damit herumfuhren und mit wehenden Haaren über den Boulevard sausten, glaubte ich mehr denn je zu träumen.

Ich durfte in Thaddäus' und Pams wunderschönem Strandhaus wohnen und auf ihre süßen Kinder aufpassen: Joey- und Charlybär. Zwei bezaubernde Buben im Alter von vier und zwei, die den ganzen Tag im Pyjama herumwackelten und sich alles erlauben durften. Sie hatten kleine Elektroautos, mit denen sie durchs ganze Haus sausten. Wenn Pam bei ihrem Beautyprogramm oder im angesagten Aerobic-Studio war, ging ich mit den beiden Kleinen Eis essen in einem dieser chilligen Strandcafés. Nirgendwo war es gefährlich. Alle Menschen waren freundlich, schienen unendlich viel Zeit zu haben, lachelten stets – wenn auch mit falschen Zähnen – und fanden alles *wonderful* und *gorgeous, handsome* und *lovely*. Es war eine völlig neue Welt für mich, die ich ja in einer Klosterschule mit strengen Regeln verbracht hatte, und ich fühlte mich so frei und leicht wie ein Vogel.

Natürlich zog ich auch ab und zu mal an einem Joint, der im Freundeskreis bei Strandpartys herumgereicht wurde, oder trank einen Schluck aus der Whiskeyflasche, die man lustigerweise in braunen Papiertüten verstecken musste.

Ich schwebte, schwebte, schwebte und tauschte erste zarte Küsse mit süßen Loverboys beim Bluestanzen oder im Autokino.

Zu meinen Eltern? Nach Argentinien? Auf die langweilige Kaffeeplantage von Onkel Bruno? Nein. Niemals! Nur über meine Leiche.

Das Leben hätte endlos so weitergehen können.

Aber das tat es nicht.

Februar 1976

Ich fiel buchstäblich aus allen Wolken, als Ted eines sonnigen Tages mit zerzausten Haaren über den Strand gelaufen kam und mir schon von Weitem seltsame Zeichen machte. Ich hockte gerade mit den beiden Kleinen am Strand, klopfte Förmchen aus und zog ihnen ihre Sonnenmützchen zurecht. Bis zu dieser Sekunde war das Leben einfach nur perfekt gewesen! Teds plötzliches Auftauchen gab mir ein ungutes Gefühl, das ich jedoch zu ignorieren versuchte. Ich nippte an meinem Milchshake, lehnte mich zurück und spürte die Sonne in meinem Gesicht. Ich wollte diesen Moment einfach nur für immer festhalten. Als Ted schließlich keuchend und leichenblass vor mir stand, wurde mein Unbehagen stärker. Seine Krawatte hatte er sich vom Hals gerissen, das Hemd hing ihm schief aus der Hose. Da wusste ich, dass etwas passiert sein musste. Er sah mir nur stumm in die Augen, und ich spürte, dass von nun an nichts mehr so sein würde wie zuvor.

Sofort huschte mein Blick zu den Kindern. Nein, da saßen sie. Einträchtig und völlig vertieft in ihr Gematsche. Also KONNTE es ja gar nichts Schlimmes sein. Sie waren weder ertrunken noch vom weißen Hai gefressen noch von einem Laster überfahren worden. Ich sank erleichtert in mich zusammen. Etwas anderes lag hier in der Luft. Aber was?

Als Nächstes eilte mein Blick zu der prächtigen Villa hinter den Oleanderbüschen. Keine Rauchschwaden. Okay, es brannte also nicht. Trotzdem brach mir der kalte Schweiß aus, als ich die Flecken in Teds Gesicht sah. Keuchend ließ er sich neben mich in den Sand fallen. Und das, ohne auf seine feine Tuchhose zu achten, die doch maßgeschneidert war und auf die nie ein Ketchupfleck kommen durfte. Ted verkehrte nur mit Multimillionären und finanzierte deren Luxusvillen und Yachten und so. Ich riss die Augen auf.

»Ted! Was ist passiert?«

»Argentinien … Die Eltern … Der Bus … Patagonien. Sie sind – abgestürzt!« Ted wedelte mit einem Telegramm, das er mir an die Brust drückte, bevor er in Tränen ausbrach.

Ich verstand gar nichts mehr. Mir wurde ganz flau, und ich hielt mir die Hand vor den Mund, um mein schockiertes Lachen zu ersticken. Ein Scherz. Zugegeben, ein bescheuerter Scherz. Die Eltern. Abgestürzt. Hahaha. War heute der erste April?

Die Eltern hockten doch gerade mit Onkel Bruno und Tante Agnes auf dieser stinklangweiligen Kaffeeplantage und lösten Kreuzworträtsel!

Ängstlich sah ich Ted an und blinzelte heftig, als wäre mir Sand in die Augen gekommen.

»Ted? Weinst du jetzt wirklich?«, presste ich ängstlich hervor. Den Kindern gegenüber machte ich eine beruhigende Geste: »*Daddy is just kidding!*«

Ted sah immer verzweifelter aus.

Aber er machte keinen Spaß. Er heulte wie ein Schlosshund.

»Onkel Bruno hat telegrafiert …« Ted riss ein Taschentuch aus seiner Hosentasche, wischte sich über die Stirn und schnäuzte heftig hinein.

Ich las: BUSUNGLUECK IN PATAGONIEN – STOPP – STEILE SERPENTINEN, ZWEITAUSEND METER TIEF ABGESTUERZT – STOPP – ALLE PASSAGIERE TOT – STOPP – EURE ELTERN WURDEN NICHT GEFUNDEN – STOPP – TIEFES BEILEID – AGNES REGELT ALLE ANGELEGENHEITEN – STOPP – KOMMEN ZWECKLOS, KEINE BEERDIGUNG MOEGLICH.

Ich blinzelte ihn ungläubig an. Das war doch jetzt ein böser Traum? Ich weigerte mich, diese Informationen an mich heranzulassen. Alles drehte sich.

»Die Eltern sind … tot?!« Mit leerem Blick starrte ich auf meine sandigen Zehen. Vor meinen Augen tanzten grüne Kreise, und ich wollte schlucken, konnte es aber nicht. Ich wollte den Arm heben, um Ted zu berühren, war aber wie gelähmt. Mein Arm gehörte nicht mehr zu mir, so wie dieses Leben plötzlich nicht mehr zu mir gehörte. Plötzlich stand die ganze Welt still. Die Kinder bewegten sich nicht mehr, das Meer wirkte grau, die Möwen lachten nicht mehr, sondern stießen ein grässliches Krächzen aus. Waren sie doch eben noch wie weiße Pfeile durch die blaue Luft gesaust, hockten sie jetzt bedrohlich auf dem Brückengeländer. Die Autos auf dem Boulevard rollten in Zeitlupe, die Menschen wirkten wie ferngesteuert. Es war, als hätte jemand die Stopptaste gedrückt, und mein Traum hatte sich in einen Albtraum verwandelt. Meine Eltern waren tot. Sie waren vom Erdboden verschwunden. Es würde kein Wiedersehen mehr geben, weder in Argentinien noch in Deutschland noch hier! Ich war allein! Ich hatte niemanden mehr außer Ted!

Ich weiß nicht, wie lange ich regungslos am Strand saß und apathisch ins Nichts starrte. Thaddäus brachte die Kinder zurück ins Haus, Pam kam und legte mir fürsorglich eine Decke um die Schultern. Irgendwann brachten sie mich mit vereinten Kräften ins Haus, flößten mir ein Beruhigungsmittel ein und schickten mich in einen schweren traumlosen Schlaf, aus dem ich gar nicht mehr erwachen wollte.

Als Pam mich sanft in die Realität zurückholte und mir frischen Orangensaft einflößte, als mich kleine weiche Kinderhände streichelten, sah ich mich suchend nach meinem Bruder um.

»Wo ist Ted?«, brachte ich mühsam hervor.

»Er ist nach Argentinien geflogen, Kathi, Liebes. Er regelt mit Tante Agnes die Erbschaftsangelegenheiten.«

»Aber was wird jetzt aus mir?« Ich strich fahrig über die Bettdecke. »Wo gehöre ich hin? Ich meine, wo ist mein Platz im Leben? Ich hab doch niemanden mehr auf der Welt!«

»Du hast UNS«, sagte Pam und drückte mich liebevoll an sich. »Du hast Ted, mich und die Kinder. Wir lieben und wir brauchen dich. Bleib doch für immer bei uns in Kalifornien!«

»Meinst du das ernst?«

»Ja, ja, ja, bleib doch bei uns in Fornien!« Die beiden Racker hüpften ausgelassen auf meinem Bett herum. Trotz aller Trauer schlich sich ein Lächeln um meine Mundwinkel.

»Gut«, sagte ich matt. »Das ist wirklich nicht das Schlechteste für ein frischgebackenes Waisenkind.«

»Du bist doch sowieso schon eine halbe Amerikanerin«, sagte Pam und strich mir tröstend über den Oberarm. »Und irgendwann findest du hier einen ganz tollen Mann.«

Mir schossen die Tränen in die Augen. Ich ließ mich auf das Kopfkissen zurückfallen. Nur nicht nachdenken. Verschieben wir es doch auf morgen.

»Lasst mich einfach noch ein bisschen schlafen, ja?«

März 1976

Auf der Farm von Onkel Bruno und Tante Agnes standen jetzt zwei Grabsteine, ohne dass Särge unter ihnen lagen. Sie bildeten eine Art Gedenkstätte für meine Eltern, und es stand mir frei, wann immer ich das Bedürfnis verspürte, dorthin zu reisen. Aber ich hatte nicht das geringste Bedürfnis danach. Ich war froh, wenn ich nicht an die schreckliche Tragödie erinnert wurde. Zum Glück lenkten mich die Kinder ab. Und in Kalifornien ging das sorglose Leben einfach weiter.

»Ich hab keine Übung im Trauern«, sagte ich hilflos. »Das stand bei uns in der Schule nicht im Stundenplan.«

Pam verstand mich. »Du musst jetzt da sein, wo junges Leben ist, anstatt bei deinen alten Verwandten am Grabstein zu sitzen. Davon werden deine Eltern auch nicht wieder lebendig.«

Wir saßen in der Küche und rührten in unseren Kaffeebechern. Bis wir die Reifen von Teds Luxuslimousine auf dem Kies in der Auffahrt knirschen hörten und ihm entgegeneilten.

Mein großer Bruder wirkte blasser und dünner, als ich ihn in Erinnerung hatte.

»Schaut mal, wen ich mitgebracht habe!« Ted lächelte

mich verhalten an und öffnete die Beifahrertür seines Wagens.

Na, wen wohl. Hoffentlich nicht Onkel Bruno und Tante Agnes.

Mit den Händen in den Hosentaschen stand ich abwartend da. Und traute meinen Augen nicht! Das war doch ... Das war doch nicht ... Nein, das KONNTE doch gar nicht sein.

Doch da stand er leibhaftig vor mir. Gefühlte zwei Meter groß und strotzend vor Selbstbewusstsein. In Jeans und weißem Hemd, schlank und braun gebrannt und mit einem sehr attraktiven Dreitagebart.

Der Pilot.

Mit einem warmen Lächeln gab er mir die Hand. Sein Händedruck war fest, und ich hatte das Gefühl, zum ersten Mal wieder Halt zu haben.

»Mein herzliches Beileid, Kathi.«

Wie hypnotisiert starrte ich ihn an.

»Darf ich vorstellen? Falk Römer. Er war der Pilot auf dem Rückflug«, erklärte Ted, der sich nach feuchten Küssen und heftigen Umarmungen von seinen Söhnen löste und den Arm um Pam legte. Die schmiegte ihren Kopf an seine Schulter und musterte unseren Gast wohlwollend. Mir war so die Röte ins Gesicht geschossen, dass Pam sich ein Lächeln nicht verkneifen konnte.

»Ja, ich sah die Passagierliste und stieß auf den Namen von Schenck.« Der Pilot sah mich durchdringend an, und um seine Mundwinkel zuckte es. »Und da habe ich mich gefragt, ob das Verwandtschaft von meiner kleinen Co-Pilotin sein könnte.«

»Ja, und so kamen wir ins Gespräch«, erklärte Ted. »Ich

habe ihm vom tragischen Unfalltod unserer Eltern erzählt und …«

»… und da habe ich keine Sekunde gezögert und bin mitgekommen, um dir, kleine Kathi, persönlich mein Beileid auszusprechen.« Sein Blick wurde weich, und seine Stimme nahm einen ganz zärtlichen Klang an. Er nahm erneut meine Hand, die trotz der Hitze ganz klamm war, und hielt sie einfach nur fest. Seine Hand war warm und kräftig, und ich wünschte, er würde mich für immer festhalten.

Er überreichte Pam und mir je einen riesigen Blumenstrauß, den er aus dem Kofferraum zauberte. Pams Rosen waren gelb, meine weiß.

Mir wurden die Knie weich. Er kam mir vor wie eine göttliche Erscheinung! Wie ein Engel, den meine Eltern mir geschickt hatten, damit er auf mich aufpasst. Ich ließ den Blick über die blühende Hecke und den Ozean im Hintergrund schweifen und versuchte mit der Überraschung fertigzuwerden. Der Pilot. Falk. Natürlich hatte ich ständig an ihn gedacht. Ja natürlich hatte ich mich auf der Stelle in ihn verknallt gehabt. Wie Backfische sich halt in schicke Piloten verknallen.

Hoffnungslos.

Aber dass er auf einmal leibhaftig vor mir stand, sich Zeit genommen hatte für mich! Ich atmete schwer, war aber wild entschlossen, Haltung zu bewahren. Unser erstes Treffen am Frankfurter Flughafen war schon peinlich genug gewesen! Inzwischen fühlte ich mich um Jahre gealtert. Erwachsen eben.

»Warum lassen wir unseren Gast nicht erst mal eintreten und sich ein wenig frisch machen?« Pam fing sich als

Erste wieder und bugsierte den Piloten samt ihrem Nachwuchs ins Haus, während Ted das Gepäck aus dem Kofferraum holte und im Garten schon mal den Grill anwarf.

Joey und Charly waren sofort begeistert von Falk. Sie breiteten die Arme aus und düsten wie Flugzeuge laut brummend durchs Haus. Ich ertappte mich dabei, wie ich befreit auflachte. Ich stellte die Rosen mit heiliger Andacht in zwei große Bodenvasen und schleppte meine gleich in mein Strandhaus. Ich wollte die weißen Rosen ganz für mich alleine haben.

Mai 1976

Ja, und so hielt Falk in mein Leben Einzug. Er war gewissermaßen vom Himmel gefallen – und das auf sehr fruchtbaren Boden.

Zuerst wollte er nur ein langes Wochenende bleiben. Dann wurden ein paar Wochen daraus. Er hatte noch Urlaub und blieb einfach. Es passte alles so gut. Er lenkte mich ab. Bescherte mir herrliches Herzklopfen und linderte meine Trauer. Die Kinder liebten ihn, er konnte witzig von seinen vielen Reisen erzählen. Er sprach vier Sprachen und war schon in der ganzen Welt herumgekommen. Ein Luftpirat, wie er sich vor den Kindern gern nannte.

Es gab auf einmal zwei Paare und zwei Kinder. Und es fühlte sich richtig an. Rauchend saß Falk mit Ted auf der Terrasse und besprach bei einem Drink ernste Dinge. Offensichtlich hatte Ted ihm bereits eine gute Finanzierung für ein Haus angeboten. Die beiden Männer verstanden sich blendend. Die Szene hätte aus einer amerikanischen Seifenoper stammen können: Pam und ich schauten aus dem Küchenfenster auf die beiden Männer und plauderten beim Aufräumen über sie.

»Liebst du ihn?« Pam schob mir die frisch gespülten Gläser hin, und ich griff nach einem Geschirrtuch. Ich wurde rot. »Quatsch.«

»Kathilein, du bist verknallt, das sieht man doch mit geschlossenen Augen!« Pam legte den Arm um mich. »Ist doch toll, wenn er dir guttut.«

Ich winkte ab. »Er ist allerdings steinalt. Mitte dreißig oder so.« Ich tat so, als wüsste ich es nicht längst genau. Ich wusste noch viel mehr! Er war nie verheiratet gewesen (was sehr für ihn sprach, oder?), hatte aber eine Tochter aus einer früheren Beziehung, zu der er allerdings keinen Kontakt hatte. Ich seufzte. »Der ist viel zu alt für mich. Der könnte ja mein Vater sein!«

»Na und? Du bist neunzehn, und für dein Alter ausgesprochen erwachsen.« Pam hatte meinen Bruder Ted auch sehr jung geheiratet, und wie man sah, funktionierte es bestens. »Also zier dich nicht! Er mag dich nämlich auch!«

Na gut, warum länger ein Geheimnis daraus machen? Ja, wir waren uns schon nähergekommen. Bei einem Strandspaziergang hatte er den Arm um mich gelegt, und auf dem Bootssteg hatte er mich geküsst. Sein Kuss war weich, zärtlich, aber auch fordernd und männlich gewesen – kein Vergleich zu dem, was ich bisher mit der amerikanischen Jugend erlebt hatte. Falk hatte mich in ein traumhaft schönes Hotel mitgenommen, und dann war mein erstes Mal einfach so passiert. Es war wunderschön gewesen, ich war in den siebten Himmel geflogen und hatte es kaum für möglich gehalten, dass »es« so schön sein kann! Falk war ein erfahrener Liebhaber, daraus machte er keinen Hehl. Und das war deutlich angenehmer als die ganzen pickeligen Jungs, mit denen ich sonst im Drive-in-Kino herumgeknutscht hatte.

Ja, es hatte mich erwischt. Ich schwebte wie auf Wolken. Ich wollte ihn heiraten. Ich hatte Pam und Ted lieber nichts davon erzählen wollen, aber sie schienen es ohnehin schon zu wissen. Anscheinend sah man mir das schon von Weitem an.

»Unsere kleine Kathi hat einen Lover!«

»Ja, macht euch das denn nichts aus?«

»Aber nein, Süße! Ted und ich freuen uns für dich! Falk ist doch ganz zauberhaft! Du brauchst einen erwachsenen Mann und keinen surfenden Beachboy!«

Ob meine Eltern das auch so gesehen hätten? Mama wäre vermutlich auch ganz verknallt in Falk gewesen. Und Papa?

Vielleicht hätte er reservierter reagiert.

Vielleicht hätte er angemerkt, dass ich zu jung bin für Falk. Zu unerfahren. Dass ich erst mal mein Leben genießen und mich nicht so früh binden soll. Und dass ein Mann wie Falk möglicherweise überall auf der Welt seine Mäuschen hat. Dass ich nicht zu seiner leichten Beute werden soll. Vielleicht hätte Papa ihm sogar unterstellt, nur an meinem Erbe interessiert zu sein.

Ach was! Ich straffte die Schultern und nahm mir eine eiskalte Cola aus dem Kühlschrank. Falk doch nicht. Der war doch selber wohlhabend. Sonst würde er wohl kaum mit meinem Bruder draußen auf der Terrasse solche Gespräche führen. Mein Bruder mochte ihn. Und ich mochte ihn! Wieso nicht einfach auf mein Herz hören? Und das schrie ganz laut »Falk!!«

»Er ist der Hammer, oder?« Begeistert trocknete ich das Glas ab und wienerte es so lange, bis es leise quietschte. Natürlich liebte ich den Mann bis über beide Ohren. Eigentlich schon seit er mich in sein Cockpit eingeladen hatte. Nur hätte ich nie gedacht, jemals eine Chance bei ihm zu haben! Aber Falk hatte mir in lauen Nächten am Strand versichert, wie attraktiv und klug ich sei. Wie hinreißend, bezaubernd, sexy und begehrenswert! Meine Lebensfreude sei so ansteckend, und er könne sich keine andere Frau vorstellen als mich. Ja, er ließ sich sogar zu der Bemerkung hinreißen, dass er sich keine bessere Mutter für seine zukünftigen Kinder vorstellen könne.

»Dafür fühle ich mich noch viel zu jung!«

»Aber Püppi, ich rede ja auch von spater einmal!« Falk kniff mich liebevoll in die Wange.

»Ich möchte mit dir reisen und dir die Welt zu Füßen legen!«

Damals im Cockpit war ich das Kind meiner Eltern gewesen, und jetzt? Jetzt fühlte ich mich tatsächlich erwachsen.

1976–1977

Der kalifornische Traum ging weiter. Mithilfe meines Freundes Tim lernte ich spielend leicht Auto fahren und bekam einen gebrauchten rosaroten Ford, natürlich ein Cabrio, nachdem ich meinen Führerschein bestanden hatte. Mit Tim und seinen Schwestern, den Zwillingen Myrna und Louise, machte ich eine tolle Reise im VW-Bus nach Mexiko, und wir hatten jede Menge Spaß. Tim hatte ein Auge auf mich geworfen und tat alles, um mich für sich zu gewinnen, aber ich spürte, dass ich diesem Teenagerleben entwachsen war. Ich spürte, dass ich zu Falk gehörte und schrieb ihm sehnsüchtige Briefe nach Frankfurt, von wo aus er zu seinen vielen Reisen aufbrach.

Falk besuchte uns regelmäßig. Er konnte mit Kollegen die Dienste tauschen und regelmäßig nach Kalifornien fliegen. Ted und er waren längst dicke Freunde. In seinem und Pams Anwesen fanden die tollsten Strandpartys statt. In Santa Barbara ging ich gemeinsam mit Myrna und Louise aufs College und studierte Sprachen und Geschichte. Das Füllhorn Gottes wurde trotz des Todes meiner Eltern weiterhin großzügig über mir ausgeschüttet.

Ich fühlte mich wunderbar geborgen im Kreise meiner

Familie und vermisste meine Eltern kaum noch. Falk war genau im richtigen Moment aufgetaucht. Er ersetzte mir den Vater und war gleichzeitig meine große Liebe.

Es wurde Weihnachten, und Onkel Bruno und Tante Agnes schickten die letzten persönlichen Andenken. Ich bekam Mamas Ohrringe und ihre kostbaren Ringe. Ted packte Papas Füllfederhalter, seine Pfeife und seine Manschettenknöpfe aus. Das Päckchen roch regelrecht nach meinen Eltern. Da flossen noch ein letztes Mal die Tränen. Aber Falk nahm mich in die Arme und küsste sie mir weg. Joey und Charly freuten sich dermaßen über ihre Geschenke, dass sich die Trauer verzog wie Rauch, wenn man das Fenster öffnet.

Falk überreichte mir sein Weihnachtsgeschenk, ein kleines hellblaues Päckchen, aus dem ich aufgeregt einen prächtigen Diamantring hervorholte.

Fragend sah ich in die Runde: Ja, wie jetzt? Was hatte das zu bedeuten?

Ich sah in Pams Augen, die wohlwollend auf mir ruhten: Es ist okay, Kathi. Du hast zwei wichtige Menschen verloren, aber dafür einen wunderbaren Mann gefunden, und das ist Falk. Er ist jetzt dein Zuhause, deine Zuflucht, dein Halt.

Und an diesem Weihnachtsabend hielt Falk bei Ted und Pam ganz feierlich um meine Hand an. Da musste ich schon wieder weinen, aber diesmal vor Rührung und Glück.

»Ich vertraue dir meine kleine Schwester an, Falk.« Ted hob feierlich sein Glas. »Pass immer gut auf sie auf. Sie ist neben Pam, Joey und Charly das Kostbarste, das ich auf dieser Welt habe!«

Eine Woge der Dankbarkeit erfasste mich. War ich jetzt verlobt?

Teds Augen waren verdächtig feucht, als er sein Glas zu einem Toast hob. »Verdammt, alter Junge, mach meine Schwester glücklich«, sagte er mit einem Beben in der Stimme. »Sie hat es verdient! Aber fragen musst du sie schon selbst.«

»Ich werde sie auf Händen tragen, das schwöre ich! Ihre Tapferkeit ist beeindruckend, und ich möchte sie heiraten!« Falk strahlte über das ganze Gesicht, und seine Stimme war tief und weich, als er vor mir in die Knie ging:

»Katharina von Schenck, willst du meine Frau werden?«

Ich spürte nichts als Glück und Seligkeit, als ich kurz einen fragenden Blick auf Pam warf. Sie schickte mir einen aufmunternden Blick und nickte kaum merklich mit dem Kopf.

Ich sah Falk in die Augen: »Ja, Falk. Ich will deine Frau werden.«

Dabei erschrak ich über meine eigene Stimme. Hatte ich das wirklich gerade gesagt? Ich war erst neunzehn, und er war achtunddreißig! Meine Hände wollten nicht aufhören zu zittern.

Die Kinder hopsten aufgeregt auf dem Sofa herum und schlugen Purzelbäume vor Glück. Wir lachten und weinten alle durcheinander, schüttelten uns die Hände, klopften uns auf die Schultern, küssten und umarmten uns und schenkten unsere Gläser nach. Aus der Stereoanlage jubelte es weihnachtlich, und ich musste sofort meine Freundinnen Myrna und Louise anrufen und ihnen alles brühwarm erzählen. Am nächsten Tag zeigte ich ihnen meinen Ring. Wir tanzten barfuß im kühlen Sand, während die Sonne uns einen ihrer schönsten Untergänge vorturnte, und die Sterne verheißungsvoll funkelten. Ich legte den Kopf in den Nacken und bildete mir ein, es wäre eine Art gemorste Zustimmung meiner Eltern.

Ich hatte nicht den geringsten Zweifel an meiner Entscheidung. Ich würde mit Falk glücklich werden. Ich kniff die Augen zusammen und stellte mir vor, was meine Klassenkameradinnen aus der Klosterschule jetzt wohl machten. Vielleicht saßen sie in einer Uni, standen hinter einem Bankschalter, machten eine Ausbildung als Hotelfachfrau oder Pharmareferentin. Aber ich … Ich heiratete! Einen Traummann! Einen Piloten! Ach, wenn sie das doch wüssten und ich nur eine Sekunde ihr Gesicht sehen könnte!

Bald war es so weit. Mein Hochzeitstag war der magischste Tag in meinem bisherigen Leben: Falk und ich heirateten nämlich in Las Vegas. Und das war wirklich das Verrückteste, Abgefahrenste, Coolste, was man als neunzehnjährige ehemalige Klosterschülerin machen konnte! Das Ganze war eine wunderschöne Inszenierung, so was wie ein Roadmovie, das man sich sonst Popcorn knuspernd im Kino ansieht und dabei heimlich denkt: Leider passiert so was nie in Wirklichkeit. Mit Ted, Pam und den Kindern fuhren wir im klimatisierten Wohnmobil durch die flirrend heiße Wüste. Schon im Jahr zuvor waren wir mit der ganzen Familie im Yosemite National Park gewesen, hatten dort gezeltet, Grizzlys gesehen, in eiskalten Flüssen gebadet und uns abends selbst gefangene Fische zubereitet. Noch immer fühlte ich mich wie in einem nicht enden wollenden Traum oder eben wie in einem amerikanischen Spielfilm.

Falk hatte eine dieser kitschigen *wedding chapels* gebucht, die mit künstlichen Blumen geschmückt sind, und in denen man wahlweise den »Brautmarsch« aus *Lohengrin*, den »Hochzeitsmarsch« aus dem *Sommernachtstraum* von Mendelssohn-Bartholdy, das »Ave Maria« von Schubert oder Lieder wie »*Moon River*« oder »*Greensleeves*« auflegen lassen konnte. Ich wollte unbedingt den Brautmarsch aus *Siegfried*: »Treulich geführt, pam pam pabaaaam, pam pam pabaaaam ...« Und Falk erfüllte mir diesen Wunsch. So schritten wir bewusst langsam, jeden Schritt auskostend, die sieben Meter durch die winzige Kapelle zum sogenannten Altar, an dem schon im engen knalllila Anzug mit Riesenrevers ein vietnamesischer »Standesbeamter« auf uns wartete, der eindeutig schwul war.

Als Trauzeugen fungierten Ted und Pam, und die beiden Buben wackelten Blümchen streuend vor uns her. Wir sahen aus wie gezuckerte Himbeerbonbons, aber das war uns die Sache wert. Schon nach fünf Minuten war alles vorbei, dann drängelte schon das nächste Brautpaar herein, zwei glücksstrahlende Japaner mit Fotoapparaten.

Zur Feier des Tages gingen wir dann im *Palace Hotel* in eine fantastische Show und anschließend ins Kasino. Die Kinder konnte man so lange betreuen lassen.

Ich schwebte im siebten Himmel. Es war eine wunderschöne Hochzeitsnacht, in der Falk immer wieder neue Register zog. Anschließend verlebten wir noch ein paar sorglose, traumhafte Tage mit den Kindern am Pool.

Die Rückfahrt traten Ted, Pam und die Kinder dann

allein an, während Falk und ich in die herrlichen Flitterwochen nach Bali starteten. Mein Mann hatte alle Zeit der Welt, alles Geld der Welt und erfüllte mir jeden Wunsch der Welt. Er ließ mich den Verlust meiner Eltern einfach vergessen. Ich setzte all meine Hoffnungen und all meine Liebe auf diesen wunderbaren, weltgewandten Mann.

Falk hatte als Pilot natürlich Anspruch auf Freiflüge, und ich als seine Frau von nun an auch. Was kann sich eine junge Frau Schöneres wünschen? Wir schwebten erster Klasse in Bali ein und bezogen die Hochzeitssuite unserer Luxusferienanlage. Als wir an der Rezeption standen, das Anmeldeformular unterschrieben und man uns den obligatorischen Blumenkranz umhängte, konnte ich mein Glück kaum fassen: Nun war ich Frau Römer! Falk und ich tauschten einen seligen Blick, und ich fiel ihm strahlend um den Hals. Ich war so stolz auf meinen reifen, erwachsenen Mann!

Und er war so stolz auf mich, die bildhübsche, blonde junge Frau an seiner Seite!

Man hätte uns für Vater und Tochter halten können, und darüber lachten wir uns heimlich kaputt und führten das Hotelpersonal absichtlich hinters Licht.

Wir liefen Hand in Hand den Strand entlang, liebten uns in abgelegenen Buchten im weißen Sand und träumten von einer wunderschönen Zukunft. Wir wollten die ganze Welt bereisen und uns sorglos im Wind treiben lassen wie die weißen Möwen, die über uns ihre Bahnen zogen. Keinen noch so winzigen Augenblick zweifelte ich daran, dass Falk die Liebe meines Lebens war.

März 1978

»Willkommen zurück im grauen Frankfurt, gnädige Frau!«

Falk half mir galant aus dem Flieger, als wir einige Wochen später wieder »zu Hause« landeten. Ja, das war vielleicht der einzige Nachteil: Falk wohnte in Frankfurt. Beziehungsweise bei Frankfurt.

Ich musste die Augen schließen und tief durchatmen, so sehr traf mich die Wucht der Erinnerung. Vier Jahre war es jetzt her, dass ich als aufgeregte kleine Abiturientin mit meinen Eltern ins Land der unbegrenzten Möglichkeiten aufgebrochen war, in eine Zukunft ohne Wiederkehr.

Auch Falk war ich zum ersten Mal hier begegnet! Und jetzt war ich seine Frau und bezog eine Villa in Neu-Isenburg.

Falk hatte mir schon erzählt, dass sie seiner Mutter gehörte, und dass beide, Villa und Mutter, ein bisschen marode waren und frischen Wind gut gebrauchen konnten. Na ja, die Mutter war schon länger tot. Aber wie sagte Falk so schön? Ihr Geist lebte noch in der Villa. Falk hatte keine Zeit, sich um Haus und Garten zu kümmern, aber dafür gab es ja jetzt mich, die über jede Menge Freizeit verfügende kleine, süße Ehefrau.

Wieder kniff ich die Augen zusammen und sog die feuchte Frankfurter Luft ein. Ade, kalifornischer Traum! Aber wir kämen ja immer wieder dorthin, hatte mir Falk versichert. So oft ich wollte, würde ich ihn auf seinen Flügen begleiten, und wenn mir der Sinn danach stand, konnte ich auch dann und wann ein paar Wochen bei meinem Bruder und seiner Familie in Santa Barbara bleiben. Hauptsache, so sagte Falk liebevoll lachend, ich käme immer wieder zu ihm zurück.

Der Nieselregen umfing mich wie ein nasser Mantel, und der Atem bildete Wölkchen vor dem Mund. Es war März, und ich tappte hilflos durch den harschen Schneematsch, den ich bisher erfolgreich verdrängt hatte. Die Nässe drang durch meine dünnen Schuhe, und Strümpfe hatte ich überhaupt keine an. Ich besaß ja nicht mal mehr welche! Meine Beine waren braun gebrannt, und meine Füße hatten vier Jahre lang quasi nur in Flipflops gesteckt. Ich würde mir wohl wieder dicke Winterstiefel zulegen müssen. Und Wollstrumpfhosen. Mich fröstelte.

Falk legte mir fürsorglich seine Uniformjacke um die Schultern, während ich am Kofferband wartete. Ich fürchtete mich ein bisschen vor der Leere in seiner Villa. Vor dem Trommeln des Regens auf den Verandascheiben, vor der Einsamkeit in dieser Kleinstadt, in der ich niemanden kannte.

Oje, das war ein unsanftes Erwachen aus dem kalifornischen Traum. Andererseits: Welche Frau am Kofferband bekam schon so einen Sonderservice? Halb schüttelte ich mich vor Kälte, halb genoss ich die neidischen Blicke der Umstehenden. Tja, ihr Lieben, dachte ich und lächelte verschmitzt in mich hinein. Dieser Traummann gehört mir.

Und vor vier Jahren habe ich ihn genauso hingerissen angestarrt wie ihr, meine Damen!

Ich würde das schon packen. Ich war jetzt erwachsen, und ich stand meine Frau.

Im Taxi schmiegte ich mich an meinen Mann: »Liebster, was hältst du davon, wenn ich wieder zur Uni gehe?«

»Wieso?« Er hielt mich eine Armeslänge von sich ab und sah mich prüfend an. »Ich denke, du bist jetzt meine Frau?«

»Na ja, in Santa Barbara habe ich ja auch studiert. Da war ich auf dem College, zusammen mit meinen Zwillingsfreundinnen. Das weißt du doch.«

Sein Atem war warm an meinem Hals. »Aber jetzt bist du kein Backfisch mehr, Liebes.«

»Studieren kann man ja auch, wenn man verheiratet ist.«

»Hm«, brummte er und strich mir übers Haar. »Was denn zum Beispiel?«

»Sprachen? Ich kann schon ganz gut Spanisch, Englisch sowieso, jetzt vielleicht noch Französisch?«

Falk flüsterte mir etwas ins Ohr, und ich musste kichern. Der Taxifahrer warf uns über den Rückspiegel einen missbilligenden Blick zu. Ich entdeckte auch mein Gesicht im Spiegel und unterdrückte ein Kichern. Ich sah genauso betört aus, wie ich mich fühlte.

»Na ja, dann meinetwegen auch Italienisch.« Ich gab Falk einen Kuss. »Ich will halt nicht den ganzen Tag allein in deiner Villa rumsitzen.«

»In UNSERER Villa, Frau Römer.«

»Na gut. Unsere Villa.«

»Püppi, jetzt schau sie dir doch erst mal an!« Falk betrachtete mich kopfschüttelnd. »Außerdem nehme ich dich auf Reisen mit, sooft du willst!«

Ich schluckte. »Ja, das ist super, wirklich, Falk. Ich hab nur Angst, ich könnte in der Villa versauern.«

»So was Süßes wie du KANN gar nicht versauern.« Falk knabberte an meinem Daumen. Wieder fuhr es mir heiß in die Glieder. Wieder traf mich ein abschätziger Blick des Taxifahrers. Konnte der sich nicht ein bisschen zurückhalten mit seiner spießigen Meinung? Na ja, was musste der auch denken? Pilot schleppt Mäuschen in seine Höhle. Und Mäuschen ist doof und fällt drauf rein. Hallo!, hätte ich ihm am liebsten zugerufen und ihm meinen Ehering unter die Nase gehalten. Wir sind verheiratet!

Glücklicherweise waren wir schon da. Der Taxifahrer wuchtete unser Gepäck aus dem Kofferraum, und Falk zahlte. Schaudernd schritt ich durch das schmiedeeiserne Gartentor. Alle Büsche waren hochgebunden gegen den Frost, und die Bäume waren kahl. Der Rasen war gelbbraun und feucht, verrottetes Laub lag überall herum. Hier und da sprossen erste Schneeglöckchen. Eine aufgestörte Amsel hüpfte schimpfend in den Nachbargarten, wo eine nasse Teppichstange vor sich hin tropfte. Bildete ich mir das nur ein, oder wurden gerade nebenan hinter den vergitterten Fenstern die Gardinen zugezogen? Die Wolken hingen tief. Ich schluckte. Wo waren die Farbenpracht, das Blütenmeer, der Duft, die Milde, Wärme und Weite, die ich von Teds und Pams Villa am Meer gewöhnt war? Wo waren die Musik, das Lachen und der Geruch nach Marihuana? Hier roch es einfach nur – nasskalt. Nach feuchten Mauern und einsamer alter Frau.

»Willkommen zu Hause, Püppi!«

Falk stellte seine Koffer ab, hob mich hoch und trug mich über die Schwelle.

Oh, wie romantisch! Es würde bestimmt alles wunderbar werden! Ich musste es nur wollen.

Abgestandene Luft schlug uns entgegen. Natürlich, Falk war wochenlang nicht da gewesen.

Wir öffneten die Fenster. Auf der Rückseite des Hauses lag sogar ein kleiner Swimmingpool unter einer Plane, die von fauligen Blättern bedeckt war.

»Oh, wie hübsch!«, versuchte ich mir selbst Mut zuzureden.

»Da ist natürlich kein Wasser drin.« Falk zog mich an sich. »Warte mal, bis Sommer ist, Püppi! Dann ziehst du da drin deine Bahnen.«

»Ja«, sagte ich tapfer. »Ich freu mich schon darauf.«

Dabei war dieses Betonbecken kein Vergleich zu dem blauen Ozean, den Ted und Pam direkt vor der Haustür gehabt hatten!

Falks Villa war geräumig, aber seelenlos und kalt. Aber mein guter Mann konnte nichts dafür.

»Dafür hab ich ja jetzt dich!«, sagte Falk lächelnd und strich mir über die Wange.

»Du darfst hier schalten und walten, wie du willst. Du kannst das Haus ganz nach deinem Geschmack einrichten. Geld spielt keine Rolle.«

»Das ist – großzügig von dir.«

»Und wenn ich nach Hause komme, hat mein Mäuschen was Schönes gekocht.«

»Ja.«

Ich schluckte wieder. »Aber gleichzeitig könnte ich doch studieren?«

»Püppi, das hatten wir doch besprochen.«

Falks Stimme klang leicht verärgert, und seine Augen wurden schmal. Brüsk sortierte er seine Post. »Ich möchte schließlich, dass meine Frau mich jederzeit auf Reisen begleiten kann.«

»Ja, Falk. Natürlich.« Ich musste einfach ein bisschen Zeit verstreichen lassen. Komm, Kathi, nimm dich jetzt mal nicht so wichtig!, schimpfte ich mit mir. Falk erhofft sich ein warmes gemütliches Heim, und das hat er weiß Gott verdient! Es war Falks Elternhaus, in das ich heute einzog. Natürlich war es nicht nach meinem Geschmack eingerichtet. Es war Nachkriegsschick, und die schweren Möbel erschlugen einen förmlich. Die Küche war aus den Fünfzigerjahren und hatte diese kalten schwarzweißen Fliesen, die ich noch von meiner Oma kannte. Eine Tür führte zu einer feuchtkalten Vorratskammer, in der Eingemachtes auf wurmstichigen Regalen vor sich hin faulte. Weiche Kartoffeln in einer Kiste hatten schon gekeimt, und ein paar verschrumpelte Äpfel und Birnen hatten sich mitsamt ihrem Schimmelflaum aneinandergeschmiegt.

»Ich hab ehrlich gesagt nie für mich allein gekocht«, gestand Falk lachend, als er mein Entsetzen sah.

»Auf Reisen geh ich natürlich immer essen, und wenn ich mal zu Hause war, hab ich mir was vom Catering aus dem Flieger mitgenommen.«

Das stimmte. Überall standen Utensilien der Lufthansa herum, wie man sie in der ersten Klasse bekommt: angefangen vom Champagner über Salzstreuer, eingeschweißtem Lachs, flauschigen Hausschuhen, einer federleichten blauen Decke bis hin zu teurem Rotwein.

Natürlich würde hier eine nagelneue Einbauküche

reinkommen so wie bei Ted und Pam. Darin würde ich Pancakes machen, Muffins backen, Hamburger und Steaks zaubern. Meinem Falk sollte es an nichts fehlen. Er hatte mir die Welt zu Füßen gelegt und mir so unendlich viel geboten, dass es jetzt an mir war, ihm etwas zurückzugeben.

Ich bemühte meine Fantasie, um mir diese Küche in sanftem Gelb vorzustellen, mit einem riesigen amerikanischen Kühlschrank voll mit Coca Cola und Eiskrem.

Nur das Schlafzimmer war hell und modern eingerichtet, mit weißer Bettwäsche und flauschigen Handtüchern, in die das Lufthansa Logo eingestickt war.

Sogar einen offenen Kamin gab es hier, und Falk beeilte sich, knisternde Holzscheite ins Feuer zu werfen, damit seiner »Püppi« warm wurde.

Ich vermutete, dass Falk früher zahlreiche andere »Püppis« hierhergebracht hatte, vielleicht ein paar Stewardessen zwischen den Langstreckenflügen. Aber warum sollte ich ihm das zum Vorwurf machen? Damals war er ja noch nicht verheiratet gewesen. Er war inzwischen vierzig, und es wäre mir unheimlich gewesen, wenn es vor mir keine Frauen in seinem Leben gegeben hätte. Glücklicherweise sprach Falk nie über meine »Vorgängerinnen«, was ich sehr zu schätzen wusste. Um Männer, die ihren Frauen von ihren Jugendlieben erzählen oder gar vorschwärmen, sollte man einen großen Bogen machen.

Die ersten Wochen verbrachten wir damit, Falks Elternhaus zu entrümpeln. Wir schleppten alte blaue Matratzen in den Garten, stapelten Kisten mit Sperrmüll und Säcke mit abgelaufenen Lebensmitteln. Außerdem wollte ich die fürchterlichen Klamotten aus dem alten Kleiderschrank seiner Mutter entsorgen. Falk reagierte komisch. »Aber ich hänge an den Sachen!«, sagte er barsch.

Fassungslos starrte ich ihn an. »Ziehst du sie etwa heimlich an, oder was?«, witzelte ich.

»Quatsch!« Falk war jetzt richtig ärgerlich. »Aber sie sind mein letztes Andenken an Mutter. Du trägst doch auch den Schmuck von deiner Mutter!« Er zeigte auf die echte Perlenkette, die ich dreifach geschlungen um den Hals trug.

»Aber das ist doch etwas völlig anderes!«

»Ist es nicht. Häng die Sachen sofort wieder in den Schrank zurück.«

Brutal riss Falk mir die Klamotten aus der Hand und hängte sie eigenhändig wieder auf. »Ein bisschen Respekt, wenn ich bitten darf!«

Ich war wie vom Donner gerührt. So kannte ich meinen Falk überhaupt nicht! Es war, als hätte man einen Schalter umgelegt. Wir hatten noch nicht viel über seine Mutter gesprochen. Ich wusste nur, dass sie streng und abweisend gewesen war. Dass er es ihr als Junge nie recht machen konnte, und dass er alles darangesetzt hatte, ihr zu beweisen, was in ihm steckte.

Aber als er endlich DER Falk war, der alle Menschen begeisterte, der erfolgreiche, mehrsprachige, gebildete, weitgereiste, witzige, charmante Falk, da war seine Mutter schon nicht mehr bei klarem Verstand gewesen und bald darauf gestorben. Wir waren beide Waisenkinder, Falk und ich. Vermutlich hatte er deshalb so sensibel und feinfühlig auf meine Trauer reagiert und mich so gut aufgefangen.

Das dachte ich jedenfalls, und außer diesem kleinen Zwischenfall wurde unser junges Eheglück durch nichts getrübt. Wir kauften Möbel nach meinem Geschmack und richteten das Haus wunderbar ein. Falk war zärtlich, fürsorglich und großzügig wie immer, und ich vergaß die unschöne Episode. Die Klamotten seiner Mutter waren inzwischen in den Keller verbannt, und damit konnte ich leben.

Dann kam die Zeit des Erwachens: Falk musste wieder fliegen und brach eines Morgens um fünf auf. Fröstelnd stand ich in einem seiner Oberhemden am Fenster und sah seinem Taxi hinterher. Auf einmal fühlte ich mich so allein wie noch nie in meinem Leben. Plötzlich beschlichen mich Zweifel, ob es richtig war, das kalifornische Paradies aufzugeben.

Es war so öde hier, so grau, so … Da bewegte sich doch schon wieder die Gardine!

Wie so oft fühlte ich mich aus dem abweisend wirkenden Nachbarhaus beobachtet. Nachdenklich trank ich den Kaffee aus und schlüpfte noch einmal unter die Decke, wo es so wunderbar vertraut nach Falk roch. Alles würde gut werden. Ich musste mich halt erst eingewöhnen. Über diesem Gedanken schlief ich ein.

Später am Vormittag fasste ich mir ein Herz, nahm eine Flasche des Lufthansa-Rotweins und klingelte nebenan.

Eine adlernasige Dicke um die sechzig öffnete die Tür, aber nur einen Spalt.

»Ja bitte?«

»Ich möchte mich vorstellen, ich bin Katharina Römer, die Frau von Falk Römer. Ihre Nachbarin«, schob ich erklärend hinterher, als sich die Miene der rotgesichtigen

Frau so gar nicht aufhellen und die Tür so gar nicht weiter öffnen wollte.

»Aha, verheiratet, soso«, lautete die Antwort. »Nachbarin, aha.«

So langsam kam ich mir ziemlich blöd vor. Ich wollte der doch nichts verkaufen und sie auch nicht zu Gott bekehren oder so! Ich wollte doch nur ein nettes, nachbarschaftliches Verhältnis!

»Ich kann auch später noch mal wiederkommen, wenn es jetzt nicht passt.«

»Nein, nein, lassen Sie mal.« Die Adlernasige musterte mich von oben bis unten. Ich kam mir nackt vor. In ihren Augen war ich das bestimmt auch. Ich hatte immer noch meine amerikanischen Shorts und Flipflops an.

»Ja, aber wollen Sie nicht wenigstens den Wein …?«

»Kein Bedarf.«

Mit diesen Worten schlug sie mir die Tür vor der Nase zu.

»Alte Hexe«, rutschte es mir da heraus. Zum Glück auf Englisch. »*Bloody bitch!*«

Okay. Mit der war also nicht zu rechnen. Warum sie dann nur dauernd durch die Gardine spähte, wenn sie doch »keinen Bedarf« hatte?! Bestimmt hatte sie Langeweile. Und die würde in MEINEM Zuhause keinen Einzug halten, das schwor ich mir! Falk würde Augen machen! Ich war eine gute Ehefrau!

Mutter hatte immer gesagt: »Alles hat seine Zeit.« Ihr niemals versiegender Vorrat an klugen Sprüchen hatte mich zwar oft genervt, aber jetzt klammerte ich mich daran. Alles hat seine Zeit. Amüsieren hat seine Zeit, trauern hat seine Zeit, Neuanfang hat seine Zeit.

Und jetzt war Neuanfang. Ich konnte das. Ich war erwachsen. Ich spürte die Stärke und preußische Disziplin meiner Eltern in mir. Ja, ich war zwar ein verwöhntes amerikanisches Girl gewesen, aber auch die deutsche Klosterschule steckte in mir.

Ich putzte, dekorierte, hängte Vorhänge auf, pflanzte Blumen, kaufte ein, kochte und deckte liebevoll den Tisch, und dann stand mein heiß geliebter Falk auch schon wieder vor der Tür! Jubelnd flog ich ihm um den Hals und küsste ihn mitten im Vorgarten ab – sollte die blöde Schnalle doch ruhig ihre Adlernase durch die Gardine stecken!

»Wie war es, Liebster? Erzähl! Warst du in Dubai und Abu Dhabi?«

Ja, sollte sie doch ruhig hören, mit wem sie es hier zu tun hatte, die spießige Vogelscheuche!

Zitternd vor Vorfreude zog ich meinen Mann ins Haus und freute mich über meine gelungene Überraschung.

»Püppi, wie fein du alles hergerichtet hast!«

»Nicht wahr?« Ich hüpfte vor Freude auf und ab und kam mir in meiner gestärkten Schürze und meinen sorgfältig frisierten Haaren vor wie eine der Frauen von Stepford.

Gut, unter der Schürze hatte ich knallrote Hotpants an und sonst nicht viel. Ich wusste ja, worauf Falk so stand.

»Du bist so was von scharf, Püppi!« Falks Atem strömte heiß in meine Halsbeuge. Er roch immer noch nach den arabischen Emiraten, orientalisch irgendwie.

Mich überlief es heiß, und hastig zog ich die Vorhänge zu. Dabei fiel mir der limonenfrische Duft auf, den der einst muffige Stoff von sich gab. Ich war die flotte Frau

Antje mit den kecken Zöpfen, und die von nebenan glich der Planschkuh aus der Ariel-Werbung. Leider war sie nicht halb so sympathisch wie die dicke Klementine. Ach, wieso dachte ich jetzt überhaupt an die!

Mit dem Fuß stieß ich energisch die Haustür zu.

»Komm rauf, Herzchen, ich will dich auf der Stelle vernaschen!«

Mir entfuhr ein schrilles Quietschen, als Falk mich immer noch in Pilotenuniform wie ein verschnürtes Paket über die Schulter warf und nach oben ins eheliche Schlafgemach trug.

»Ich habe dich so schrecklich vermisst, Püppi!«

»Ich dich auch, Falk!«

»Beim nächsten Mal musst du mich unbedingt wieder begleiten …«

Der Rest seines leidenschaftlichen Gemurmels ging in ehelichen Handlungen unter. Nach einem wundervollen Begrüßungsbeischlaf, hinter geschlossenem Vorhang natürlich, saßen Falk und ich am Esstisch. Ich hatte gekocht – Kalbsgeschnetzeltes in Sahnesauce, Prinzessböhnchen und Kartöffelchen –, und zum Nachtisch gab es eine Creme aus Dr.-Oetker-Vanillepudding und Sahnequark mit frischen Erdbeeren und einem Schuss Cointreau.

Ich wusste, dass Falk nur das allerbeste Catering gewöhnt war, und da kam es mir erst gar nicht in den Sinn, ihm ein Fertiggericht auf den Teller zu knallen.

Nein, das hatte ich alles im Vorfeld mit Pam besprochen: Liebe geht durch den Magen – das hörte ich natürlich auch meine Mutter sagen –, und wenn man einen so tollen Mann halten will, muss man sich auch Mühe geben.

Pam war mir eine echte Freundin gewesen, zusammen mit den Zwillingen in Kalifornien. Aber hier in Neu-Isenburg hatte ich niemanden! Falk sah es nicht gern, wenn ich etwas unternahm, um Freundschaften zu schließen: Nachbarinnen sollten ihre Nase nicht in unsere Angelegenheiten stecken – die böse Klementine, wie ich sie heimlich nannte, nebenan war abschreckendes Beispiel genug. In einen Sportverein sollte ich nicht gehen, das lohne sich nicht, da ich ihn ja oft auf seinen Flügen begleiten würde. In einen Chor ebenfalls nicht, und mangels eigener Kinder lernte ich natürlich auch keine jungen Mütter aus der Umgebung kennen. Wie gern hätte ich mit einer Freundin geplaudert und mich ausgetauscht – und sei es nur über Kochrezepte! Aber Falk schien mich ganz für sich allein haben zu wollen. Er schirmte mich regelrecht ab vor der Welt. Wenn ich nicht mit ihm auf Reisen war, saß ich buchstäblich im goldenen Käfig. Tapfer widmete ich mich meinen Hausfrauenpflichten, aber mit der Zeit vereinsamte ich immer mehr.

Wir besaßen natürlich einen Farbfernseher, und die Werbung suggerierte uns jungen Frauen, dass wir hundertprozentig für unseren Mann zu sorgen hätten. Moderne Küchengeräte wurden von beschürzten, glücklichen langbeinigen Schönheiten bedient, sei es nun Mixer, Staubsauger oder Waschmaschine. Nur die dicke Ariel-Klementine bediente das zupackende Mutti-Klischee. Seufzend fügte ich mich in mein Los.

Nachdem ich mal wieder lecker gekocht hatte, rauchte Falk seine Verdauungszigarette und erzählte genüsslich von seiner Reise. Ich hing förmlich an seinen Lippen. Wir saßen in der Hollywoodschaukel im Garten, und die ersten von mir gepflanzten Narzissen und Tulpen schaukelten mit uns im Takt.

»Ach, Püppi, es ist alles so schön heimelig geworden, seit du hier eingezogen bist!«

Ich schmiegte mich an meinen Mann. »Ich freue mich so, für dich sorgen zu dürfen, Falk!«

Wahrscheinlich standen der Nachbarin hinter der Gardine sämtliche Haare zu Berge bei unserem verliebten Herumturteln. Als ich Falk auf sie ansprach, meinte er nur grinsend, das sei eine neidische, sexuell frustrierte alte Hexe, mit der schon seine Mutter vierzig Jahre lang nicht mehr gesprochen habe. Ich solle bloß nicht glauben, was diese Kuh mir irgendwann auf mein süßes Stupsnäschen binden würde.

Neugierig löste ich mich von Falk: »Was denn? Hast du etwa eine Leiche im Keller?«

Da legte er fast ein bisschen zu theatralisch meine Hand auf sein Herz: »Ich habe keine Geheimnisse vor dir, das schwöre ich!«

Ich spürte sein Herz hinter dem schneeweißen Hemd, und eine große innere Ruhe hielt Einzug. Ja, er war mein Fels in der Brandung. Was auch immer man Böses über ihn sagen würde: Ich würde es nicht glauben. Es konnte nur aus Neid geboren sein.

1978–1979

In den nächsten Monaten verreiste ich oft mit Falk, und wir führten das Jet-Set-Leben weiter, das wir gewohnt waren. Das Haus war mittlerweile in einem fantastischen Zustand, der Garten blühte und duftete, die Hecke zur Nachbarin war so hoch gewachsen, dass mich ihr Gardinenzurückziehen nicht weiter irritierte. Sobald wir nach Hause kamen, rissen wir die Fenster auf, ließen den Muff hinaus, füllten unseren riesigen modernen Kühlschrank mit Lebensmitteln aus aller Welt, machten uns einen erstklassigen Rotwein auf und nahmen gemeinsam ein Bad in der riesigen ovalen Wanne, die Falk unter dem Glasdach im Wintergarten hatte einbauen lassen. Danach sanken wir in flauschigen Bademänteln auf den Flokatiteppich vor dem Kamin, liebten uns, plauderten und hörten Musik. Wir lebten wie im Paradies.

Doch dann kam die Zeit der Übersättigung. Irgendwann hatte ich alle Reiseziele gesehen, die Falk mit der Lufthansa anflog, alle Fünfsternehotelsuiten bewohnt, war in sämtlichen Weltstädten shoppen gewesen und kannte die Flughafen-Lounges so gut wie mein Wohnzimmer.

Mich reizte kein Champagner mehr und kein Kaviar, ich sehnte mich nach Alltag und nach einer besten Freundin. Ich wollte endlich bei MIR ankommen. Und nicht immer nur bei Falk.

Ich war nun einundzwanzig und hatte zwei Wünsche, die sich eigentlich schwer miteinander vereinbaren ließen: studieren, um irgendwann beruflich auf eigenen Beinen zu stehen, und/ oder Mutter zu werden, um unser schönes Heim mit Leben zu füllen.

Und beidem gegenüber war Falk abgeneigt! Weil er seine schöne Nachtigall im goldenen Käfig ganz für sich allein haben wollte!

Immer wieder fasste ich mir ein Herz und versuchte, meine Ziele anzusprechen.

»Falk, ich will nicht undankbar klingen, aber wenn ich mich nun doch für ein paar Semester an der Uni einschreiben würde?«

Wir waren gerade in Tokio in unserer Hotelsuite im 29. Stock, mit Blick auf die anderen Wolkenkratzer und den Smog über der Stadt, und ich platzte fast vor Frust.

»Ich dachte, das hätten wir hinlänglich besprochen?!« Falk zog seine Uniform aus und knallte das Jackett aufs Bett. »Bitte, Püppi, fang mir jetzt nicht wieder mit diesem Quatsch an! Ich hab Kopfschmerzen, und der Jetlag schafft mich.«

»Ich weiß, Liebster, du bist müde und hast schwer gearbeitet ...« Während ich untätig in der First Class gesessen und in Modemagazinen geblättert hatte! Mal wieder! Ich kam mir immer unnützer vor. Dabei war ich doch blitzgescheit und hatte was in der Birne! Ich hätte selbst Pilotin werden können! Mein Vater hätte sich für mich geschämt. Ich wollte nicht mein Leben lang schmückendes Beiwerk sein!

Aber natürlich konnte ich nichts übers Knie brechen. Vater würde kopfschüttelnd sagen: Sei diplomatisch, mein Kind. Ganz diplomatisch.

Ich beeilte mich, ihm einen Drink aus der Minibar zu mixen. Gerührt und nicht geschüttelt, mit zwei Stück Eis, so wie er es gern hatte. Auch mein James Bond ließ nun die Hosen fallen und fragte: »Oder langweilt dich dieses Leben inzwischen?«

»Nein, Liebster, bei Weitem nicht, es ist nur so, dass ...« In meinem Alter konnte ich schließlich schlecht behaupten, dass meine biologische Uhr tickte. Rasch hob ich die Hose auf und hängte sie auf einen Bügel. Die Frauen im Werbefernsehen taten das auch immer! Und es machte sie glücklich.

»Bist du etwa unzufrieden?« Falk zog mich etwas zu heftig zu sich aufs Bett. »Püppi, was ziehst du denn für ein Gesicht?«

»Natürlich nicht ...«

»Muss ich mein kleines Mädchen bestrafen?«

»Quatsch, Falk, hör auf damit ...«

Es war verrückt! Er machte etwas mit mir, das mich elektrisierte, es war schließlich ein Spiel, dem ich mich nur zu gerne hingab, anstatt auf meinem ursprünglichen Gesprächsthema zu beharren. Falk legte mir die Welt zu Füßen, und das im wortwörtlichen Sinn! Mit ihm war ich immer über den Wolken, flog erster Klasse, speiste in den vorzüglichsten Restaurants, ließ mich in der Limousine durch die Weltmetropolen kutschieren, besuchte Friseure, Kosmetikerinnen und Designermodenschauen und ging überall auf der Welt in Aerobic-Studios, um meine gute Figur zu halten. Andere Mädels hätten sich alle zehn Finger nach meinem Leben und meinem Mann abgeleckt und wären ihrem spießigen Reihenhausleben mit spießigem Beamten-Gatten und drei Kindern liebend gern entronnen.

Also konzentrierte ich mich auf das, was wir gerade taten.

Und das war atemberaubend schön.

April 1979

»Hallo? Kann ich Ihnen helfen?«

Es regnete in Strömen. Eine junge Frau mit zwei kleinen Kindern stand bei uns am Gartenzaun und musterte unser Namensschild neben der Klingel. Das eine Kind saß im Kinderwagen und das andere stand Nase bohrend daneben. Ich war gerade in der Küche und polierte zum zehnten Mal den Elektroherd, ganz nach dem Motto des feisten Meister Propper: »Auf dass man sich drin spiegeln kann!« Dabei langweilte ich mich und sehnte mich mal wieder nach einer Freundin. Und da stand sie! Klatschnass und triefend. Mitten in einem Aprilschauer.

Falk war diesmal ohne mich unterwegs, mir war irgendwie nicht gut gewesen, deshalb war ich lieber zu Hause geblieben. Seit einigen Tagen war mir morgens immer so komisch.

»Wohnt hier Falk Römer?«

»Ja!« Ich öffnete die Haustür und trat mit einem Schirm in den Garten hinaus. Die junge Frau sah nett aus, dunkelhaarig, braunäugig, schlank und attraktiv. Sehr gut gekleidet. Also, bevor sie so nass geworden war. Jetzt sah sie erbärmlich aus, und die Kinder auch. Sie musste etwa in meinem Alter sein.

Dass sie schon zwei kleine Kinder hatte? Tüchtig, tüchtig!, hätte Mutter gesagt. Ich hörte Mutter immer sprechen, wenn ich alleine war.

»Kann ich Ihnen helfen?«, wiederholte ich. Galant hielt ich den Schirm über die Kleinfamilie. »Kein Wetter für einen Spaziergang, was?« Ich strich den beiden kleinen Mädchen über den Kopf. Sie sahen müde aus und quengelig.

»Ist Falk Römer nicht da?« Die junge Frau musterte mich misstrauisch. Vielleicht hielt sie mich für seine Haushälterin, so mit der Schürze und dem Putzlappen in der Hand.

»Nein! Er fliegt gerade.« Ich warf einen skeptischen Blick auf die Nachbargardine, die sich wieder mal verdächtig bewegte.

»Kann ich vielleicht irgendetwas was für Sie tun?«

»Ich bin Alexandra.« Die junge Frau warf ihre dunklen Haare nach hinten und gab mir die Hand. »Falks Tochter.«

Meine Kopfhaut kribbelte. Und mein Lächeln erstarb. Ich war auf alles gefasst gewesen, aber auf das irgendwie nicht. Eher hätte ich damit gerechnet, dass sie sich als seine frühere Geliebte outete. Und womöglich für eines der Kinder Unterhalt forderte. Nach dem ersten Schrecken breitete sich Erleichterung in mir aus, und ich seufzte hörbar.

Seine Tochter war schon so groß? Und hatte bereits selbst zwei Töchter? Falk war also schon zweifacher Opa? Mit einundvierzig?! Mutter hätte gesagt, »Heidewitzka, Herr Kapitän!« Mir blieb der Mund offen stehen. Mit gemischten Gefühlen starrte ich die Kleinfamilie an, die offensichtlich Einlass begehrte.

»Wir sind auf der Durchreise und wollten nur mal Hallo sagen.«

Die Kleine im Kinderwagen weinte, und die Größere, die vielleicht drei war, trat von einem Fuß auf den anderen, als ob sie dringend Pipi müsste.

»Na, das ist ja eine Überraschung …« Einladend öffnete ich das Gartentor. Da hatte ich auf einmal eine Familie, eine »Schwester« und zwei kleine Bärchen, fast so wie damals in Kalifornien!, ging es mir durch den Kopf.

Mit einem lauten Summen schwang das Gartentor auf, und Alexandra schob Kind und Kegel herein. Ich trippelte, den Schirm über sie haltend, neben ihnen her.

»Entschuldigen Sie den Überfall, aber es hat sich so ergeben …«

»Ja das macht doch nichts, ich habe sowieso gerade Kekse gebacken und wollte mir gerade einen Tee machen!«, log ich. Natürlich backte ich nicht für mich allein Kekse. Aber ich hatte auf jeden Fall reichlich davon vorrätig. Besuch! Kinder! Nasse Kinder, süße Kinder!

Falks Tochter! Jetzt hatte ich eine Freundin, gegen die Falk nichts einwenden konnte!

Das musste ich erst mal verdauen.

Meine Hände zitterten, während ich die Kleinfamilie ins Haus bugsierte. Die fiese Klementine hinter der Gardine beobachtete alles mit Argusaugen, doch ich schenkte ihr nur einen verächtlichen Blick. Denkste, blöde Alte! Wir sind Schwägerinnen! Oder was waren wir gleich wieder? War ich etwa ihre Stiefmutter? Dann war ich ja die Stiefgroßmutter dieser Mädchen! Haha, sehr lustig! Wusste Falk überhaupt … Also, dass er eine Tochter hatte, hatte er mir erzählt. Aber auch, dass sie keinen Kontakt hätten.

Folglich konnte er von seinen Enkeltöchtern eigentlich nichts wissen. Ob ihn das freute? Oder eher in seiner Eitelkeit verletzte?

Mit Schwung öffnete ich die Tür zum Gästeklo. Offensichtlich eilte es bei allen dreien. Die Kleine im Kinderwagen war schon durchgeweicht. Und das nicht nur vom Regen.

Routiniert hob ich das Baby heraus und griff nach der Wickeltasche, während Alexandra mit der Größeren im Gästeklo weilte:

»Ich nehm sie mal eben mit rauf, fühlt euch wie zu Hause!«

Was hätte ich auch sonst tun sollen? Sie völlig durchnässt auf der Straße stehen lassen?

Im Bad säuberte ich das arme Wesen, das mich dankbar aus großen braunen Kulleraugen ansah, während es spuckefadenziehend auf seine Rassel biss.

»Du bist ja eine ganz Süße«, redete ich auf sie ein, und plötzliche Muttergefühle überkamen mich wie warmer Sommerregen. »Du hast ja einen ganz wunden Popo …«

Die Handgriffe saßen immer noch eins a – genau wie damals bei Joey und Charly, nur dass das hier ein Mädchen war und ich es demnach aus rosa Sachen schälte. Ich sah, wie sich mein Gesicht im Spiegel zu einem Lächeln verzog.

»Wie heißt du denn?«

Außer »Lalelu« kam keine Antwort.

»Wo kommst du denn her, du Würmchen du?«

»Aus Berlin.« Ich fuhr herum und sah Alexandra in der Tür stehen, die Größere auf dem Arm. »Entschuldige, dass wir dir einfach gefolgt sind. Das ist jetzt irgendwie

Hausfriedensbruch – andererseits ist es auch das Haus meines Vaters. Ich sag jetzt einfach du, oder?«

»Natürlich.« Mit dem Ellbogen zeigte ich auf den Wannenrand: »Setz dich! Ich bin Katharina, Falks Frau.«

Dann reichte ich ihr den Ellenbogen, den sie ebenso verwundert schüttelte, wie sie mich vorhin am Gartenzaun angestarrt hatte.

»Falk ist verheiratet?«

»Ja. Seit drei Jahren.« Ich grinste spitzbübisch. »Los, jetzt setz dich doch auf den Wannenrand!«

Ich wusste, wie schwer so ein Dreijähriges sein kann. Besonders wenn man müde ist. Und das war diese Frau ganz offensichtlich. Das Haar hing ihr wirr ins Gesicht, genau wie den beiden Mädels. Sie strich es sich zurück, warf einen kritischen Blick in den Spiegel und sagte:

»Du bist jung!«

»Du auch!«

Wir stellten fest, dass wir beide zweiundzwanzig waren.

»Und da bist du schon zweifache Mutter?«

»Hat sich so ergeben.«

Ich lächelte so gewinnend wie möglich. »Ihr kommt geradewegs aus Berlin?«

»Na ja, wir waren eigentlich auf dem Weg in den Urlaub, also Stefan, mein Mann, die Kinder und ich. Wir wollten nach Tunesien.« Sie riss Klopapier ab und schnäuzte sich hinein. Offensichtlich kämpfte sie mit den Tränen.

Ich wich den Tritten meines Wickelkinds aus, das sich mit seinen Beinchen an meinem Bauch abstützen wollte.

»Und? Wo ist Stefan?« In Erwartung eines weiteren Überraschungsgasts spähte ich aus dem Badezimmerfenster. Wenn er gut erzogen war, holte er vielleicht noch Blumen.

»Wir … Wir haben uns gestritten.« Alexandra sank mit der Kleinen auf den Badewannenrand, die gleich nach meinem Badeschwamm griff und damit herumspielte.

»Ja und?« Ich wollte der Einjährigen ihr rosa Strampelhöschen wieder anziehen, aber es stank so erbärmlich, dass ich es kurzerhand vor die Waschmaschine warf. Stattdessen wickelte ich das Baby in ein flauschiges Handtuch mit Lufthansa-Logo und drückte es liebevoll an mich. Ich tat also instinktiv, was ich mit Joey und Charly auch immer gemacht hatte. Wenn ich bedachte, dass die beiden inzwischen längst zur Schule gingen und sich wahrscheinlich kaum noch an mich erinnerten …

Das Baby grunzte wonnig.

Alexandra begann nun auch die Ältere auszuziehen. Automatisch reichte ich ihr ein weiteres flauschiges Badetuch. »Lass ihr ein Bad ein! Fühlt euch wie zu Hause!«

»Also, Stefan und ich hatten eben auf dem Hinflug eine Grundsatzdiskussion, und beim Umsteigen in Frankfurt hab ich plötzlich die Wut gekriegt, die Mädels geschnappt und bin einfach zum Ausgang …« Alexandra fummelte an den Hähnen herum, und ich half ihr, die Temperatur zu regeln.

»Und Stefan fliegt jetzt allein nach Tunesien?« Ich schüttelte ungläubig den Kopf.

»Der kann dahin fliegen, wo der Pfeffer wächst.« Alexandra biss sich trotzig auf die Lippen. »Wir sind heute Morgen um vier Uhr früh aufgestanden, haben von einem tollen Urlaub geträumt, den wir echt nötig haben. Aber Stefan kümmert sich einen Scheiß, und jetzt sind wir alle ein bisschen durch den Wind …« Ihr kamen die Tränen.

Die Kinder krähten dazwischen, und ich setzte das Baby kurzerhand ins Wasser.

»Wisst ihr was, Mädels? Jetzt bleibt ihr erst mal ein paar Tage hier.«

Ich hörte mich diese Worte sagen und staunte selbst darüber, dass ich Menschen, die ich vor einer Viertelstunde noch gar nicht gekannt hatte, einfach so in mein Haus einlud. Aber ich sehnte mich so nach einer Freundin, nach einer Familie, und der Himmel hatte sie mir an das Gartentor geschickt!

Ich versorgte den Überraschungsbesuch mit frischen Klamotten, und als sie eine Stunde später bei Tee und Keksen mit mir unten saßen, hatte ich das Gefühl, sie schon eine Ewigkeit zu kennen.

Alexandra entstammte der mehr als flüchtigen Beziehung Falks mit einer Kunststudentin. Das war in den Fünfzigern gewesen: Rock 'n' Roll mit Petticoat und Pferdeschwanz. Falk war damals gerade mit der Schule fertig und leistete seinen Militärdienst ab, als er Alexandras Mutter auf einer Vernissage in Berlin kennenlernte. Eine flüchtige Liaison, nichts weiter, aber Falk war immer anständig genug gewesen, Inge, Alexandras Mutter, pünktlich und regelmäßig Unterhalt zu zahlen.

Ich nickte: »Ja, Falk hat nie verschwiegen, eine Tochter zu haben. Er hat mir von Anfang an von dir erzählt.«

»Ach wirklich?« Alexandras Augen leuchteten.

»Na ja, ich glaube nicht, dass er deinen Namen genannt hat …« So genau konnte ich mich nicht erinnern.

Alexandra wirkte gekränkt. »Echt nicht?«

»Ich weiß nur, dass er gesagt hat, er habe eine Tochter aus einer früheren Beziehung. Da war ich selbst gerade erst neunzehn …« Ich erzählte Alexandra, wie Falk und ich uns begegnet waren. »Du bist sicher total gespannt auf ihn, oder?«

Sie saß in meiner Jogginghose mit hochgezogenen Füßen auf dem Sofa und hatte die Arme um ein Kissen geschlungen.

»Weißt du, ich habe nie einen Vater gehabt. Und jetzt, wo ich mit Stefan so in der Scheiße stecke … Ja, da brauche ich ihn gerade mal echt.«

»Er ist wunderbar!«, schwärmte ich mit leuchtenden Augen. »Er ist der perfekte Vater.« Ich erzählte ihr, dass ich anfangs auch so eine Art Vaterfigur in ihm gesehen hatte. »Er regelt dein Leben. Er nimmt dich an die Hand, organisiert alles und zeigt dir die Welt …«

»Echt jetzt?« Alexandras Augen leuchteten.

Moment. Hatte ich DIR gesagt? So hatte ich das natürlich nicht gemeint. Das sagt man nur so, wenn man »man« meint. Also, er zeigt EINEM die Welt. Und das auch nur, wenn man ihn vorher geheiratet hat. Dass das mal klar war!

Ich schwärmte noch eine ganze Weile von Falk, und ihre Augen leuchteten immer mehr. Und vielleicht »verliebte« ich mich sogar ein bisschen in sie. Sie war Falks Tochter! Sie hatte Ähnlichkeit mit ihm! Sie war sein Fleisch und Blut! Ich konnte für sie und ihre Kinder sorgen, bis er wiederkam! Aber vor allem verliebte ich mich in den Gedanken, nicht mehr so einsam zu sein.

Wir brachten die Kinder irgendwann rauf in Falks und mein Ehebett, beteten mit ihnen, wie sie das forderten –

oh, war das süß! Die kleinen Hände gefaltet, die kleinen runden roten Bäckchen weich und nach Nivea duftend, die kleinen Münder so unschuldig gespitzt! Das Baby betete natürlich noch nicht. Das sagte »Lalelu« und schlief sofort ein, nachdem ich ihm noch das Fläschchen hatte geben dürfen.

Ich erzählte Alexandra von meiner Familie in Amerika, nachdem sie mehrmals verblüfft festgestellt hatte, wie gut ich mit kleinen Kindern umgehen konnte. Ich sang noch ein Gutenachtlied auf Englisch mit der kleinen Elena, das Baby hieß Livia.

Auf einmal war die Welt so in Ordnung! Wir freundeten uns an, Alexandra und ich. Die Chemie stimmte. Es passte alles so gut: Ich konnte ihr helfen, sie auffangen, ihr zuhören. Sie redete sich ihren ganzen Frust von der Seele, mit ihrem scheiß-blöden Stefan, der nur seine Karriere im Kopf hatte und ihr überhaupt nie zuhörte, sie gar nicht mehr wahrnahm und kein Auge für die Kinder hatte. Er war Arzt, und sein Job schlauchte ihn fürchterlich. Er arbeitete in der Charité in Berlin und übernahm gern 48-Stunden-Dienste. Und wenn er dann nach Hause kam, war er nicht etwa für Alexandra und die Mädchen da, sondern gedanklich ständig abwesend! Sogar am Sandkasten diktierte er Gutachten! Nein, Alexandra hatte die Nase voll! Sie hätte auch gern Medizin weiterstudiert, sie hatte es nämlich genauso drauf wie Stefan! Ihr Numerus Clausus war sogar noch besser gewesen. Die beiden hatten sich im Studium kennengelernt. Doch im dritten Semester »passierte« ihr Elena. Ja und dann blieb Alexandra brav zu Hause, in Berlin-Schöneberg im Hinterhof-Altbau, bis auch noch Baby Livia kam. Immer wieder schwor ihr Stefan, sich bald mehr Zeit für die Familie zu nehmen, aber ohne seinen Worten Taten folgen zu lassen. Und jetzt, wo sie endlich das Geld hatten, einen Tunesien-Urlaub zu buchen, stritten sie schon auf dem Hinflug so heftig, dass Alexandra »dermaßen die Schnauze voll« hatte, dass sie sich beim Umsteigen einfach mit den Kindern absetzte. »Der Scheißkerl hat das wahrscheinlich jetzt noch nicht bemerkt!«, schnaufte sie entrüstet. »Der hat nämlich im Transitbereich schon wieder Gutachten diktiert!«

»Der wird euch schrecklich vermissen!«, gab ich zu bedenken.

»Überhaupt nicht! Der rennt mit diesem Röntgenblick durch die Gegend wie ein Zombie!«

Ja, junge Ärzte! Überfordert und überarbeitet bis zum Gehtnichtmehr. Und dann zwei kleine Kinder und eine frustrierte Ehefrau. Da war ihr Stefan sicher nicht der Einzige.

Trotzdem tat Alexandra mir leid. Tagelang hegte und pflegte ich die kleine Familie, die ja noch nicht mal Handgepäck bei sich hatte. Alexandra passte locker in meine Klamotten, und für die Kleinen kauften wir im Einkaufszentrum das Nötigste. Es machte richtig Spaß, mit meiner neuen Freundin bummeln zu gehen! Wir saßen Eis essend im Straßencafé und anschließend auf dem Spielplatz im Stadtpark. Nie hätte ich gedacht, dass meine heimlichen Träume so schnell in Erfüllung gehen würden.

Da mir jeden Morgen schlecht war, und Alexandra mich im Badezimmer würgen hörte, schlug sie vor, mal einen Schwangerschaftstest zu machen.

Ich hatte ja schon so etwas geahnt, denn beim letzten

Mal in Tokio hatte ich fast mit Absicht die Pille vergessen. Aber Herzklopfen hatte ich doch, als ich auf den Teststreifen pinkelte.

Zusammen mit Alexandra wartete ich drei Minuten lang, wobei ich die Augen fest geschlossen hielt.

»Sag du es mir!«

»Schwanger!«

»Echt jetzt?!«

»Ja! Hammer, ich krieg ein Schwesterchen!«, jubelte Alexandra und zeigte ihren verblüfften Kindern den Teststreifen. »Ihr bekommt eine Tante!«

»Könnte ja auch ein Brüderchen werden«, murmelte ich total erschossen. Ich musste das Ganze erst mal verdauen. Schwanger! Endlich! Und dann gleich noch eine »Schwester« dazu und »Nichten« oder was auch immer, man stieg da ja gar nicht mehr durch! Stieftochter, Stiefenkelinnen, egal! Eine Familie! Eine beste Freundin! Ein … eigenes Baby! Jetzt würde alles gut werden!

Ich meine, es WAR ja schon alles gut, aber jetzt würde es RICHTIG gut werden. Ich würde endlich eine Aufgabe haben, ein EIGENES Leben führen. Mein Kind und ich, da würde keine Briefmarke dazwischenpassen! Tja, jetzt würde Falk wohl wieder öfter alleine reisen müssen … Komisch, aber ein bisschen empfand ich Genugtuung, endlich einen TRIFTIGEN Grund zum Zuhausebleiben zu haben. Ich würde kein Schatten mehr sein, der wartete, bis die Sonne zurückkäme. Ich würde selbst die Sonne sein und mein Kind mit meiner Liebe wärmen!

Ich fiel Alexandra um den Hals, und gemeinsam mit den Kleinen tanzten wir übermütig im Badezimmer herum. Elena, die Dreijährige, wollte jetzt sofort auch auf einen Streifen pinkeln, und Livia, die Einjährige, wollte einfach nur pinkeln ... Wir vier Mädels hatten einen Riesenspaß in Falks Bad. Wir dachten uns Namen aus und alberten herum. Ich glaubte zu wissen, dass es ein Junge würde, und Alexandra war sicher, es würde ein Mädchen. Sie erzählte mir sofort alles Mögliche über Schwangerschaft, Heißhungerattacken, Schwangerschaftsgymnastik, Diäten, Schwangerschaftsklamotten und versprach mir, dass ich all ihr Zeug haben könne. Ihre Schilderungen endeten mit dem glorreichen Finale: nämlich mit Presswehen.

Na toll! Da kam ja einiges auf mich zu. Aber ich freute mich darauf, egal wie unangenehm, schmerzhaft oder Depressionen auslösend es auch sein würde! Ein Kind, ein eigenes Kind! Insgeheim nannte ich den Embryo auf der Stelle Damian. Das klang auch auf Englisch toll. Denn dass auch er ein Weltreisender werden würde, war sowieso klar.

Also, diesmal würde Falk aber Augen machen, wenn er nach Hause kam!

Mai 1979

Nicht nur die dicke Klementine nebenan, nein auch wir vier Mädels standen gespannt am Fenster und drückten uns den Busen platt. Jede von uns hielt ein Kind fest, damit es nicht aus dem Fenster fiel. Das Taxi hielt, Falk stieg aus, in seiner schmucken Uniform, zahlte und schaute schon fragend auf die Haustür, hinter der ich normalerweise hervorsprang und ihm gleich in die Arme.

Doch diesmal öffneten wir sie zu viert. Zu fünft sogar, um ganz genau zu sein. Aber wir wollten ja nicht gleich mit der Tür »aus dem Haus fallen« …

Vier Mädels. Zwei von Mitte zwanzig, eine drei und eine ein Jahr alt, schritten, nein, taperten dem Leitwolf entgegen.

»Oh«, sagte Falk. Unbehagen malte sich auf seinem Gesicht ab. »Du hast Besuch.« Ich sah seine hängenden Mundwinkel, die überdeutlich sagten: Muss das denn ausgerechnet heute, am Tag meiner Rückkehr, sein? Ich habe mich doch so auf dich gefreut! Du weißt doch, was wir sonst immer tun, wenn ich nach Hause komme …

»WIR haben Besuch«, sagte ich feierlich. »Besser gesagt: DU hast Besuch.«

Falk schaute fragend und immer noch unwillig von einer zur anderen. Vermutlich befürchtete er, ich hätte eine Nachbarin mitsamt ihrer Brut aufgerissen, um mir die Einsamkeit zu vertreiben. Eine, die fortan immer bei uns rumhängen würde.

Eine grauenvolle Vorstellung für einen Piloten! Nie, nie hätte ich ihm das zugemutet.

»Ist das der Opa?«, fragte Elena schüchtern und versteckte sich hinter Alexandras Beinen.

»Bitte?!«

»Ja! Du hast richtig gehört! Das ist deine Tochter, und das sind deine Enkelinnen!« Ich breitete die Arme aus. »Tadaaaa! Überraschung!« In diesem Moment freute ich mich unbändig, dass Falk echt blöd aus der Wäsche schaute. Endlich konnte ich ihn mal mit etwas überraschen! Sonst war es ja immer anders herum. Das mit unserem Baby wollte ich ihm unter vier Augen sagen. Dieser Moment sollte uns ganz allein gehören.

Falks Blick blieb an Alexandra hängen. Seine Pilotentasche fiel auf den Vorgartenrasen, und ich beeilte mich, sie aufzuheben und ins Haus zu tragen.

Ja, Falk war völlig von den Socken. Er wusste zwar, dass er eine Tochter hatte, aber offensichtlich hatte er sie noch nie gesehen. Oder höchstens, als sie noch ein kleines Kind war. Alexandra hatte mir erzählt, dass sie sich vage an ein Treffen erinnerte, bei dem sie vielleicht drei oder vier Jahre alt gewesen war. Aber vielleicht war es auch ein anderer Kerl gewesen, der ihre Mutter damals besucht hatte, hatte sie eingeräumt.

Vater und Tochter starrten sich lange an, während die Kinder herumbrabbelten und im Garten Wäscheklammern aus dem Körbchen nahmen. Dann fielen sie sich in die Arme. Das war eine wunderschöne Szene. Fast wie im

Film!, dachte ich, während mir eine Gänsehaut über den Rücken zog. Oh, wenn Klementine nebenan das doch jetzt filmen würde! Oder wenigstens fotografieren! Mist, daran hatte ich nicht gedacht! Dieser Moment war doch so WICHTIG für die beiden! Ich rannte zurück ins Wohnzimmer, wo ich seine Pilotentasche abgestellt hatte und suchte darin nach dem teuren Fotoapparat, den ich Falk zu Weihnachten geschenkt hatte. Mist, wie funktionierte denn so ein Ding … Mit zitternden Fingern machte ich einige Schnappschüsse.

Die beiden ließen sich gar nicht wieder los. Falk strich seiner Tochter über den Rücken, übers Haar, über die Wangen, und dann küsste er sie rechts und links. Anschließend bückte er sich zu Elena und Livia hinunter und betrachtete seine süßen kleinen Enkelinnen, als hätte er sie höchstpersönlich aus seiner Rippe geformt.

»Püppi«, hörte ich ihn überwältigt murmeln, »und noch eine kleinere Püppi und noch eine viel kleinere Püppi …«

Na gut, Püppi war sein Lieblingswort. Ich hatte zwar gedacht, dass es mir vorbehalten wäre, weil er mich in besonders zärtlichen Momenten immer so nannte. Aber zu den Kleinkindern passte der Kosename ohnehin viel besser als zu mir. Wenn er erst erfuhr, dass ich selbst Mutter wurde, würde er mich bestimmt nie wieder Püppi nennen.

Falk war so glücklich über seine neue alte Tochter Alexandra, dass ich einfach keinen geeigneten Moment fand, ihm von unserem eigenen Nachwuchs zu erzählen. Ich beschloss, damit so lange zu warten, bis Falk und ich mal wieder einen ungestörten, ruhigen Moment haben würden. Es dauerte Tage, bis wir endlich einmal zu zweit waren. Weil Alexandra und ich an jenem ersten verregneten Abend im April die Kinder kurzerhand ins Ehebett und uns später einfach dazugelegt hatten, war es dabei geblieben, bis Falk zurückkam.

Wir überlegten, wie wir die Schlafplätze neu verteilen sollten, aber eigentlich blieb nur das Einzelbett in Falks Arbeitszimmer, in das er sich immer, wenn er tagsüber seinen Jetlag ausschlafen wollte, zurückzog. Und das konnten wir im Grunde niemandem anbieten außer Falk selbst.

Er reagierte absolut großzügig und überließ Alexandra, den Kleinen und mir weiterhin unser Ehebett: »Das ist jetzt euer Mädelszimmer, darin habe ich im Moment nichts verloren.«

Mir zwinkerte er verschwörerisch zu, was ich so deutete, dass ich zu gegebener Zeit in sein Arbeitszimmer kommen sollte, um unsere »War-meine-Püppi-auch-artig«-Nummer durchzuziehen, an der wir beide solchen Spaß hatten.

Alexandra und ich freuten uns über seine Freigiebigkeit. »Nie hätte Stefan einer plötzlich auftauchenden Schwester oder so unser Ehebett überlassen«, lästerte sie über ihren Gatten, der anscheinend tatsächlich allein in Tunesien urlaubte. Auch wenn er bestimmt am Poolrand saß und Gutachten diktierte. »Obwohl er geistig nie anwesend war, hat er immer auf seiner Portion Sex bestanden«, fuhr Alexandra fort.

Ob er dabei wohl auch Gutachten diktiert hat?, fragte ich mich insgeheim. Ich stellte mir diesen Stefan einfach grauenvoll vor. Wie kann man das Verschwinden von

Weib und Kindern erst bemerken, wenn man schon dort ist, wo der Pfeffer wächst? Auf die Idee, dass sein erzürntes Weib bei ihrem Erzeuger Trost und Hilfe gesucht hatte, war er offensichtlich nicht gekommen, denn niemand rief bei uns an. Ob er seine Familie schon als vermisst gemeldet hatte? Wenn er schlau war, fragte er vielleicht mal bei seiner Schwiegermutter nach, wo Alexandra so stecken könne. Oder er erholte sich erst mal in aller Konsequenz und ging der Einfachheit halber davon aus, dass die drei längst wieder in der Berliner Hinterhofwohnung weilten. Mir sollte es recht sein. Endlich war mal Leben in der Bude! Und Vater und Tochter hatten sich ja so viel zu erzählen!

Falk holte alte Fotos hervor, auf denen er als Knabe und junger Soldat zu sehen war.

»Hier habe ich gerade deine Mutter kennengelernt. Schau, im Hintergrund ist sie sogar zu sehen!« Ich beugte mich über Falks Schulter und betrachtete das besagte Bild, auf dem mein Falk ein junger schlaksiger Bursche gewesen war. Ein typisches Fünfzigerjahre-Schwarz-Weiß-Foto: Rauchende junge Menschen saßen betont cool in weißen Hemden und Bügelfaltenhosen mit braven Seitenscheiteln auf einer Party herum. Die Frauen trugen Faltenröcke und Blusen und hatten die Haare zu kunstvollen Dutts hochgesteckt. Plötzlich wurde mir in aller Deutlichkeit bewusst, dass Falk aus einer ganz anderen Generation stammte als ich! Mit seiner Tochter saß er Seite an Seite auf dem Sofa und blätterte in dem Album: Falk bei der Fliegerausbildung beim Militär, Falk mit ein paar Mädels, die er schnell wegblätterte, Falk mit seiner Mutter vor diesem Haus. Sie standen einen Meter voneinander entfernt da und schauten sich nicht an. Es musste wirklich ein merkwürdiges Verhältnis gewesen sein.

Schon jetzt hätte mir klar werden müssen, dass ich freiwillig meinen Platz geräumt und mich in die zweite Reihe gestellt hatte. Wer an Falks Seite saß, war Alexandra.

»Schau, das ist meine Mutter. Deine Großmutter.« Falk musterte Alexandras Profil. »Du bist ihr wie aus dem Gesicht geschnitten.«

»Findest du?« Alexandra reagierte leicht beleidigt wie jede junge Frau, die mit einer alten verglichen wird.

»Ja! Natürlich ist sie auf diesem Bild schon über fünfzig, aber schau doch mal …«

Alexandra wollte keinerlei Ähnlichkeit zu der ihr unbekannten Großmutter feststellen, und ich sprang ihr hilfreich zur Seite: »Aber Falk! Da sieht deine Mutter doch wirklich altmodisch aus. Guck nur diese Klamotten …«

Autsch! Da hatte ich aber in ein Wespennest gestochen. »Diese Klamotten« waren genau die Mottenfänger, die ich hatte entsorgen wollen! Und auf seine Mutter ließ er nichts kommen.

»Ich konnte es ihr nie recht machen«, sagte er auch jetzt noch einmal. »Egal was ich versucht habe – sei es, ein guter Schüler zu sein oder mich im Sport hervorzutun –, Mutter hat mich nie gelobt. Ich habe regelrecht nach Anerkennung gelechzt! Auf meiner Abiturfeier war ich der Einzige, dessen Eltern nicht erschienen waren! Mutter hat an dem Tag einen Ballettabend mit *Schwanensee* vorgezogen. Später meinte sie, dort habe sie wenigstens tolle junge Männer gesehen, die wirklich etwas Beachtliches leisteten. Statt pickliger Jünglinge.«

Ich schluckte. Mein armer Falk! Das musste ja eine

harte Nuss gewesen sein, diese Mutter! Gut, dass ich die nicht mehr miterleben musste.

Und nun: Alexandra. Seine Tochter. Die der abweisenden, aber trotzdem angebeteten Mutter angeblich so ähnlich sah.

Na, da war ich aber mal gespannt, wie sich die Sache noch entwickeln würde.

Juni 1979

Sie entwickelte sich, aber ganz anders, als ich das erwartet hatte.

Nachdem ich Falk in einer ruhigen Minute von unserem Nachwuchs berichtet hatte, meinte er hochbesorgt und väterlich wie immer, dass ich mich von nun an ganz besonders schonen müsse. Wir befanden uns in seinem Arbeitszimmer und kuschelten auf seinem Bett.

»Püppi, mit den Fernreisen ist es jetzt für dich vorbei.«

»Ja, Papa«, hätte ich fast schon gesagt. Alexandra nannte ihn Papa, und fast lag es mir auch auf der Zunge. »Ich denke auch, dass es besser ist, wenn ich mich jetzt zu Hause auf die Geburt vorbereite«, flötete ich stattdessen. »Ich würde so gern einen Geburtsvorbereitungskurs besuchen und gemeinsam mit anderen jungen Muttis lernen, wie man die Wehen veratmet …« Dort würde ich nämlich eine Menge anderer Frauen in meinem Alter kennenlernen, mit denen ich gedachte, die nächsten zehn bis fünfzehn Jahre befreundet zu sein. Ich sah uns schon alle lachend und lästernd am Sandkastenrand sitzen, im Kindergarten Laternen basteln, auf Elternabenden hocken und uns anschließend ein Glas Wein gönnen.

Man könnte so eine Mädelsrunde gründen, wo man sich abwechselnd morgens zum Frühstück einlädt!, dachte ich in heller Vorfreude. Ich sah mich schon den Tisch decken und dekorieren, fünf bis sechs Muttis bei mir einfallen, während unsere kleinen Racker im Kindergarten oder in der Schule saßen.

Alexandra würde schließlich über kurz oder lang wieder zu ihrem Stefan zurückkehren müssen, und ich war gerade auf den Geschmack gekommen, wie herrlich es war, eine beste Freundin zu haben.

»Genau das wirst du auch tun, Kleines.« Fürsorglich wie immer strich er mir über den Rücken. »Du schonst dich jetzt, gehst in den wunderbaren Vorbereitungskurs und wirst eine wunderbare Mutti werden. Wenn ich sehe, wie wunderbar du mit diesen Kindern hier umgehst …«

Bei so vielen »Wunderbars« wunderte ich mich, dass er mich diesmal so sang- und klanglos ziehen beziehungsweise bleiben ließ. Sonst drängte er mich immer mitzukommen. Nicht ohne sich in Selbstmitleid zu suhlen: »Wozu habe ich denn sonst geheiratet, wenn ich weiterhin ein einsamer Wolf sein muss?« Er liebte es, seine fein herausgeputzte Püppi zu präsentieren. Er schmückte sich gern mit mir, genoss unsere Auftritte in Restaurants und Bars oder an seinen freien Tagen am Pool. Seine Augen blitzten vor Stolz, wenn er mir galant die Tür aufhielt und ich in meiner Jugend und Eleganz irgendwo einschwebte. Na, ihr alten Säcke?, dachte er dann, wie er mir oft genug erzählt hatte. Habt ihr zu Hause auch so eine knackige junge Puppe? Oder ist die Alte mit den Dauerwellen neben euch euer Schicksal?

Und jetzt schlug er freiwillig vor, dass ich zu Hause bleiben sollte?

Ich fühlte mich wie ein Vögelchen, das zwar noch im

Käfig sitzt, dessen Gittertür aber schon offen steht. Ob ich einfach so hinaushüpfen durfte? In den ganz normalen Alltag eines Frankfurter Vororts? Ob ich in Zukunft ein eigenständiges Leben führen durfte?

»Andererseits …«, beiläufig zog Falk ein Lufthansa-Begleitperson-Ticket für die erste Klasse aus der Tasche und legte es auf den Tisch, »… wäre es fast schade um diese schöne Reise hier. Schau mal!«

Ich warf nur einen müden Blick darauf: »Frankfurt – Miami, Miami – Frankfurt. Drei Tage Aufenthalt im *Sheraton Beach.*« Ich kannte Miami. Ich kannte Miami Beach. Ich kannte eigentlich alles bis runter nach Key West und fand es auch alles ganz toll. Aber im Moment stand mir einfach nicht der Sinn danach. Mir war morgens immer noch übel, und ich sehnte mich nach meinem eigenen Bad und eigenen Bett.

»Nimm doch Alexandra mit!«, hörte ich mich sagen. »Die ist doch sowieso urlaubsreif.«

Falk schüttelte nur den Kopf. »Das kann ich doch nicht machen«, murmelte er.

»Dann lernt ihr beide euch auch ein bisschen besser kennen«, setzte ich nach.

Falk starrte mich an. »Ehrlich?« Er schien sich richtig zu zieren. »Hältst du das wirklich für eine gute Idee?«

»Sie ist deine Tochter, Falk! Und ihr habt viel nachzuholen!«

Er sah mich stirnrunzelnd an. »Das kann ich dir doch unmöglich antun!«

Lachend warf ich die Hände in die Luft. »Glaubst du etwa, ich wäre eifersüchtig?«

»Natürlich nicht!«

»Du hast so viel für mich getan, Liebster! Ich bin jetzt fünf Jahre lang mehr unterwegs als zu Hause gewesen. Und auch wenn es seltsam klingt aus dem Mund einer so jungen Frau wie mir: Ich will jetzt einfach nur hierbleiben. Ich sehne mich nach meinem eigenen Nest. Ich möchte es in Ruhe einrichten, weißt du. Den scheußlichen Haushaltsraum oben nehmen wir als Kinderzimmer. Denn wenn ich ihn erst mal schön gestrichen habe … O bitte, lass ihn mich hellblau oder rosa streichen, Falk …« Das war das einzige Zimmer, das ich nie hatte betreten dürfen, weil seine Mutter darin genäht und gebügelt hatte. Der ganze altmodische Kram stand immer noch darin herum. Es würde mir eine Freude sein, das Zimmer auszumisten, es mit einem kuschelweichen Bettchen, luftigen Gardinen, einem flauschigen Teppich und einem Wickeltisch auszustatten … und den alten Mutterdrachen endgültig zum offenen Fenster hinauswehen zu lassen.

Meine Augen schwammen in hormonell bedingten Freudentränen. Seufzend streckte ich meine geschwollenen Füße aus, und er griff automatisch danach, um sie zu massieren. »Kleines, das wäre natürlich – wunderbar!«

Ich lachte laut auf. »Wie schön, dass du dich so freust!«

Plötzlich schlug ich mir mit der flachen Hand vor die Stirn. »Quatsch! Was rede ich denn da! Ihr könnt ja die Kinder nicht mitnehmen!« Mein Lachen erstarb.

»Nein.« Falk verstärkte den Druck auf meine Füße, und aus dem angenehmen Massieren wurde ein ziemlich heftiges Kneten. »Das geht natürlich nicht.«

»Au!!« Ich zuckte zusammen. »Du tust mir weh!«

»Entschuldige, Kleines!« Falk hielt inne. »Wo bin ich nur mit meinen Gedanken.«

Sofort wurden seine Bewegungen wieder sanfter. Da fiel ihm etwas ein. »Meinst du nicht, die Mädchen könnten ein paar Tage bei dir bleiben?«

Ich biss mir auf die Lippen. »Das traue ich mir nicht zu. Außerdem würde Alexandra das bestimmt nie wollen.« Welche Mutter lässt ihre zwei Kleinen schon tagelang bei einer fast Fremden?, dachte ich. Das macht die nie!

»Doch«, kam es wie aus der Pistole geschossen. »Sie hat nichts dagegen. Sie mag dich. Und die Kinder auch.«

Ruckartig zog ich die Füße weg. »Du hast schon mit ihr darüber gesprochen?«

Seine Augen wurden fast schwarz, und mir wurde ganz mulmig zumute.

»Sie hat angedeutet, wie gern sie mal mit ihrem Vater verreisen würde. Da ist ja nichts dabei!« Falk klang auf einmal tief gekränkt. »Wir haben an keine bestimmte Reise gedacht. Ich habe sie nur sagen hören, wie sehr sie dich beneidet. Wie gern sie auch mal meine Begleitperson wäre, nachdem sie ihr Leben lang auf ihren Vater verzichten musste.«

Moment mal!, dachte ich, und wieder zog ich reflexartig die Beine an. Ich schlang die Arme um die Knie und verbarrikadierte mich hinter einem Kissen.

»Die Idee kam doch gerade von mir! Dabei war eure gemeinsame Reise längst beschlossene Sache?!«

»Hallo, kleines Fräulein?« Erstaunt starrte er mich an. »Habe ich nicht eben aus deinem süßen Schnäbelchen gehört, dass du nicht eifersüchtig bist, da es sich ja um meine Tochter handelt?«

Ich machte den Mund auf, um mir das »kleine Fräulein« zu verbitten, aber dann bremste ich mich und ließ erst mal Luft ab. »Natürlich«, sagte ich so würdevoll wie möglich. »Es war schließlich meine Idee, und ich finde sie nach wie vor gut.« Ich schenkte ihm mein neues mütterliches, reifes, verständnisvolles Lächeln. »Und wenn Alexandra es mir zutraut, werde ich natürlich auf die Kleinen aufpassen.« Ich warf einen Blick auf das Begleitperson-Ticket: »Für drei Tage wird das schon gehen.«

Dass es sich in Wirklichkeit um fünf Tage handelte, war auch mir klar. Ich war ja selbst oft genug mitgeflogen: Anreise- und Abreisetag ließen sich zwar nicht mit Sightseeing oder am Hotelpool verbringen, gingen aber definitiv mit Abwesenheit von zu Hause einher.

Fast eine Woche also.

Ich zuckte mit den Schultern. »Kein Problem. Ich schaffe das!«

»Und es ist für dich auch wirklich in Ordnung, Liebes?« Falks Finger streichelten das Kissen, das ich immer noch schützend an mich presste.

»Mehr hast du dazu nicht zu sagen?« Ich schob mein Kinn vor. Ein bisschen beleidigt war ich schon, dass unser Gespräch so eine Wendung genommen hatte. Ich meine, ich hatte ihm gerade eröffnet, schwanger zu sein! Ein Kind von ihm zu erwarten! Und da drehte sich plötzlich alles um – das ANDERE Kind.

»Was soll ich denn jetzt noch dazu sagen?« Falk beugte sich über mich, angelte sich eine Zigarette vom Schreibtisch und zündete sie sich an. »Dass Alexandra und ich zwei getrennte Zimmer nehmen, kann ich dir nicht versprechen. Das ist im Budget sicherlich nicht drin.«

Sofort brodelte in mir heiliger Zorn.

»Dass wir ein Kind bekommen, meine ich doch!« Ärgerlich wedelte ich den Rauch weg. Einer Schwangeren so ins Gesicht zu qualmen! Instinktiv presste ich das Kissen noch fester an meinen Bauch, als könnte ich das Ungeborene so vor Umweltgiften schützen. »Du wirst Vater, Falk! Andere Männer freuen sich ein Loch in den Bauch!«

Er verzog das Gesicht, als hätte ihn ein Insekt gestochen. Da platzte es aus mir heraus:

»Andere Männer fallen vor ihren Frauen auf die Knie und weinen vor Glück, legen das Ohr auf ihren Bauch und singen dem Baby was vor …« Noch während ich das aussprach, merkte ich, dass das etwas zu dick aufgetragen war. Na gut, das hatte ich mal in einem Film gesehen. Aber so ein sentimentales Weichei war Falk nicht, und das war auch gut so. Ich sah ihn schräg von der Seite an. Falk schenkte mir ein kleines Lächeln.

»Kleines! Ich freue mich schon sehr. Ich weiß doch, wie sehr du dir ein Kind gewünscht hast.« Er zögerte. »Nur schau, in MEINEM Fall ist das etwas anders. Ich HABE schon ein Kind. Ein erwachsenes noch dazu. Eines mit Ehesorgen und finanziellen Problemen …« Er stieß ein Schnauben aus. »Und außerdem zwei kleine Enkeltöchter. Die Krach machen, in die Windeln kacken und nachts nicht durchschlafen. Die Marmelade und Rotz auf meinem weißen Sofa hinterlassen. Ich musste schon aus meinem eigenen Schlafzimmer ausziehen und im Arbeitszimmer schlafen.«

Er fuhr sich mit beiden Händen durchs Haar und legte den Kopf in den Nacken, als müsste er selbstmitleidige Tränen vor mir verbergen. »Das ist ein Kindersegen, den andere Männer kaum verkraften würden.« Er machte eine

Kunstpause, inhalierte, blies den Rauch an die Decke und klapperte mit den Augendeckeln. »Und dann kommst du und bist sauer, weil ich nicht auch noch vor DEINEM Baby in die Knie gehe und Freudentänze aufführe.«

»MEIN Baby? Es ist doch UNSER Baby!« Jetzt schrie ich fast.

Falk zog seine Augenbrauen so hoch, wie es nur ging. »Natürlich ist es UNSER Baby. Aber letztlich hast du diese Entscheidung, es genau JETZT zu kriegen, ganz allein getroffen! Und zwar genau da, wo sich unsere familiäre Situation so entwickelt hat.«

Er klang, als wollte er ein imaginäres Publikum überzeugen. Richtig laut und sonor war seine Stimme geworden. Ob er wollte, dass Alexandra das hörte?

Angesichts seiner heftigen Reaktion musste ich tatsächlich einen wunden Punkt bei ihm getroffen haben. Andererseits hatte ich in Tokio noch gar nicht wissen können, dass Alexandra mit den Kindern vor der Tür stehen würde!

Doch ich hatte keine Lust auf Streit. Und schon gar nicht, während Alexandra direkt nebenan in unserem Ehebett lag.

»Aber du möchtest das Kind doch auch?«, fragte ich leise. Ich machte eine Pause und überlegte, ob ich taktvoll genug vorgegangen war. »Du willst doch nicht, dass ich es – wegmachen lasse?«

Er zögerte. »Die Entscheidung liegt ganz bei dir, Mäuschen.«

Schon wieder wollte ich ihm an die Gurgel springen! Wieso war das MEINE Entscheidung, und wieso nannte er mich in diesem Zusammenhang Mäuschen?! Ich kam mir vor, als würde ich ihm einen Mäuseköttel gebären!

»Wie ich schon sagte.« Falk drückte den Zigarettenstummel in den Aschenbecher, und ich stellte mir vor, er würde unseren Embryo zerdrücken. Entsetzt riss ich die Augen auf und zwang mich, an etwas anderes zu denken. »Du hast die Entscheidung getroffen, schwanger zu werden, jetzt überlasse ich dir auch die Entscheidung, das Kind zu behalten.«

»Ich will aber, dass du diese Entscheidung mitträgst«, jammerte ich und ärgerte mich, dass unser Gespräch eine so hässliche Wendung genommen hatte. Ich versuchte, weniger weinerlich zu klingen. »Das ist die Voraussetzung dafür, gemeinsam Eltern zu werden!«

»So hat meine kleine Zaubermaus ja noch nie mit mir gesprochen«, versuchte Falk der Situation die Schärfe zu nehmen. »Hör mal zu, Süße: Du hast offensichtlich beschlossen, Mutter zu werden. Ich kann ja nicht mehr beschließen, Vater zu werden. Ich bin es ja schon.« Er kniff mir in die Wange und schenkte mir endlich wieder sein verschwörerisches Lächeln, das ich so an ihm liebte. »Sogar Großvater. Der Kinderwunsch steht dir zu, Kleines. Ich war viel zu egoistisch, nicht von selbst drauf zu kommen.« Er nahm mich in die Arme und wiegte mich sanft hin und her. »Mein kleines Herz. Natürlich behalten wir dein Kind!«

»UNSER Kind«, piepste ich in meiner Höhle aus Armen und Kissen.

»UNSER Kind.« Ich hörte Heiterkeit in seiner Stimme. Er benahm sich wie ein Vater, der einen Pubertätsanfall seiner Tochter mit viel Diplomatie und Humor ins Leere laufen lässt. Sein Tonfall drückte so etwas aus wie: »Du hast recht, und ich hab meine Ruhe.«

Aber dafür liebte ich Falk: Er war wirklich kein Streithammel. Ich beschloss, ihm alle Zeit der Welt zu geben, sich an seine Tochter Alexandra und den Rest seiner noch größer werdenden Großfamilie zu gewöhnen.

Juli 1979

»Na, sind Sie jetzt plötzlich zu zwei Kinderchen gekommen?«

Unglaublich! Die alte Hexe hinter der Gardine redete mit mir.

Klementine schob die Gardine doch diesmal tatsächlich richtig zur Seite und machte sogar das Fenster auf! Sie bettete ihren dicken Busen auf das Fensterbrett und beäugte uns wie Frischfleisch auf dem Markt. »Sind ja richtig nette Kinderchen!«

Wir waren gerade im Begriff, in die Stadt zu gehen, die netten Kinderchen und ich. Es hatte mich über zwei Stunden gekostet, sie ausgehfertig zu machen und ihr Gejammer nach der Mama zu unterbinden. Ich hatte ihnen einen Dauerlutscher und eine Fahrt auf dem Mini-Auto vor dem Supermarkt versprochen. Im Moment heulten sie nicht, und das verbuchte ich schon als Erfolg.

»Ja«, rief ich so freundlich wie möglich. »Das sind die Kinder meines Mannes!«

»Und er ist mit deren Mutter auf Reisen? Das nenne ich eine feine Ménage-à-trois!«

»Quatsch!« Ich spürte, wie ich einen knallroten Kopf bekam. »Das sind die ENKEL meines Mannes! So wird ein Schuh draus! Er ist mit seiner Tochter auf Reisen!«

»Ach, die Tochter – aaaah, so so!«

»War es das jetzt?«

»Und Sie sind die Ehefrau.«

»Wenn Sie nichts dagegen haben!«

»Ja, ich hab sie heute früh wegfahren sehen und mir gedacht: Heute nimmt der die Brünette mit, und die Blonde bleibt daheim!«

Eigentlich wollte ich wütend schnauben: Sie hoffen wohl vergeblich, dass er eines Tages die Dicke mitnimmt, aber da können Sie lange warten! Also, was geht Sie das eigentlich an? Aber das verbot mir meine klösterliche Erziehung. *Kind, sei immer höflich und bescheiden und antworte nett, wenn du gefragt wirst.*

»Wie gesagt«, hob ich zu weiteren Erklärungen an. »Die Dunkle ist seine Tochter, und ich bin seine Frau. Und da ich SCHWANGER bin«, schob ich mit Nachdruck hinterher, »sind Fernreisen gerade tabu.« Ich spürte, wie ein heiliger Zorn von mir Besitz ergriff. Wissen Sie, Sie neidische alte Schachtel? Ich hab von der Welt schon alles gesehen, fügte ich in Gedanken hinzu. Was man von Ihnen sicherlich nicht behaupten kann. Ihr Horizont reicht gerade mal bis in die Nachbargärten.

»Ich kenne Herrn Römer schon sehr lange«, teilte sie mir unaufgefordert mit, und ihr Busen wurde platt gedrückt wie eine Flunder, weil sie sich immer weiter rauslehnte.

»Der hat immer gern junges Gemüse bei sich im Garten.« Sie warf mir einen vielsagenden Blick zu.

»Wie?« Ich stemmte die Hände in die Hüften. Meine Wangen waren krebsrot. Sollte ich mir diesen Schwachsinn weiter anhören? Die Kleinen beschäftigten sich gerade mal wieder mit den Wäscheklammern und hatten sich auf den Steinplatten niedergelassen.

»Also, bevor Sie eingezogen sind, ging es hier zu wie in einem Bienenstock.«

»Sie müssen es ja wissen«, entfuhr es mir. »Sie stehen ja den ganzen Tag hinter der Gardine.«

Ich wollte die Kleinen aufheben und in den Kinderwagen wuchten, um endlich hoch erhobenen Hauptes einen Abgang zu machen, aber sie wehrten sich und wollten weiter mit den Wäscheklammern spielen. Elena hatte Livia bereits mit einem Dutzend der bunten Dinger geschmückt, und Letztere sabberte sie mit Spucke voll. Ich musste das Kunstwerk erst mal zerstören, und das löste Protestgeschrei aus. Ich handelte mir sogar ein paar patschhändige Schläge ein.

»Oje, wenn Sie da mal nicht überfordert sind«, spöttelte Klementine. »Die jungen Mütter heute können sich ja gar nicht mehr durchsetzen.«

Ich beschloss wutschnaubend, mich erst mal gegen sie, die fiese Nachbarin, durchzusetzen.

»Haben Sie eigentlich gar kein eigenes Leben, dass Sie ständig Ihre Nachbarn bespitzeln müssen?«

Klementine lachte nur. »Seien Sie doch nicht so kratzbürstig, junges Fräulein. Sie werden mir noch dankbar sein!«

»Ihnen. Dankbar.« Jetzt reichte es mir aber. »Außerdem bin ich kein Fräulein! FRAU Römer, wenn ich bitten darf!« Ungerührt pflückte ich die Mädchen auseinander, dass die Wäscheklammern durch den Garten flogen, drückte sie unsanft in den Kinderwagen und stob davon. »Blöde Kuh«, schnaubte ich wutentbrannt. »Die soll mich kennenlernen. Hoffentlich stirbt die bald«, murmelte ich tränenblind vor mich hin, das laute Geschrei meiner Kuckuckskinder ignorierend. »Das kann ja heiter werden, wenn ich erst mal mit meinem eigenen Kind im Garten spiele, und die ihren Busen aus dem Fenster hängt und blöde Kommentare abgibt! Vorher erschieß ich die!«

Die Kinder brüllten Zeter und Mordio, und ich kochte innerlich vor Wut. In was für ein beschissenes Spießerleben hatte Falk mich da eigentlich hineinmanövriert? Dieses grauenvolle Haus stand einfach in einer grauenvollen Gegend, da konnte ich einrichten, dekorieren und den Garten umgestalten, soviel ich wollte. Ich konnte zwar alte Möbel und alte Kleider vor die Tür setzen, aber diese Nachbarin konnte ich nicht in einen Sack stopfen und an den Straßenrand stellen. Sie würde schätzungsweise noch die nächsten zwanzig Jahre aus dem Fenster hängen! Bis mein Kind Abitur machte, und selbst das würde sie noch kommentieren! Ach, wäre ich doch nur in Santa Barbara geblieben!, dachte ich nicht zum ersten Mal. Da waren alle Leute superrelaxt und gechillt, ließen einander treiben, was sie wollten. Ich hatte doch nie wieder nach Deutschland zurückgewollt! Aus gutem Grund waren schon meine Eltern ausgewandert! In unserer Familie hasste man Spießigkeit.

Na gut, Falk war absolut kein Spießer. Im Gegenteil! Er war ein großzügiger Mann von Welt, und wenn er diese Villa nicht von seiner Mutter geerbt hätte, würden wir bestimmt in einem schicken Bungalow wohnen, in einer hippen angesagten Gegend. Ihm konnte ich keinen Vorwurf machen. Er hatte nichts falsch gemacht. Für diese Nachbarin konnte er schließlich nichts.

Am Drogeriemarkt hatte ich mich wieder halbwegs beruhigt und die Kinder auch. Ziemlich entnervt reichte ich die Kamera mit den Vater-Tochter-Begrüßungsbildern über den Tresen: »Bitte einmal entwickeln. Je ein Abzug. Geht das heute noch?«

Mir graute davor, den langen Marsch in die Stadt mit zwei brüllenden Kleinkindern noch einmal antreten zu müssen, und das für drei Fotos.

Der Drogeriemensch nahm den Film heraus und nickte: »In einer Stunde ist alles fertig: Express-Service.«

Ich hatte mir vorgenommen, Vater und Tochter bei ihrer Rückkehr mit frisch gerahmten Fotos zu überraschen. Sie hatten ja nicht einmal bemerkt, dass ich sie fotografiert hatte! Alexandra sollte so ein Farbfoto im Silberrahmen mit nach Hause zu Stefan nehmen. Dann würde der gleich viel mehr Verständnis für ihre lange Abwesenheit haben. Ich war einfach ein gutmütiger Mensch. Ich wollte immer nur allen eine Freude machen und die Wogen glätten. Das lag so in meiner Natur.

Während wir auf die Fotos warteten, ließ ich die Kinder in der Fußgängerzone für je zehn Pfennig auf einem kleinen Auto, einem Pferdchen und einer Art Mondkapsel reiten beziehungsweise fahren. Von schrillen Lauten und Lichteffekten begleitet, schüttelte das jeweilige Gefährt die vor Wonne quiekenden Kleinen gründlich durch.

Ich musste grinsen und gestand mir ein, dass das schon mal eine gute Probe für den Ernstfall war, der ja in ein paar Monaten eintreten würde. Ich sah mich schon die nächsten fünf oder sechs Jahre täglich neben diesen Dingern stehen, um meinen eigenen Nachwuchs für zehn Pfennig durchschütteln zu lassen.

Dann gingen wir noch ein bisschen in den Stadtpark auf den Spielplatz. Ich schaukelte Elena und wickelte Livia auf einer Bank, dann schlief das Baby ein, und ich spielte mit Elena Fangen, Verstecken, Fallen, Fangen, Verstecken und Fallen …, und endlich war die Stunde um.

Meine Güte!, dachte ich. Eine Stunde. Dass die Zeit so schleichen konnte! Wann gaben die denn endlich Ruhe? Die körperliche Anstrengung saß mir in den Knochen, und das Geschrei der inzwischen erwachten Livia brachte mein Trommelfell beinahe zum Platzen, als ich endlich die ersehnten Fotos in einem Umschlag in den Händen hielt.

»Macht achtunddreißig Mark achtzig«, sagte der Drogist.

»Aber … Das können doch höchstens drei oder vier Fotos sein?«

»Es sind fünfundvierzig«, sagte der Drogist. »Der ganze Film war voll. Sie sagten doch, je ein Abzug!«

Mit zitternden Fingern blätterte ich die Fotos durch, und nach den mir bekannten Motiven kamen noch sehr viele Bilder, die überhaupt nichts mit uns zu tun hatten.

Lauter junge Mädels in Unterwäsche, mit mehr oder weniger gespreizten Beinen, auf dem Bett. Manche hatten den Finger im Mund, andere machten Schmollllippen, wieder andere hatten dem Betrachter ihren Popo zugekehrt, als warteten sie auf eine Tracht Prügel.

»Die gehören nicht mir.« Mit leicht angewiderter Geste schob ich sie dem Drogisten vor den Kittel. »Das muss eine Verwechslung sein. Die gehören bestimmt zu einem anderen Film.«

Der Drogist sah mich mit hochgezogenen Augenbrauen

an. Sein Blick glitt mitleidig über die Kinder: »Die waren alle in diesem Apparat. Auf diesem Film.«

»Aber das kann doch gar nicht sein …« Mir wurden die Knie weich. Ich schluckte trocken. »Ich meine, diese Bi-bi-bilder hier, die letzten fünf, die hab ich gemacht. Schnappschüsse von meinem Mann und seiner Tochter. Die haben sich da gerade erst kennengelernt, und ich hab abgedrückt. Aber das …« Mit spitzen Fingern warf ich die Lolita-Nackedei Fotos von mir. »Das ist nicht auf unserem Mist gewachsen.«

»Auf Ihrem vielleicht nicht«, sagte der Drogist und schenkte der zappelnden Elena einen dieser Lutscher, die aussehen wie eine Kirsche. »Die Kleine darf das wohl noch nicht?« Livia brüllte lauter, als wir uns anbrüllten, und das raubte mir den letzten Nerv.

»Doch, geben Sie her …« Meine Hände bebten so sehr, dass ich Klein-Livia kaum das kirschförmige Ding in den Mund schieben konnte. Sie sabberte begeistert und hörte wenigstens auf zu schreien.

»Das KANN nicht aus diesem Apparat stammen.« Ich atmete hörbar aus. »Geben Sie es dem rechtmaßigen Besitzer, und ich zahle nur die hier …« Schon wühlte ich in meiner Geldbörse nach passenden Münzen. »Diese Bilder wollte ich entwickeln. Aber dieses junge Gemüse hier – geht mich nichts an.« Hatte ich soeben »junges Gemüse« gesagt? Junges Gemüse! Das hatte doch die dicke Klementine … Sie hatte es gesagt! Und dass es bei uns im Haus zugegangen war wie in einem Bienenstock! Kleine bunte Kreise tanzten vor meinen Augen.

Der Drogist hielt mir ungerührt die Negativstreifen hin. »Da! War alles auf diesem Film. Wurde mit diesem

Apparat aufgenommen.« Er kniff die Augen zu: »Das Datum ist letzte Woche. Dienstag, Mittwoch, Donnerstag … Und die hier, die sind vom vorletzten Montag. Dann kommen welche, die sind schon drei Wochen alt, und die ersten hier sind vom – Januar dieses Jahres. Dies hier wurde in Singapur aufgenommen, die anderen in Bangkok. Und die ersten in Sydney. Das steht ganz oben rechts in Spiegelschrift.«

»Halten Sie den Mund!«, hätte ich am liebsten geschrien. »Halten Sie Ihren gottverdammten streberhaften Herr-Lehrer-ich-weiß-was-Mund!!! Ich will es nicht wissen! Ich will es gar nicht wissen! Geben Sie mir noch so einen roten Lutscher!«

Aber dann sah ich, dass eine dieser kleinen Schlampen genau so einen roten Lutscher im Mund hatte. Also, sie leckte daran. In einer Art und Weise, die … Außerdem wurde mir plötzlich bewusst, dass die meisten dieser Mädchen einen blonden oder dunklen Zopf hatten. So wie Falk es bei mir so gerne hatte. Und bei … Alexandra.

Ich fühlte, wie mein Mageninhalt ins Freie wollte. Mit letzter Kraft riss ich die Tür auf und übergab mich neben dem Schaukelpferd, auf dem eben noch Elena gesessen hatte.

Anschließend setzte ich mich mit den Kindern auf eine Bank. Sie starrten mich erschrocken an und weinten kein bisschen. Ihr Instinkt sagte ihnen, dass ich jetzt dran war mit Weinen, und sie folglich Pause hatten. Ich wischte mir über den Mund und versuchte meine Gedanken zu ordnen. Mein Leben schien in Schutt und Asche zu liegen. Wollte ich von diesem Mann noch ein Kind?

Nach einer Weile hörte ich ein Schnaufen und bückte

mich. Die Kinder zogen sich an meinen Hosenbeinen hoch, doch ich nahm sie kaum wahr. Seine Brut!

Die Kinder brabbelten und zupften an mir, aber ich starrte bloß ins Leere und floh vor meinen Gedanken. Sie waren viel zu beklemmend. Die Kinder strichen mir über die Wange, das heißt Elena nahm Livias rot verschmiertes Händchen und patschte es mir tröstend ins Gesicht. Ich versuchte zu lächeln.

»Entschuldige, Kleines.« Ich schluckte. »Tante Kathi ist dumm.«

Dann stand ich auf und ging mit ihnen nach Hause. Dabei hörte ich mich zu meinem Erstaunen die Geschichte von den sieben Geißlein erzählen. Und vom bösen Wolf.

Nur Mütter können so tapfer sein.

August 1979

Nach einer Woche kamen Falk und Alexandra wieder. Ich kroch gerade im fleckigen Küchenkittel unter dem Sofa herum, um Elena einen bestimmten Legostein hervorzuangeln, ohne den sie nicht zu beruhigen sein würde.

Dabei fand ich auch den Schnuller, ohne den Livia ihr trotziges Gebrüll nicht einstellen würde, das vor genau drei Tagen begonnen hatte. Sie plärrte und plärrte, auch weil sie Zähne bekam.

Mir war schlecht. Ich hatte mich schon mehrfach übergeben müssen, und meine Beine zitterten vor Erschöpfung. Schon die ganze Woche hatte ich nicht länger als zwei Stunden am Stück geschlafen. Wegen Livia und weil ich Scheidungsfantasien hegte, was nicht weiter verwunderlich war.

Kurzum, ich gab das Bild einer überforderten, übermüdeten, depressiven Hausfrau und Mutter ab, während die beiden Amerikareisenden fröhlich lachend dem Taxi entstiegen.

Ich warf einen Blick in den Flurspiegel und war aufrichtig schockiert. Sah ich Brigitte Bardot wirklich so unähnlich?

Sofort bemerkte ich Alexandras neue Klamotten: superenge Jeans, Lackpumps mit Pfennigabsatz, eine angesagte Fransenlederjacke, und als Trolley zog sie einen nagelneuen Koffer mit Lufthansa-Emblem hinter sich her. Selbst ihre Handtasche war neu. Natürlich! Ich selbst hatte all diese schönen Dinge auch schon abgestaubt. Ich würde nicht neidisch sein, kein bisschen. Dennoch durchzuckte mich ein bohrender Schmerz. Neid? Eifersucht? Gott, wie grässlich. Ich doch nicht!

Es fiel mir ziemlich schwer, die beiden lächelnd zu begrußen. Aber ich riss mich zusammen wie noch nie in meinem Leben. Denn was sollte Klementine denken, wenn ich jetzt hier herumschmollte! Allein schon ihretwegen gab ich mir einen Ruck. Ihr gönnte ich nicht den Triumph, mit ihren Unkenrufen recht zu behalten. Ich lief ihnen also mit den Kindern entgegen und umarmte sie stürmisch. Die Szene hätte aus einem Heimatfilm stammen können.

»Willkommen zu Hause, ihr Lieben!« Ich gab mir Mühe, total begeistert zu klingen und schielte nach nebenan, um zu sehen, ob meine darstellende Kunst auch ihr Publikum erreichte. »Wir haben uns schon so auf euch gefreut, nicht wahr, Kinder?«, sprudelte es aus mir hervor. »Hattet ihr Spaß in Miami?! Ist es nicht total super dort?!«

»Waren sie denn brav?«, fragte Alexandra und nahm mir sofort die sich windende Livia ab.

»Oh, sie waren superbrav, nicht wahr, Elena!?« Es ist ja nicht so, dass ich mit kleinen Kindern nicht klarkomme. Bei meinen modernen Erziehungsmethoden!

Wir boten der Nachbarin das Bild der perfekten Patchworkfamilie und gingen dann Arm in Arm ins Haus. Dort machten sich die Weltreisenden erst mal über meinen selbst gebackenen Kuchen her, der optisch etwas an Perfektion eingebüßt hatte, weil Elena unbedingt mitbacken wollte.

Alexandra strahlte mich an: »Das war so ein Traum, diese Reise! Danke, dass du mir das ermöglicht hast!« Sie umarmte mich immer wieder. »Ich bin so froh, dass wir Freundinnen sind! Falk hat die ganze Zeit von dir geschwärmt, Kathi! Er ist ja sooo verliebt in dich … Du bist für mich die Schwester, die ich mir immer gewünscht habe …«

»Danke«, murmelte ich leise. »Ich habe mir auch immer eine Schwester wie dich gewünscht!«

Ich schenkte Kaffee nach und mir selbst blassen Kamillentee.

Die beiden schwelgten in Erinnerungen und erzählten mir haarklein, was sie in Miami Beach alles so erlebt hatten. »Morgens sind wir immer die Strandpromenade entlanggejoggt, und da wohnen ja viele orthodoxe Juden. Das ist ein Bild, wenn die mit ihren langen Bärten und schwarzen Mänteln da herumlaufen und in der Tora lesen! Und die Frauen haben alle lange Röcke an und Turnschuhe. Auf dem Kopf haben sie so Turbane, wie wir sie nach dem Duschen aus Handtüchern binden. Und gleichzeitig joggen da auch total freizügig gekleidete Strandschönheiten in Hot Pants – bauchnabelfrei und mit künstlichen Brüsten …«

Ich kannte diese Szenen schon und fand sie wirklich amüsant. Zwei Weltanschauungen prallten da aufeinander, lebten aber doch in friedlichstem Einklang. Das war eben Amerika. Aber Klementine und ich würden nie Busen an Busen im Fenster liegen.

Trotzdem: leben und leben lassen, wie Falk immer so

schön sagte. Ich nippte an meinem Lindenblütentee, während die beiden ihre der Lufthansa stibitzte Champagnerflasche leerten, lehnte mich dann zurück und spürte, wie ein tiefer Friede von mir Besitz ergriff. War nicht alles genau so, wie ich es mir immer gewünscht hatte? Eine große Familie, ein fröhliches Miteinander. Das Kümmern um die Kinder hatte mir Spaß gemacht! Ich hatte mich einer wichtigen Herausforderung gestellt! Ich hatte es geschafft, denn sie lebten noch! Natürlich war ich müde und ausgelaugt, aber welche junge Mutter ist das nicht?

Ich war richtig stolz darauf, dass ich eine Woche durchgehalten und Vater und Tochter ihre Kennenlern-Reise ermöglicht hatte. Das würden mir die beiden nie vergessen! Geben ist seliger denn Nehmen! So hatte ich es in der Klosterschule gelernt.

Wäre da nur dieser klitzekleine Misston nicht gewesen. Diese Fotos! Sollte ich gleich mit der Tür ins Haus fallen? Oder sollte ich lieber diplomatisch abwarten, wie mein Vater mir immer geraten hatte?

Wieder beschloss ich einen geeigneten Moment für die klärende Aussprache abzuwarten.

Doch während ich am Kuchen würgte, merkte ich, dass meine Fassade bröckelte. Ich schaffte das nicht, das war eine Farce!

Heile Familie? Friede, Freude, Eierkuchen? Oder doch lieber ein reinigendes Gewitter? Ich war so harmoniesüchtig! War ich auch zu feige, dieses heikle Thema anzusprechen? Sollte Alexandra davon wissen?

»Du bist ganz woanders mit deinen Gedanken, Püppi!« Falk stupste mich an die Nasenspitze. »Liebes, was hast du denn? Bedrückt dich irgendwas?«

»Wer sind die Mädchen auf den Fotos?«, fragte ich abrupt.

Denn je länger ich das Thema mied, desto mehr würde es mir zu schaffen machen. Es war wie Pflaster-Abziehen: Das tat auch kurz weh, war aber auch schnell wieder vorbei.

Falk zog eine Augenbraue hoch. »Welche Mädchen? Welche Fotos?« Täuschte ich mich, oder drückte seine ganze Körperhaltung Abwehr aus? Er verschränkte die Arme vor der Brust.

Ich stand auf und holte die gerahmten Bilder, die ich von Falk und Alexandra im Garten geschossen hatte. Schweigend hielt ich sie ihnen hin. Falk schwieg gedankenverloren.

»Oh, Kathi, das ist ja eine wundervolle Überraschung!« Alexandra sprang schon auf und umarmte mich stürmisch. »Wie superlieb von dir, dass du daran gedacht hast!« Sie wirbelte herum. »Falk, sieh doch mal, unsere erste Umarmung! Was für ein bezauberndes Andenken an diesen wichtigen Tag in unserem Leben! – Falk! Was ist denn?«

Moment! Sie sagte Falk zu ihm? Letzte Woche hatte sie ihn noch Papa genannt. Na klar. Das hatte er ihr in seiner Eitelkeit in Miami bestimmt verboten. Sie sollte ihn – zumindest vor anderen Leuten – beim Vornamen nennen. Wie bei mir, die mich viele Fremde erst mal für seine Tochter hielten, hatte er es bestimmt genossen, wieder so eine attraktive junge Frau dabeizuhaben. Ach was!, schob ich meine hässlichen Gedanken beiseite. Ich gönne es ihm doch. Er ist halt ein sehr attraktiver Daddy. *Sugar-Daddy!*, ging es mir durch den Kopf.

Falk war blass geworden, hatte sich aber sofort wieder im Griff. »Das ist eine sehr liebe Geste von dir, Püppi. Du bist wirklich reizend.« Er wollte mich an sich ziehen und küssen, aber ich drehte das Gesicht weg.

Alexandra und Falk hatten beide glänzende Augen und lächelten sich an, verloren sich in der schönen Erinnerung.

»Auf dem Film waren noch andere Fotos«, stieß ich hervor und ballte in Gedanken die Fäuste.

»Ach ja?« Falk nahm sich eine Stuyvesant und blies den Rauch diesmal sehr rücksichtsvoll über die Schulter nach hinten. Er stand auf und öffnete die Terrassentür.

Das war mir gar nicht recht. Aber egal: Sollte Klementine wenigstens ihr Hörspiel haben, wenn sie schon nie ins Kino kam.

Ich zitterte. Fast wäre mir der Kuchen wieder hochgekommen, aber ich musste es jetzt loswerden, sonst würde ich noch eine Fehlgeburt erleiden! Alexandra sollte ruhig dabei sein. Ihre Reaktion war mir wichtig.

»Hier …« Mit bebenden Fingern hielt ich ihm den Umschlag mit den restlichen Bildern hin.

»Ich habe dir diese Kamera zu Weihnachten geschenkt, aber bestimmt nicht, damit du SOLCHE Fotos machst!« Meine Stimme schwankte bedenklich, und ich zählte innerlich bis zehn und atmete tief in den Bauch, um nicht hysterisch loszukreischen. Es kostete mich viel Kraft, nach außen hin ruhig und gelassen zu bleiben.

Alexandra, die bisher bei den Kindern auf dem Fußboden gesessen hatte, erhob sich und spähte ebenfalls in den Umschlag. Falk blätterte durch die Fotos. Um seine Mundwinkel wurde es weiß, doch dann zuckten sie amüsiert. »Oh lala!«

»Wie, oh lala?!« keifte ich. »Ist das alles, was du dazu zu sagen hast?«

»Oh lala«, wiederholte Falk und schnalzte mit der Zunge.

»Falk!«

»Falk?« Alexandra sah ihn fragend an.

»Dieser Sauhund!«, sagte Falk kopfschüttelnd und stieß ein schnaubendes Lachen aus.

»Welcher Sauhund?!« *Redest du das von dir selbst, oder haben es dir andere von dir gesagt? Was dünket euch?*, ging mir ein Zitat aus der *Matthäus-Passion* durch den Kopf, die wir damals in der Klosterschule gesungen hatten.

»Ach, das ist ja jetzt eine peinliche Situation.« Falk sah mich mitfühlend an. »Ich habe dem Jack mal die Kamera geliehen, und dann macht der Schweinekerl gleich solche Fotos damit!« Falks Stimme bekam einen zynischen Unterton.

»Jack?«, fragten Alexandra und ich wie aus einem Munde, und ich kam mir vor wie in einer muslimischen Ehe, wo zwei Ehefrauen ihren Mann gleichzeitig ins Gebet nehmen.

»Jack ist einer meiner Co-Piloten, Püppi, du kennst ihn doch, der Kleine mit der Glatze. Er hat es anscheinend nötig, das hast du doch selbst mal über ihn gesagt!«

Stimmt: Jack war einer seiner Kollegen, die ich nicht besonders mochte. Er machte immer so zweideutige Bemerkungen und taxierte mich mit so – unangemessenen Blicken. Dabei tat er so, als könnte er jede haben. Aber das konnte er definitiv nicht!

»Der Kerl macht gerne Schweinkram, aber ich konnte ja nicht ahnen, dass er meine Kamera dafür missbraucht!«

Falks Blick war so entwaffnend, dass ich spürte, wie all meine Zweifel dahinschmolzen. Er sah mich an wie ein kleiner Junge, der sein Federmäppchen verliehen hat. Was konnte er dafür, dass sein Schulkamerad damit ein so versautes Bild gemalt hatte?

Ich war wie verzaubert, schmiegte mich ganz fest an ihn, um seine Worte einzusaugen. Gleichzeitig schämte ich mich unendlich für die falschen bösen Verdächtigungen. Ich hatte völlig umsonst in mein Kissen geweint, ja sogar schon Scheidungsgedanken gehegt!

Meine Scheidungsfantasie hatte darin bestanden, dass der Richter alle Fotos ans zahlreich erschienene Publikum weiterreichte, woraufhin alle erst angewidert auf die Fotos und dann ebenso angewidert auf Falk blicken, dann mitleidig den Kopf schütteln und sich voll auf meine Seite schlagen würden. Fünf Tage und Nächte lang hatte ich das jetzt rauf und runter fantasiert. Auch, dass Falk gesenkten Kopfes mit Handschellen vor dem Richter stand, der ihm vor aller Augen seine vier Streifen von der Uniform riss und eine dreihundertseitige Anklageschrift verlas, in der auch ganz viel Diebstahl vorkam: Jede einzelne Champagnerflasche, jedes einzelne Kissen und jedes einzelne Paar Socken, sogar Zahnbürsten, After-Shave-Fläschchen, Zahnstocher und Erfrischungstücher hatte er aufgelistet – also alles, was bei uns im Badezimmer rumstand. Daraufhin wurde Falk lautstark vom Publikum ausgebuht – auch von den Stewardessen, die ebenfalls im Saal saßen. Anschließend legte mir der Richter die Hand auf die Schulter und sagte: »Frau Römer, Sie sind eine Heilige, dass Sie es mit diesem Schweinepriester so lang ausgehalten haben, so jung und unschuldig wie Sie sind. Es steht Ihnen selbstverständlich zu, Ihren schönen Namen ›von Schenck‹ wieder anzunehmen.« Dann fällte er sein Urteil: »Ein solcher Mensch darf nicht länger die Verantwortung für dreihundert Passagiere tragen!« Falk würde arbeitslos und geschieden sein, ich würde natürlich saftigen Unterhalt verlangen und im Gegenzug auf dieses Haus verzichten. Und Klementine würde Zeitung lesend im Fenster hängen und auf die Schlagzeilen starren: »Luftpilot wurde zum Lustpiloten!« und »Arme Ehefrau war stille Heldin!«

Doch all das war jetzt völlig hinfällig. Endlich löste sich diese Scheidungsfantasie in Luft auf. Unsägliche Erleichterung erfasste mich. Ja natürlich! So ergab alles einen Sinn! Die Herren der Schöpfung spielen ja gern mal mit ihren neuesten elektronischen Errungenschaften und geben damit an. Sicher hatte mein Falk dem fiesen Jack auf einem Langstreckenflug seinen neuen Fotoapparat gezeigt und was der alles kann: Weitwinkel, Schmollwinkel, was weiß denn ich. Und anschließend hatte Jack gesagt: Kann ich auch mal mit dem Ding spielen? Ich habe heute eine kleine Stewardessen-Party im Hotel, da veranstalte ich doch gleich mal einen Fotowettbewerb mit den rattenscharfen Mäuschen. »Genau so war es doch, Falk?!«

»Allerdings«, bestätigte Falk meine Vermutungen. »Deshalb steckte das Ding auch in meiner Pilotentasche. Weil Jack erst vor Kurzem wieder mit mir geflogen ist und mir auf der letzten Reise den Apparat wiedergegeben hat.«

Mit spöttischer Genugtuung sahen wir uns daraufhin zu dritt die Bilder an, auf denen die Mädels so albern posierten. Diese Mädels gingen uns überhaupt nichts an! Es waren Stewardessen von Jack! Es würde keine Scheidung geben! Dass Falk diese Bilder überhaupt nicht kannte, da er sie offensichtlich genau wie wir zum ersten Mal betrachtete, bestätigte mir nur, wie unschuldig er an der ganzen Sache war. Jack hatte sie ihm noch nicht mal gezeigt! Mein Falk war nämlich nicht so einer! Mein Falk war ein treuer Ehemann, der mich noch nie verleugnet hatte! Da konnte der Hahn ruhig dreimal krähen, mein Falk war kein Petrus! Ich war so erleichtert, dass ich laut lachte. Die beiden stimmten in mein Gelächter mit ein, und am allerlautesten lachten Elena und Livia, die keine Ahnung hatten, worum es hier eigentlich ging. Sie freuten sich dermaßen, dass sie mit weit geöffneten Kuchenmündern die drolligsten Gesichter machten. Sofort griff Falk nach der Kamera und machte erste komische Familienschnappschüsse.

So war mein Falk: ein Familienmensch.

Sommer 1979

Auf Falks Drängen hin hatte Alexandra inzwischen Kontakt zu Stefan aufgenommen. Sie hatte ihn angerufen und ihm mitgeteilt, dass sie eine Auszeit von ihm brauche und vorläufig nicht wiederkomme. Er solle sich in Ruhe zwischen Karriere und Familie entscheiden. Alexandra hatte ihm eine Zeitvorgabe von einem halben Jahr gemacht.

Falk war bei dem Telefonat sogar dabei gewesen. Klar, eine Sache zwischen Vater und Tochter, da hielt ich mich natürlich taktvoll raus.

»Eine sechsmonatige Auszeit kann für eine Ehe sehr gesund sein«, sagte Falk. Er hatte viele Kollegen und Freunde, bei denen das auch Wunder gewirkt hatte. Gerade in Pilotenehen kriselte es ja häufig. Wie gut, dass es in unserer nicht kriselte! Und wenn es ein bisschen gekriselt hatte, dann nur in meiner Fantasie.

»Es ist dir doch recht, Püppi, wenn meine Tochter und die Kinder erst mal eine Weile bei uns wohnen?!«

Ehrlich gesagt: Es war mir sehr recht, und das sagte ich auch so. »Ja, ich freue mich riesig! Wir haben so viel Spaß miteinander, Alex, die Kinder und ich!«

»Ach, Kathi, du bist unglaublich. Du bist so großzügig!« Falk war so euphorisch, dass ich zusammenzuckte, als er mich umarmen und abküssen wollte.

»Wenn du meinst.« Ich zuckte mit den Schultern.

Er nahm meine Hände, und sein Lächeln war so gewinnend wie immer.

Doch irgendwas an seiner Miene machte mich ein wenig nervös. Durchschaute er mich? Ich schob das Kinn vor.

»Es ist nicht nur … großzügig«, sagte ich schließlich wahrheitsgemäß. »Ich fürchte mich in diesem Haus, so ganz allein.«

Einsamkeit ist ein hartes, trockenes Brot, wenn man jung ist. Erst recht, wenn man jung und schwanger ist. Am härtesten ist dieses Brot, wenn man sich noch dazu ständig beobachtet fühlt von einer fiesen Nachbarin.

Ich mochte Alexandra, ich mochte die süßen Kleinen. Es wurde gerade Sommer, und ich beteuerte Falk, dass ich mich auf nichts mehr freute, als mit meiner neuen Patchworkfamilie im Garten zu grillen, Federball zu spielen, Fahrradtouren in den Stadtpark zu unternehmen und mich ganz nebenbei auf die eigene Mutterschaft vorzubereiten. Alexandra würde mir bestimmt helfen, das Kinderzimmer einzurichten und den mütterlichen Krempel zu entsorgen.

Eine Weile schwiegen wir. Doch noch etwas lag mir auf dem Herzen: Klementine hatte etwas von jungem Gemüse in seinem Garten gesagt. Das Thema hätte ich auch gern noch ausgeräumt. Ausgerissen hätte ich es gern, mitsamt den Wurzeln. Ich wollte gern reinen Tisch machen.

»Liebes, dich bedrückt doch noch etwas …« Falk legte zwei Finger unter mein Kinn und zwang mich, ihn anzusehen. »Ist es doch wegen Alexandra?«

Ich atmete langsam aus, legte die Hände schützend auf meinen Bauch. »Aber nein, das ist es nicht! Ich mag sie sehr! Aber die Nachbarin hat neulich so eine Andeutung gemacht … Über junges Gemüse in deinem Garten. Und das würde dann doch wieder zu den Bildern passen …«

Hoffentlich war er jetzt nicht beleidigt! Doch sein Mund zuckte amüsiert, und ich merkte, dass er keineswegs gekränkt war. »Sicher meint sie die Partys, die hier lange vor deiner Zeit stattgefunden haben.«

Ich nickte und kaute auf meinem Daumennagel. »Natürlich. Bestimmt.«

»Püppi, du darfst nicht vergessen, dass ich fast doppelt so alt bin wie du. Ich hatte schon ein Leben vor dir. Ich habe nie behauptet, ein Klosterschüler gewesen zu sein!«

»Nein«, murmelte ich und schämte mich meiner Zweifel. »Klar.«

»Nachdem Mutter tot war, hab ich es hier wirklich ein paarmal krachen lassen.« Falk zündete sich die übliche Zigarette an. »Die alte Hexe nebenan hat sich oft über den Lärm beschwert. In Wahrheit lag sie im Fenster und hat das Spektakel genossen. Sie ist einsam und verbittert. Versuch einfach, sie zu ignorieren.«

»Ja«, nickte ich verständig. »Ich bin so froh, dass Alexandra und die Kinder fürs Erste hierbleiben. Nicht, dass ich noch genauso einsam und verbittert werde wie unsere Nachbarin!«

»Na, dann hätten wir das ja auch besprochen«, sagte Falk, tätschelte meinen Kopf und drückte seine Zigarette aus.

Alexandra und die Kinder blieben tatsächlich, aber die Sache entwickelte sich nicht so, wie ich sie mir in meinen rosaroten Träumen ausgemalt hatte. Alexandra hatte nämlich ihre Lust am Reisen entdeckt und war regelrecht süchtig danach geworden.

»Endlich kann ich auch mal das Leben einer jungen unabhängigen Frau führen!«, hörte ich sie sagen, wenn sie wieder mal in neuen Klamotten vor dem Spiegel stand und sich selbstgefällig drehte. »Es ist für mich ein Gottesgeschenk, dass du gerade schwanger bist!«

Ja, das war ich, und zwar nicht zu knapp. Mein Bauch entwickelte sich prächtig, und ich schleppte mich inzwischen mehr, als dass ich leichtfüßig oder gar elegant durchs Leben tänzelte. Immer öfter beschloss meine liebe Freundin und Wunsch-Schwester, die in Wahrheit meine Stieftochter war, meinen lieben Falk zu begleiten. Und so flogen die beiden nach Dubai, kamen goldbehangen wieder, um kurz darauf noch mal in die USA zu fliegen, und zwar ausgerechnet in mein geliebtes Los Angeles. Meine Schwangerschaft war kompliziert, und ich musste viel liegen, worauf meine beiden Beschützer auch bestanden. Aber komisch: Immer wenn sie kurzfristig beschlossen, dass Alex mitflog, war ich doch nicht so schlimm schwanger, dass ich nicht die Kinder hätte hüten können. Ich wollte keine Spielverderberin sein und biss immer tapfer die Zähne zusammen: »Ich schaff das schon. Es sind ja nur ein paar Tage.«

»Alexandra hat so viel nachzuholen«, tröstete mich dann Falk. »Sie hatte eine so komplizierte Kindheit, und sie braucht mich jetzt in ihrer schwierigen Ehekrise!«

Dass ich ebenfalls keine Eltern mehr hatte und inzwischen eindeutig in einer Ehekrise steckte, fiel mir gar nicht auf.

Aber die dicke Klementine sparte nicht mit fiesen Bemerkungen:

»In letzter Zeit ist Ihr werter Gatte aber auffallend oft mit seiner Tochter unterwegs!«

»Was Sie nicht sagen!«

»Und Sie spielen hier das Aschenputtel, sehe ich das richtig?«

Verdammt, sie hatte so recht! Aber ich wollte das nicht zugeben. Weder vor ihr, der blöden Kuh, noch vor mir selbst.

»Ach, wissen Sie, ich habe gar keine Lust zum Reisen. In meinem Zustand lasse ich es lieber ruhig angehen.«

Tatsächlich hatte ich einen Watschelgang wie eine Ente, während ich die beiden Mädels hinter mir herschleifte. Livia war jetzt im Trotzalter, und Elena hatte auch schon begriffen, dass ich nicht ihre Mami war und ihr folglich nichts zu sagen hatte. Es gab Tage, da kam ich mir selbst ziemlich veralbert vor.

»Sie sollten wirklich etwas besser auf Ihren Mann aufpassen«, bemerkte Klementine und goss damit erst recht Öl ins Feuer. Ich wusste selbst nicht mehr, was da in mir brodelte: Misstrauen? Neid? Eifersucht? Das war doch beschämend und hässlich! Ich wollte diese Gefühle nicht! Oder war es einfach nur eine mehr als gerechtfertigte Wut auf meinen Mann, der sich offensichtlich mit seiner Tochter blendend amüsierte und mich in meiner Schwangerschaft im Stich ließ?

Es war ein schleichender Prozess, der sich monatelang hinzog.

»Mädchen, sind Sie naiv!«, stichelte Klementine weiter. »Ich an Ihrer Stelle würde mir dieses merkwürdige Verhältnis mal genauer ansehen.«

Und dann passierte etwas Unfassbares.

An einem grauen Wintertag, ich war gerade Anfang des achten Monats, eröffnete mir Falk, dass er wieder mit Alexandra verreisen würde. Und zwar nach Australien und Neuseeland. »Die Maus kennt den fünften Kontinent noch nicht«, erklärte er mir allen Ernstes, »und da ist jetzt gerade Sommer.«

Ich versuchte ruhig zu bleiben, denn erste Vorwehen hatten sich schon viel zu früh gemeldet.

»Nein, Falk«, brach es empört aus mir hervor. »Bei aller Liebe! Ich kann mich in meinem Zustand beim besten Willen nicht mehr um die Kinder kümmern. Und ich WILL es auch nicht.« So. Jetzt war es heraus. Meine Hilfsbereitschaft hatte auch ihre Grenzen.

»Das musst du auch gar nicht.« Falks Miene war undurchdringlich. »Ihr Vater Stefan holt sie ab.«

»Was soll DAS denn heißen?«

»Dass wir dich nicht mehr mit den Kindern belasten werden. Du hast deine Schuldigkeit getan.«

»BITTE? Bin ich ein Mohr? Ich bin deine FRAU, Falk!«

»Eine ziemlich hysterische, wenn du mich fragst. Die Hormone spielen verrückt.«

Stimmte das? War ich hysterisch, neidisch, zickig, nörgelig? Oder ging ich den beiden mit meiner Behäbigkeit und meinem ständigen Zum-Klo-Wanken einfach nur auf den Geist?

Sofort war jede liebevolle, zärtliche oder auch nur respektvolle Atmosphäre verflogen.

»Falk, ich verstehe das alles nicht …«

»Das merkt man.«

»Ihr fahrt nach Australien und lasst mich hier allein?«

»Wir brauchen Zeit miteinander.« Falks Stimme ließ mich vor Schmerz zusammenzucken.

»Ja, wie viel Zeit denn NOCH?!«, schrie ich unter Tränen. Sollte Klementine nebenan doch alles mithören, es war mir egal.

»Das wissen wir nicht.« Falk nahm sich eine Stuyvesant, inhalierte mit geschlossenen Augen wie immer, wenn ein ernstes Gespräch anstand.

Noch immer spürte ich diesen heiligen Zorn, aber etwas noch Schlimmeres breitete sich in meinem Innern aus wie ein Lauffeuer: Angst. Eine fürchterliche Angst ergriff von mir Besitz, als ich in sein entschlossenes Gesicht schaute und seinen mahlenden Kiefer sah, so als würde er sich auf die Zunge beißen, um etwas ganz Schreckliches nicht aussprechen zu müssen.

In diesem Moment brach eine Welt in mir zusammen.

»Falk? Liebst du mich noch?«, hörte ich mich wimmern. »Falk! Bitte sag doch was!«

O Gott. Ich wusste nicht, was mit uns los war. Wie hatte sich unsere wunderschöne Liebesbeziehung in eine so merkwürdige Richtung entwickeln können?

Unverwandt starrte ich ihn an.

Schließlich sank ich in mich zusammen, schlug die Hände vor den Kopf und flüsterte kaum hörbar: »Du liebst Alex, stimmt's?« Dabei brannten meine Wangen und meine Kopfhaut, als hätte jemand kochendes Wasser darübergeschüttet.

Den Bruchteil einer Sekunde lang hoffte ich noch, er würde jetzt lachen und sagen: »Du Dummerchen, sie ist meine Tochter, ich liebe nur DICH!«

»Natürlich liebe ich Alex«, kam es heiser zurück. Und genau diese Heiserkeit sagte alles.

Ich hob den Kopf wie jemand, der gerade eine schallende Ohrfeige bekommen hat und auf die zweite wartet.

»Aber anders, als du solltest, nicht wahr?« Mit einer Serviette wischte ich mir über die tränenfeuchten Augen, die in letzter Zeit ohnehin immer so schnell überliefen. »Du liebst sie – als Frau.«

Wie befreiend es auf einmal war, diesen Verdacht auszusprechen, der sich mir in letzter Konsequenz erst jetzt richtig aufgedrängt hatte. Die unerwartete Gelassenheit in meiner Stimme verblüffte Falk.

Er schwieg, und dieses Schweigen war es, das mir den letzten Dolchstoß verpasste. Ich hatte recht! Die Nachbarin hatte recht! Die furchtbare Ahnung, die ich stets verdrängt hatte, grub sich giftig in meine Eingeweide.

Die beiden waren ein Liebespaar!

Aber das konnte doch nicht … Er war doch … Die beiden waren doch …

Doch. Sie konnten! Sie taten es einfach. Wie lange wohl schon?

Die Fotos! *Wer einmal lügt, dem glaubt man nicht.*

Falk war ein Lügner. Er betrog mich. Mit seiner eigenen Tochter. Während ich ihnen die Kinder hütete und schwanger von ihm war.

Ich sank aufs Sofa zurück, presste ein Kissen gegen meinen Bauch und spürte eine heftige Wehe, einen stechenden Schmerz.

Plötzlich fing Falk an zu sprechen. Seine Worte erreichten mich nicht, denn ein Rauschen füllte meine Ohren.

Wie bei einem alten kaputten Radio, das nicht mehr in der Lage ist, einen klaren Sender zu empfangen.

Ich sah seinem Mund beim Sprechen zu, ohne auch nur das Geringste zu verstehen.

Er versuchte, meine eiskalte Hand zu nehmen, zu kneten, um sich von seinen Schuldgefühlen zu befreien. Aber ich zuckte zurück, als hätte mich eine Feuerqualle berührt.

Ich schloss die Augen in der Hoffnung, mich aus dieser Szene ausblenden zu können – wie kleine Kinder, wenn sie sich hinter ihren Händen verstecken.

Irgendwann drangen Wortfetzen durch das Rauschen und Pfeifen: Schon immer geliebt … Sie ähnelt meiner Mutter … Es ist wie eine zweite Jugend … Es war Schicksal, wir konnten ihm nicht entkommen … Ich habe ja versucht, dagegen anzukämpfen, aber in Bombay ist es einfach passiert. Und wir werden auch nicht damit aufhören, wir gehören zusammen, es ist eine höhere Macht. Da musst du jetzt mit leben, Püppi. Wir werden eine Lösung für dich finden … Es gibt viele alleinerziehende Mütter, du bist nicht die Einzige … Anständigen Unterhalt … Werde mich nicht lumpen lassen …«

Ich hörte mich wimmern, weil ich den Schmerz nicht mehr ertragen konnte, der da in meinem Inneren wütete. Schon länger spürte ich ihn an mir nagen, aber bisher war er immer an meiner preußischen Disziplin abgeprallt. Lass dich nicht so gehen!, hatte ich geglaubt, die Stimme meines Vater zu hören. Denk nicht immer nur an dich! Du hast dein Vergnügen gehabt, jetzt sind andere dran. Lass dich nicht so hängen, lieg nicht am helllichten Tag auf dem Sofa herum!, hatte ich meine Mutter schimpfen gehört. Schwanger sein ist doch nicht krank sein … All das hatte ich mir monatelang eingeredet und die Augen vor dem verschlossen, was sich abspielte, sobald die beiden dieses Haus verlassen hatten. Klementine hatte es gewusst und mit dem Zaunpfahl darauf gezeigt, aber ich hatte es einfach nicht sehen wollen.

»Sie werden mir noch dankbar sein. Ich würde etwas besser auf meinen Mann aufpassen …«

Sie schliefen nicht nur in einem Bett wie Vater und Tochter. Sie schliefen miteinander. Sie hatten Sex!

Und nun wollten sie es wieder tun.

Über zwei Wochen lang. Über Weihnachten! Australien, Neuseeland. Das Ende der Welt.

Die Kinder waren schon wegorganisiert. Alles war längst geplant.

Und ich krümmte mich hier auf dem Sofa. Vor Schmerz. Und vor Wehen. Sechs Wochen zu früh.

Falk hatte inzwischen Alexandra reingerufen: »Maus, kommst du mal?«

»Hast du es ihr gesagt?«

»Ja, und wie du siehst, ist sie völlig ausgerastet.«

Ich hielt mir den Bauch und begann zu schreien. Ich versuchte vom Sofa aufzustehen und taumelte durch den Raum. Polternd knallte ich gegen den Fernseher und riss eine Vase zu Boden.

»Was ist denn da los?«, kam es vom Nachbarbalkon. »Frau Römer, brauchen Sie Hilfe?«

Ich konnte nicht mehr aufhören zu schreien. Vor Schmerz, vor Scham, vor Wut, vor Angst.

Während Falk und seine Tochter versuchten, mich aufzurichten und mir ein nasses kaltes Handtuch ins Gesicht drückten, hörte ich die Sirene eines Unfallwagens. Klementine war so geistesgegenwärtig gewesen, die Rettung zu rufen.

Diese Nachbarin war doch nicht so grässlich, wie ich immer gedacht hatte! Der Wolf im Schafspelz war es, der grässlich war! Und meine vermeintlich beste Freundin!

Bevor es endgültig dunkel um mich wurde, sah ich orangefarbene Rettungswesten, spürte die kühle Pritsche, auf die ich mit dem Kommando »Auf drei!« verfrachtet wurde, und hörte das Klicken der Anschnallgurte. Plötzlich roch es wieder genauso modrig und feucht wie am Tag meiner Ankunft. Und plötzlich klapperten meine Zähne vor Schüttelfrost, und jemand legte eine Wärmedecke mit Aluminiumbeschichtung über mich.

»Akuter Schockzustand«, hörte ich eine Männerstimme sagen. »Achter Monat«, lautete die Auskunft, die Alexandra den Sanitätern gab.

Sie schoben mich in den roten Unfallwagen, und das Letzte, was ich beim Wegfahren durch das kleine Rückfenster sah, war Klementines aufrichtig besorgtes Gesicht.

Weihnachten 1979

Dieses Gesicht war es auch, das ich als Erstes verschwommen wahrnahm, als ich wieder zu mir kam. Blinzelnd stellte ich fest, dass ich an Schläuchen angeschlossen war, durch die eine durchsichtige Flüssigkeit in meine Venen rann, während in einem anderen Schlauch hellrot mein Blut floss.

»Sie kommt zu sich«, hörte ich Klementines kräftige Stimme sagen. »Kommen Sie mal, Schwester!«

Grüne Gummischuhe näherten sich quietschend meinem Bett. Dann sah ich eine Schwester in grüner Kleidung, den Mundschutz mit zwei weißen Bändern an den Ohren befestigt, die sich an den Geräten zu schaffen machte.

»Wie geht es Ihnen, Frau Römer?«

Keine Ahnung!, wollte ich sagen, aber meine Stimmbänder verweigerten ihren Dienst. »Das Kind!«, wollte ich rufen. »Ist das Kind noch drin?«

Mein Blick huschte wohl panisch zu meinem Bauch, und plötzlich fühlte ich Klementines Pranke auf meiner Hand: »Das Baby ist noch drin, Frau Römer. Machen Sie sich keine Sorgen!«

»Wie … Wie lange sitzen Sie schon hier?«

Ich versuchte, den bleischweren Kopf zu heben.

»Sie haben jetzt vier Tage durchgeschlafen. Es ist Heiligabend.« Klementine hielt mir eine Schnabeltasse an die Lippen. »Versuchen Sie, was zu trinken. Das ist jetzt das Wichtigste.« Sie stützte meinen Kopf und half mir, und ich nahm ein paar Schlucke lauwarmes Wasser. Meine Lippen waren trocken und aufgeplatzt.

»Wo …« Wieder hob ich den Kopf und suchte den Raum ab, aber die Frage nach Falk erstarb mir gleich wieder auf den Lippen.

»Ihr Mann ist mit seiner Tochter verreist.«

Klementine nahm einen Waschlappen, tränkte ihn in kaltem Wasser und fuhr mir damit vorsichtig über Stirn und Schläfen. »Der feine Herr Römer weilt in Australien und lässt seine Frau samt dem ungeborenen Kind über Weihnachten allein. Angeblich wollte er seine Schicht aus Pflichtbewusstsein nicht absagen, Sie wären ja im Krankenhaus gut versorgt.«

Sie schnaufte, ob vor Anstrengung oder Empörung, konnte ich nicht sagen, aber ich war mir sicher, dass es eine gesunde Mischung aus beidem war.

»Ich hab Sie ja gewarnt, Mädchen, aber Sie wollten ja nicht hören. Aber das ist jetzt gar kein Thema mehr. Jetzt kümmern wir uns nur noch um Ihr Baby, Sie und ich.« Ich hörte, wie sie mit ein paar Kerzen und Zweigen hantierte: »Sie haben Glück. Ich bin Weihnachten auch allein.« Sie schaltete ein ganz fürchterliches, elektrisch blinkendes Bäumchen an, daraufhin tanzten rosa und lila Flecken an der Decke.

Ein Irrlicht!, dachte ich. Wie kann man sich in einem Menschen nur so irren?

Das galt für Klementine, aber noch viel mehr für Falk!

Und für Alexandra! Ich war fassungslos: Falk war tatsächlich mit Alexandra nach Australien geflogen. Über Weihnachten. Während ich hier schwanger und mehr oder weniger bewusstlos mit seinem Kind im Krankenhaus lag. Und keinen Menschen auf dieser Welt hatte! Keine Mutter, die mich tröstete und für mich da war, und an deren Busen ich mich jetzt ausweinen konnte! Keinen Vater, den er mir ja ersetzen sollte!

Konnte es so viel Kälte und Egoismus auf dieser Welt geben?

Und ich hatte diesen Mann geliebt! Ich hatte meinen amerikanischen Traum für ihn aufgegeben!

All das erzählte ich Klementine unter Tränen und von Schluchzern geschüttelt, und sie tätschelte meine Hand und ließ mich an ihrem weichen Busen weinen, wie es sonst nur eine Mutter tut.

Sie war direkt und verzärtelte mich nicht, da sie immer wieder betonte, sie hätte es ja gleich gewusst und mich ja gewarnt. Aber sie war tatsächlich der einzige Mensch, den ich hier in Deutschland noch hatte.

Und so verbrachten wir Weihnachten zusammen.

Jeden Tag kam Klementine mit ihrem Einkaufsnetz voller praller Apfelsinen und Äpfel, die sie mir schälte und in mundgerechte Stücke teilte. Anschließend bestand sie darauf, dass ich sie brav hinunterschluckte.

Die Ärzte und Schwestern kümmerten sich ebenfalls rührend um mich, versuchten, es mir weihnachtlich zu machen und schoben mich sogar im Rollstuhl in die Krankenhauskapelle, wo ein hölzernes Jesuskind in der Krippe lag. Ich musste fürchterlich weinen, und da schoben sie mich zurück in mein Zimmer. Ich dämmerte die meiste Zeit vor mich hin, um den Gedanken zu entgehen, die mich quälten, demütigten und in eine tiefe Zukunftsangst fallen ließen.

»Das ist aber nicht gut für das Kind«, belehrte mich Klementine und tätschelte mir aufmunternd die Wangen. Diese kleinen sanften Ohrfeigen rissen mich dann für kurze Zeit aus meiner Lethargie. »Sie müssen wach sein und frisch, lassen Sie sich nicht hängen, Frau Römer! Sie müssen jetzt stark sein und dem Kind zeigen, dass Sie es schaffen werden!«

Es kam Silvester und damit das neue Jahr.

Januar 1980

Klementine, die eigentlich Gerda hieß, versuchte mich abzulenken, las mir aus der *Bunten Illustrierten* vor und aus der Tageszeitung. Irgendwann räumte sie zum Glück auch das scheußliche Weihnachtsbäumchen wieder weg. Dafür brachte sie unfassbar schreckliche selbst gestrickte Teile mit, die ich immer höflich lächelnd zur Seite legte, woraufhin sie mit ihrer schnoddrigen Art meinte:

»Also, wenn Ihnen das nicht gefällt, müssen Sie eben selber was stricken.«

»Ich kann nicht stricken«, sagte ich seufzend und starrte schon wieder tränenblind an die Decke.

»Dann bringe ich es Ihnen eben bei.«

Die Ärzte hatten mir Wehenhemmer gespritzt, und es lagen noch bittere fünf Wochen im Krankenbett vor mir. Also lernte ich brav das Stricken.

Klementine breitete verschiedene Handarbeitsmagazine auf meiner Bettdecke aus, und dann nahmen wir Maschen auf – ich mit meinen zitternden, ungeschickten Fingern, und sie mit ihren fleischigen, aber viel geschickteren. Meine klebrigen, ausgeleierten Maschen ließ sie nicht durchgehen und trennte sie kopfschüttelnd immer wieder auf, wickelte den sich kräuselnden Faden immer wieder beherzt auf und ließ mich üben.

Ihre Strenge und Unerbittlichkeit ging mir zwar durchaus auf die Nerven, gleichzeitig war es das Beste, was sie mir antun konnte: Sie zeigte mir, dass die Welt sich weiterdrehte, dass ich jetzt nicht in Selbstmitleid baden durfte, und dass es Sinnvolleres zu tun gab – nämlich mein Baby zu bestricken.

Der Gynäkologe, der jeden Tag nach mir schaute, machte ein bedenkliches Gesicht. »Die Herztöne sind ziemlich schwach«, murmelte er kopfschüttelnd. »Sie müssen jetzt kämpfen, Frau Römer.«

»Nichts anderes ist mein Reden!«, mischte sich Klementine ein, die er für meine Mutter hielt und deshalb nicht aus dem Zimmer scheuchte. »Können Sie schon sehen, was es ist?«

»Wollen Sie es denn wissen?« Der Gynäkologe lächelte.

»Klar!« Neugierig stellte sich Klementine auf die Zehen, um besser auf den Monitor des Ultraschallgerätes blicken zu können.

»Ich meine, wollen SIE es denn wissen, Frau Römer?«

»Das ist mir egal«, sagte ich apathisch, aber das ließ mir Klementine nicht durchgehen. »Das ist uns überhaupt nicht egal, Katharina!« Sie duzte mich inzwischen, und ich sollte sie »Gerda« nennen, was ich aber nicht fertigbrachte. »Wir müssen ja wissen, ob wir das Pullöverchen in Blau oder in Rosa stricken, gell, Herr Doktor?«

Das leuchtete dem Herrn Doktor ein, und er verkündete: »Es ist ein Junge.«

»Oh, wie schön, Katharina, wie schön, es wird ein Junge!« Klementine hüpfte im Krankenzimmer umher und klatschte in die Hände, als hätte sie im Lotto gewonnen.

»Und, wie wollen wir ihn nennen? Ich finde ja Burkhard ganz edel oder Adalbert.«

Ich verdrehte die Augen und schwieg. Täuschte ich mich, oder schlich sich ein schelmisches Lächeln ins Gesicht des guten Doktors?

»Na, da lasse ich Mutter und Tochter mal mit der Namensfindung allein.« Der Arzt verließ uns, nicht ohne mich noch einmal zu ermahnen, mehr zu essen und weniger zu weinen. »Das tut dem kleinen Kerl nicht gut! Ich bin froh, dass Sie Ihre Mutter haben.«

Fortan bombardierte mich Klementine nicht nur mit Strickmustern, sondern auch mit Namensratgebern. Sie hatte einen sehr merkwürdigen Geschmack, der sich mit meinem kein bisschen deckte. Aber es lenkte mich tatsächlich ab, mit ihr zu streiten, und es machte mir sogar Spaß.

»Adalbert heißt er ganz sicher nicht! So heißt der kleine, bebrillte Streber in meinem Lieblingsbuch, *Der kleine Nick*.«

»Aber Nick wirst du ihn doch wohl nicht nennen?« Klementine riss entsetzt die Augen auf. »Nick!«, rief sie theatralisch. »Nick einfach nur, wenn man dich was fragt! Nick!! Wehe, du hast jemals eine eigene Meinung!« Sie nickte wie eine aufgezogene Holzpuppe mit dem Kopf, und ich hörte mich zu meiner Überraschung zum ersten Mal wieder laut lachen.

»Ansgar«, schlug Klementine mit leuchtenden Augen vor.

»Ansgar!« Ich schlug mir vor die Stirn. »Ist Ansgar schon gar? Oder kochen wir ihn noch ein paar Minuten?«

Wieder lachten wir.

»Joachim«, schlug Klementine vor, wobei sie das a betonte.

»Das ist das Geräusch, das alte Männer morgens machen, wenn sie sich freihusten!«

»Du musst es ja wissen!« Klementine lachte sich kaputt. Sie reichte mir ein Schälchen mit frisch geknackten Walnüssen. »Habt ihr euch eigentlich schon über das Sorgerecht geeinigt?«

Bei dem Wort »Sorgerecht« bekam ich sofort Herzklopfen. Darüber hatte ich noch überhaupt nicht nachgedacht!

»Er will das Kind doch gar nicht!«, hörte ich mich verbittert murmeln.

»Aber es wird ein Junge«, gab Klementine zu bedenken. »So eitle Männer wie dein Falk schmücken sich gern mit einem Stammhalter.«

Ich starrte sie entsetzt an. »Meinst du, er wird mit Alexandra, den Mädchen und meinem Sohn zusammenleben wollen? Als glückliche Familie – nur ich bin außen vor?«

»Zuzutrauen wär es ihm!« Klementine legte noch ein paar Mandarinenscheiben nach. Ihr Blick ruhte erbarmungslos auf mir. »Stell dich diesem Problem und verdräng nicht wieder alles, hörst du! Nicht dass ich nachher wieder sagen muss, ich hab es ja gesagt!«

Eine Weile schwiegen wir. Sie hatte recht. Ich kannte Falk im Grunde gar nicht, er hatte mir immer etwas vorgespielt. Ich versuchte, die Ruhe zu bewahren.

»Meinst du, wir könnten im Vorfeld … Also, ich meine, ICH könnte im Vorfeld bei einem Familienrichter gewisse Andeutungen …« Meine Stimme erstarb. Ich wusste nicht recht, wie ich es formulieren sollte, dass er mit seiner eigenen Tochter ein Verhältnis hatte. Kein Kindesmissbrauch, nein, sondern mit ihrem ausdrücklichen Einverständnis! »Wissen Sie, Herr Richter, sie ist verliebt in ihren eigenen Vater, und sie treiben es miteinander! Da sie erwachsen ist, weiß ich jetzt gar nicht, ob das jetzt strafbar ist oder einfach nur … eine riesengroße Schweinerei!« Zum Glück schien Klementine zu verstehen, worauf ich hinauswollte.

»Genau. Endlich wachst du auf. Gib's ihm, volle Wäsche!« Die Wut in ihrer Stimme war nicht zu überhören. Krachend biss sie in einen Apfel, dass der Saft nur so spritzte.

Ich verzog das Gesicht. »Obwohl, ich will ihn ja nicht verpetzen … «

»Er ist ein Arsch und wird es auch immer bleiben.« Klementines scharfer Ton ätzte sich in meine Gehörgänge. »Eine einzige Bemerkung von dir, und er ist seinen Job bei der Lufthansa für immer los. Dann kann er stempeln gehen.«

Diese Aussicht schien ihr Genugtuung zu verschaffen. Sie sah mich triumphierend an: »Bei näherer Betrachtung brauchst du dir um das Sorgerecht keine Sorgen machen. Du hast eine Riesenwaffe gegen ihn in der Hand.«

»Mein ist die Rache, redet Gott.« Mann, war ich bibelfest.

Sie schäumte vor Entrüstung. »Du kannst ihn fertigmachen, so wie er dich fertiggemacht hat!«

»Das will ich aber gar nicht. Meinetwegen soll er mit Alex und den Mädels glücklich werden.«

Ich verschränkte die Arme vor der Brust. »Aber meinen Damian kriegt er nicht!« Ich schenkte ihr ein scheues Lächeln und legte beschützend die Hände auf meinen Bauch.

In letzter Zeit bewegte sich der arme kleine Kerl wirklich nicht besonders viel.

»Aaaahh, *Damian*!«, sagte Klementine und nahm für heute ihren Kapotthut. Sie stülpte ihn auf ihre Dauerwelle und sah mich zufrieden an »Damit bin sogar ich einverstanden.«

Zum Abschied stellte sie mir noch eine Flasche mit schwarzem Johannisbeersaft auf den Nachttisch: »Prost Damian, und gute Nacht, Katharina.«

9. Januar 1980

Als sich ein paar Tage später leise meine Zimmertür einen Spaltbreit öffnete, strickte ich gerade eifrig an einer Dauerwurst in Hellblau. Ohne den Blick von meinem Kunstwerk abzuwenden, rief ich über die Schulter: »Komm rein, es zieht!«

Es war aber gar nicht meine alte treue Freundin Klementine, die sich, wie sonst keuchend und schnaufend, mit ihrem Obstnetz zur Tür hineinschob. Der Duft eines mir sehr vertrauten Rasierwassers strömte ins Zimmer, sodass ich abrupt aufschaute und plötzlich rasendes Herzklopfen bekam. Es war Falk, der noch in Uniform entschlossen hereinkam.

»Hallo. Ich wollte nach dir schauen. Frohes Neues Jahr erst mal.«

Er stellte sich sicherheitshalber erst mal ans Fenster und blätterte teilnahmslos in einem dieser Babymodenhefte, die Klementine angeschleppt hatte.

Fassungslos musterte ich ihn wie ein Wesen von einem anderen Stern. Er sah anders aus. Er hatte ein paar Pfunde zugelegt. Trug ein neues Hemd mit Button-down-Kragen. Nicht mein Fall. Sein Hals wirkte so kurz darin. Die Haare hatte er sich in die Stirn gekämmt, was ihn noch feister wirken ließ. Vielleicht war das ja Alexandras Geschmack.

»Was willst du hier?«

Falk sagte nichts, sondern zuckte nur mit den Schultern, als wäre es ganz normal, dass er mich im neuen Jahrzehnt wieder besucht, als werdender Vater, immerhin. Obwohl er mich die letzten Wochen einfach meinem Schicksal überlassen hatte. Gleichzeitig wirkte er unsicher, was neu an ihm war. Sonst war er nie unsicher gewesen. Im Gegenteil! War er womöglich Klementine schon begegnet? Hatte sie ihm bereits angedroht, ihn beim Familiengericht anzuschwärzen oder gar bei der Lufthansa?

Er zog sich einen Stuhl heran und setzte sich rittlings darauf. Instinktiv nestelte er in seiner Hemdtasche nach Zigaretten, aber dann fiel ihm wohl ein, dass man hier nicht rauchen durfte.

»Wie geht es dir?«

Ich war völlig sprachlos. Alles Blut war mir aus dem Gesicht gewichen, und ich starrte ihn nur an, wobei ich die Bettdecke bis zur Nasenspitze hochzog. Mein Leben mochte in Schutt und Asche liegen, aber wenigstens schaffte ich es, meine Würde zu bewahren. Ich würde weder vor ihm heulen noch ihn anflehen, bei mir zu bleiben. Ich würde nie wieder vor ihm eine Panikattacke kriegen und in eine Tüte atmen müssen. *No way!*

Ich betrachtete ihn, als wäre er ein ekliges Insekt und starrte auf sein Kinn, auf dem sich ein winziger Schweißfleck – oder war es Spucke? – befand. Ich konnte kaum fassen, dass ich ihn einmal attraktiv gefunden hatte! Ich schüttelte mich bei dem Gedanken, dass wir Sex miteinander gehabt hatten! Und was für einen! Muss-ich-der-Püppi-den-Arsch-verhauen-Sex. Ich hatte mich auf dieses Spielchen eingelassen, weil ich wusste, dass es ihm gefiel.

Ja, und *wie* es ihm gefiel! Natürlich hatte er die Fotos von den jungen Mädels alle selbst gemacht! Mir drehte sich der Magen um. Wie gut er lügen konnte! Ich spürte, wie sich meine Zehennägel aufrollten vor Ekel. Dass wir dabei Damian zustande gebracht hatten! In Tokio! In dieser grauen riesigen Stadt mit Blick auf die verspiegelten Hochhäuser

Falk. Mein Lufthansa-Pilot. Mein Kleinmädchentraum, der sich als einziger Albtraum entpuppt hatte.

Ich starrte ihn wie versteinert an. Mein Mund war staubtrocken. Mit zitternden Händen griff ich nach meinem Glas mit Johannisbeersaft und zwang mich, einen Schluck davon zu trinken.

Falk räusperte sich und schnippte einen Fussel von seiner Uniformjacke.

»Ich bin wieder aus Australien zurück. Und mein erster Weg führte zu dir.« Seine Stimme war leise, aber fest. Er sah mir direkt in die Augen.

Ja, was sollte ich darauf groß sagen? Toll, du großer braver Junge, dass du noch nicht mal vorher nach Hause gefahren bist, um zu duschen und Champagner mit Alex zu trinken wie sonst immer. Ich setzte das Glas wieder ab. Meine Finger zitterten wie Espenlaub.

»Wo ist Alex?«, hörte ich mich heiser fragen.

»Sie wartet im Auto.« Wieder trat er ans Fenster. »Aber die Maus friert da unten. Sie würde dir auch gern hallo sagen.«

Die Maus. Die Püppi. Was war denn das für ein Schmierentheater?

»Ihr seid also noch zusammen?«, krächzte ich heiser und nahm gleich wieder einen Schluck Saft.

»Ja.« Falk nickte. »Wir sind zusammen und wollen es auch bleiben.« Achselzuckend presste er die Lippen aufeinander: »Wir lieben uns. Wir sind aus einem Holz geschnitzt. Sie ist meine Mutter in jung. Sie ist alles, wonach ich mich immer gesehnt habe.«

Okay, ich war wohl ein einziger großer Irrtum gewesen. Eine Püppi, die man aus dem Kalifornien-Paradies einfach mal so mitnehmen und so lange mit ihr spielen konnte, bis eine Maus daherkam, die ihn an seine Mutter erinnerte.

»Püppi, ich weiß, das ist jetzt hart für dich, aber ich will dir einen wirklich guten Vorschlag machen.«

Ich hätte ihm am liebsten eine reingehauen, aber so etwas lernt man in Klosterschulen nicht.

»Als da wäre?« Ich dachte insgeheim an Klementine, den einzigen Menschen, den ich noch hatte auf dieser Welt. Und natürlich an Damian. Der in wenigen Tagen zur Welt kommen würde. Also, wenn es ein Vorschlag war, dann hoffentlich ein finanzieller.

»Alex und ich haben dir gegenüber schon ein sehr schlechtes Gewissen.«

Och. Nicht doch! Falk knetete die Hände und schien nach Worten zu suchen.

»Es ist nicht so, dass es uns leichtfällt. Wir lieben uns ja nicht, weil wir dir wehtun wollen, sondern weil wir uns eben einfach lieben. Die Maus ist quasi aus meiner Rippe gemacht. Es ist wie bei Adam und Eva. Wir passen zusammen. Verstehst du, was ich meine?«

»*Do you know what I mean?*« Das fragen die Amerikaner überflüssigerweise nach jedem Satz, egal, wie hohl er ist.

»Also, akustisch verstehe ich das.« Ich klammerte mich an meinem Glas fest, damit er das Zittern meiner Finger nicht bemerkte.

Er spielte an den Goldknöpfen seiner Uniform herum. In diesem Moment hätte ich ihm gern eigenhändig all seine Streifen von der Schulter gerissen.

Er sah mich treuherzig an.

»Ich möchte dir das Haus überschreiben, damit du mit – deinem Kind ein sorgloses Leben führen kannst.« Er spreizte die Hände wie Politiker das tun, und stützte sein Kinn darauf.

Wahrscheinlich erwartete er, dass ich in Jubelschreie und Beifallklatschen ausbrach. Nachdem ich nichts dergleichen tat, fügte er mit großzügiger Geste hinzu:

»Alex ist auch einverstanden.«

Oh. Wow. Einen Moment lang war ich so perplex, dass ich gar nicht reagieren konnte. Klar. Sie war seine Tochter. Sie hatte bestimmt auch ein Recht darauf. Aber jetzt, wo Klementine für mich kein rotes Tuch, sondern eine Schulter zum Anlehnen geworden war, erwies sich der Gedanke, ihre Nachbarin zu sein, als durchaus tröstlich.

Meine Finger umklammerten das Glas so sehr, dass es fast zerbrochen wäre. Ich fühlte mich wie ein Dampfkochtopf kurz vor dem Explodieren. Dabei war ich eine Schwangere kurz vor dem Platzen. Mein innerer Aufruhr schadete doch hoffentlich nicht schon wieder dem Baby? Es zappelte in meinem Bauch, als würde es sich von seinem Vater abwenden wollen. War das jetzt wieder eine Panikattacke oder kamen schon wieder Wehen? Ich presste die Lippen aufeinander und spürte, wie mir der Schweiß den Rücken hinunterlief. Damian, bleib ruhig, mein Kleiner! Dein Papa geht gleich wieder, und dann haben wir den Rest unseres Lebens unsere Ruhe!

Ich zwang mich, diesem Gespräch eine würdevolle Wendung zu geben. »Sehr großzügig.« Ich nickte und veratmete eine Wehe, eine Flatulenz, einen Magenkrampf oder was auch immer das war.

»Ja. Das finden Alex und ich auch. Außerdem möchten wir dir noch einen monatlichen Unterhalt von zweitausend Mark anbieten. Jedenfalls so lange, bis du wieder arbeiten gehen kannst. Also, was heißt *wieder*.« Er warf die Hände in die Luft und stieß ein leises Schnauben aus. »Du hast ja noch nie gearbeitet.«

Nein, und warum nicht, du Idiot? Weil du mich nicht gelassen hast!, dachte ich.

Dass ich mit diesem Mann vier Jahre lang zusammengelebt hatte, erschütterte mich. Vier kostbare Jahre, in denen ich hätte studieren, Sprachen lernen oder einen tollen Job machen können. Auf jeden Fall vier Jahre meiner Jugend, in denen ich frei und ungebunden hätte sein können wie andere Mädels in meinem Alter. Wenn ich damals in meiner Trauer um die Eltern nicht so hilflos gewesen wäre, hätte ich vielleicht noch rechtzeitig vor der Hochzeit gemerkt, welch ein selbstverliebter, verlogener Sack er war!

»Über die Scheidung musst du dir also keine Gedanken machen. Für dich und das Kind ist gesorgt.« Falk sah mir tief in die Augen, und ich musste meinen Blick abwenden. Ich spürte, wie sich in meinem Bauch etwas veränderte. Konnten sich Wut und Ärger so sehr auf das Baby übertragen? Was machte Damian da? Einen Purzelbaum? Einen Salto rückwärts?

Falk bekam nicht das Geringste mit. Wie ein Heiliger sagte er: »Ich übernehme die volle Verantwortung und alle Kosten.« Er beugte sich vor, seine Augen wurden schmal, und seine Stimme bekam einen stählernen Klang: »Aber nur unter einer Bedingung: Kein Wort zu niemandem, dass Alex meine Tochter ist!«

»Klementine weiß es.«

»Aber mit der hast du ja keinen Kontakt. Die alte Schreckschraube magst du ja nicht.«

»Nein. Genau.« Ich nickte.

»Offiziell ist jetzt Alex meine Frau.« Er spielte beiläufig mit einem Ehering, den ich noch nicht kannte. Hatten die beiden ernsthaft RINGE getauscht? Machte der das mit allen seinen Püppis so? O Gott, war ich dumm gewesen!

»Gut. Okay.« Ich hatte wirklich anderes zu tun, als weiter mit diesem kranken Kerl über seine verkorksten Verhältnisse zu reden. Damian schien seinem Vater den blanken Arsch zeigen zu wollen.

»Ich habe allerdings auch eine Bedingung«, sagte ich mit fester Stimme.

Falk zog die Augenbrauen hoch: »So? Ich kann dir leider nicht versprechen, dass ich dir das Kind abnehme. Auch Alex ist das nicht zuzumuten.«

Aber MIR war es zuzumuten, ihre Kinder zu hüten, über ein halbes Jahr lang??

Ich stieß ein schnaubendes Lachen aus. Wer war dieser fratzengesichtige, emotional verkümmerte Schwachkopf, und wie kam er überhaupt in mein Leben?

Ich nahm einen Schluck aus meinem Glas.

»Meine Bedingung ist, dass ich dich und Alex nie wiedersehen muss.«

»Aber die Maus wollte dir doch wenigstens noch tschüs sagen!« Er stand auf und winkte aus dem Fenster.

»Wenn du nicht möchtest, dass ich da jetzt runterspringe, gehst du einfach zur Tür raus.«

»Wie gesagt: Die Maus friert da unten!!«, ereiferte sich Falk. »Sie hat jetzt vierundzwanzig Stunden im Flieger gesessen und hockt im Auto wie ein Hund! Sie hat ein halbes Jahr bei uns gelebt und dir geholfen, das Kinderzimmer einzurichten. Da kannst du ihr doch wenigstens noch Tschüs sagen!«

Er bedeutete ihr energisch, heraufzukommen und ließ sich dann erneut neben mich auf den Stuhl fallen.

Vor lauter Wut keuchte ich so laut, dass ich befürchtete, die Wehen würden wieder einsetzen. Aber im Moment war es bedenklich ruhig in meinem Bauch.

Und dann passierte es. Denn bevor ich jetzt hier auch noch Alex an meinem Bett empfing, die wahrscheinlich wieder blendend aussehen würde, braun gebrannt und in neuen Klamotten, zuckte mein Handgelenk, und der Inhalt meines halb vollen Glases Johannisbeersaft landete auf Falks schneeweißem Pilotenhemd, wo er sich wie Blut ausbreitete und auch die dunkelblaue Uniformhose erfasste – und zwar genau im Schritt, sodass es so aussah, als hätte er sich in die Hose gemacht.

Falk sprang angewidert auf und lief zum Waschbecken, wo er die Schweinerei erst recht auf seiner männlichen Schönheit verteilte.

Falk sah mich hasserfüllt an. Er wusste ganz genau, dass ich das mit Absicht getan hatte.

»Ach, scheiß doch drauf!«, schnaubte er wütend und stürmte aus dem Zimmer.

Das war's. Ich würde ihn nie wiedersehen. Aber diese Szene würde ich immer vor Augen haben: ein eitler Pfau, der jetzt mit eingezogenem Schwanz durchs Treppenhaus und quer über den Parkplatz bis zu seiner bibbernden Maus laufen musste.

Eine Woge des Triumphs stieg in mir auf. Zum ersten Mal in meinem Leben hatte ich etwas gewagt, für das ich in der Klosterschule eine saftige Strafe bekommen hätte.

Ich würde meinem Sohn Damian nie erzählen, in welche Niederungen seine Mutter sich kurz vor seiner Geburt begeben hatte. Genauso wenig würde ich ihm von seinem Vater erzählen.

10. Januar 1980

»Na, was wird denn das hier!« Der Gynäkologe sah mit wachsender Besorgnis auf das Gerät, das die Herztöne aufzeichnen sollte, und klopfte leise dagegen. Ich hatte inzwischen heftige Wehen. Der unerwartete Besuch von Falk hatte sie ausgelöst, und ich krümmte mich vor Schmerzen. Wenn man mich doch endlich von den Gumminoppen befreite, die auf meiner Haut klebten! Bläuliche Adern zogen sich über meinen riesigen Bauch, in dem es beängstigend ruhig war.

»Ich höre nichts, Frau Römer. Der kleine Bengel muss sich letzte Nacht noch gedreht haben. Das sieht mir verdächtig nach Steißlage aus.«

Mir wurde ganz schummrig. Automatisch wollte ich nach der Hand des Arztes greifen, aber er hatte Besseres zu tun, als meine zu halten.

»Wollen Sie schnell noch den Vater des Kindes verständigen?«

»Nein«, presste ich stöhnend hervor. »Auf keinen Fall!«

»Wir leiten die Geburt jetzt ein. Es muss jetzt schnell gehen.«

Ich bekam rasendes Herzklopfen. Wieder stürmte medizinisches Personal auf mich zu, wieder zog jemand eine Spritze auf, wieder wurde ich »auf drei« aus meinem Bett auf eine fahrbare Liege gewuchtet, wieder schwanden mir fast die Sinne. Meine Eingeweide zogen sich dermaßen heftig zusammen, dass ich Sterne sah. Ich bettelte um irgendetwas gegen die Schmerzen, aber niemand hörte auf mich.

Ich konnte kaum noch liegen, zuckte wie jemand, der gerade eine brennende Herdpatte berührt hatte, aber ein weiterer stechender Schmerz warf mich auf die Pritsche zurück. Mir entfuhr ein jaulender Schmerzensschrei, der nun von den Anweisungen des Arztes übertönt wurde. »Wir müssen das Kind drehen! Jetzt!«

Arme begannen auf meinem Bauch herumzudrücken, wohl in dem Versuch, Damians Lage zu verändern.

»Keine Herztöne!«

»Schneller!«

Brennend heiß schoss der Schmerz durch meinen Körper. Ich spannte mich an und stieß einen ohrenbetäubenden Schrei aus.

»In die Drei!«

»Die Drei ist nicht frei!«

»Dann in die Vier, Herrgott noch mal!«

Eiliges Fahrstuhl-Wechseln, rein, raus, wieder woanders rein. Sie stießen mit der Pritsche an die Wände, und etwas in mir wurde zerrissen. Jemand legte die kalte Hand auf meine glühende Stirn, und ich erkannte plötzlich, dass sie von Klementine war.

»Wir haben Ihre Mutter angerufen, das ist sicher besser für Sie …«

Im Kreißsaal hängten sie mich sofort wieder an den Wehenschreiber, und die Nadel malte wilde Zacken auf das Papier.

»Bald hast du es, bald hast du es!«, feuerte mich Klementine an. »Gib alles, Katharina, du schaffst das! Du musst nur noch pressen! Gleich ist dein Kind da!«

»Ich will nicht«, hörte ich mich wimmern, »ich will kein Kind!«

Trotz meiner Qualen sah ich, dass sie ihren Kapotthut noch auf hatte.

»Bleib ganz ruhig, Katharina!« Klementine atmete mir was vor, und ich nahm ihren Duft nach Kernseife und Trockenfrüchten wahr.

»Bald ist es so weit.«

»Wann bald?!«

Warum waren die denn alle so hektisch? Was MACHTEN die denn da? Zwei Männer in grünen Anzügen mit Mundschutz stützten sich mit den Unterarmen auf meinen Bauch und schienen mich ausquetschen zu wollen wie eine Zitrone.

»Wir können ihn nicht drehen!«, hörte ich einen von beiden schnaufen.

»Saugglocke, Zange!« All diese schrecklichen Wortfetzen hallten im nüchternen, grün gekachelten Raum wieder, in den sie mich in aller Eile geschoben hatten. Hektische Handgriffe, flackernde Blicke auf Monitore, Kopfschütteln, Panik.

»Versuche es vaginal!«

»Sie müssen jetzt mal ganz tapfer sein, Frau Römer.«

War ich ein Pferd oder was? Ich machte den Mund auf, um nach meinem Damian zu fragen, aber meine Lippen waren so trocken, dass meine Mundwinkel einrissen.

Ich hörte, wie mein Damm zwischen Scheide und After riss und spürte einen beißenden Schmerz. Sie rissen mich buchstäblich entzwei.

»Was macht ihr da?«, schrie ich in höchster Not.

Klementine rutschte der Hut ins Gesicht, als ich verzweifelt um mich schlug.

Weitere Wortfetzen drangen verzerrt an mein Ohr: »Nabelschnur um den Hals!«

Ich brüllte wie ein Tier. Ich hatte mal als Kind eine Katze gebären sehen, und ihre qualvollen Schreie waren mir noch lange im Gedächtnis geblieben. Jetzt schrie ich genauso, nur dass sechs Männerarme an mir zerrten! Mein Kind! Es würde nicht lebend da rauskommen!

Irgendwann hatte einer ein Bein in der Hand. Ich sah fünf kleine Zehen. Sie stopften es wieder rein, oder jedenfalls kam es mir so vor.

»Wir rufen den Chefarzt!«

»Nein, bleiben Sie hier!«

Klementine murmelte beschwichtigend auf mich ein. »Gleich hast du es, Katharina, feste pressen, gleich hast du es!«

»Nein, pressen Sie nicht! Sie dürfen noch nicht pressen, Frau Römer! Hecheln Sie! Halten Sie es auf!«

Ich versuchte meinen letzten Rest preußischer Disziplin zu aktivieren und biss mir die Lippen blutig. Meine Halsschlagader wurde so dick wie ein Gartenschlauch, und ich spürte, wie die Äderchen in meinen Augen platzen. Ich klammerte mich mit einer Hand an Klementine und mit der anderen an das nass geschwitzte Laken, das inzwischen blutbefleckt war.

»Tief in den Bauch!«, beschwor mich Klementine gebetsmühlenartig. »Es ist noch keines dringeblieben!«

Ich wollte nicht ihr Weltbild zerstören, aber plötzlich durchzuckte mich der entsetzliche Gedanke, dass dies hier keine normale Geburt war. Ich sah es an den Blicken der Ärzte und Hebammen, in denen sich Panik und Resignation spiegelten.

»Wenn er sich jetzt nicht dreht, haben wir ihn verloren.«

Ich weiß nicht, was sie da unten taten, aber es fühlte sich an, als hätten sie den Inhalt eines ganzen Werkzeugkastens in mich hineingestopft. Sie zogen und drückten, und das kalte Metall bohrte sich in Organe, von denen ich gar nicht gewusst hatte, dass ich sie überhaupt besaß. Der Schmerz nahm mir den Atem.

Irgendwann wurde mir bewusst, dass Klementine aufgehört hatte, mich anzufeuern.

In ihrer Brille spiegelten sich die Augen des leitenden Arztes, der mir mit zusammengepressten Lippen zwischen die Beine starrte, während das Gerät, an das ich angeschlossen war, ohrenbetäubend zu piepen begann.

»Frau Römer, Sie müssen jetzt ganz tapfer sein.«

Als ob ich das nicht schon seit Stunden war! Seit MONATEN war ich so was von tapfer, verdammt noch mal!

Ich hatte keine Kraft mehr. Ich wollte sterben. Auf keinen Fall wollte ich weiter Wehen veratmen, die zu nichts führten als zu ratlosen Blicken und Kopfschütteln.

»Sie müssen es jetzt gebären, Frau Römer. Wir ziehen es jetzt raus. Es kann so oder so nicht mehr drinbleiben.«

Nein. Das hatte ich nicht wirklich gehört! Das träumte ich. Das war alles ein entsetzlicher Albtraum, den ich Falks Besuch verdankte. Ich wollte aufwachen! An Klementines streichelnden Händen merkte ich, dass es kein Albtraum war. Das Streicheln war auf einmal anders. Nicht mehr beruhigend, nicht mehr auffordernd, nicht mehr hoffnungsvoll. Das Streicheln war – mitleidig. Das Streicheln war – mechanisch. Gedankenverloren. Traurig.

Nach gefühlten qualvollen Stunden zogen sie meinen blutverschmierten, leblosen Damian hervor.

Seine dicke Nabelschnur hatte sich doppelt um seinen Hals geschlungen und ihn stranguliert. Ein winzig kleines Baby, das erstickt war, noch bevor es seinen ersten Atemzug getan hatte.

»Nein!«, hörte ich mich wimmern. »Nein! Das ist nicht wahr! Bitte sagt, dass es nicht wahr ist!«

»Sie müssen jetzt ganz tapfer sein, Frau Römer!«

Das war das dritte Mal, dass mir einer diesen Vorschlag unterbreitete.

»Ach, halten Sie doch die Klappe!«, schnauzte Klementine. »Sie muss überhaupt nicht tapfer sein! – Katharina, dein kleiner Damian lebt nicht mehr! Er hat es nicht geschafft.« Sie hielt meine Hand und ließ es zu, dass ich in meinem fassungslosen Schmerz hineinbiss. Ich jaulte wie ein Hund.

»Aber du hast es jetzt geschafft, Katharina.« Sie hielt meinen schluchzenden, geschundenen Körper in ihren massigen Armen und wiegte mich darin, ließ sich von mir anschreien und Spucke ins Gesicht schleudern. »Jetzt hast du es hinter dir. Es ist vorbei. Es ist vorbei.«

Man legte mir das wächserne Bündel mit dem leblosen blauen Gesichtchen auf den Bauch.

Ich wartete immer noch darauf, dass es schrie. In Filmen gab man den Babys einen Klaps, und dann schrien sie! Sie verzogen ihr Gesicht zu einer beleidigten Grimasse, liefen rot an und schrien!

Doch diese wächserne kalte Puppe schrie nicht. In diesem Moment begriff ich, dass mein Damian tot war.

»Er muss sich gestern gedreht haben.«

Gestern, gestern. Gestern!, hämmerte es in meinem Kopf. Falk, du hast deinen kleinen Sohn auf dem Gewissen.

Ich wollte auch aufhören zu leben.

»Wollen Sie Abschied nehmen, Frau Römer?«

»Nein. Ich will tot sein.«

Klementine führte meine zitternde Hand zu dem kleinen Körper und zwang mich, ihn zu berühren.

»So, jetzt hat sie Abschied genommen. Nehmen Sie ihn jetzt weg. Moderner Firlefanz.«

Endlich wurde das Bündel hastig in Tücher geschlungen und weggetragen.

Was machten sie jetzt mit meinem Sohn? Beerdigten sie ihn? Oder warfen sie ihn in einen dieser sterilen Eimer?

Während weiterhin Hände in mir wühlten und an mir herumwischten, vergrub ich mein Gesicht an Klementines weichem Busen und ließ mich willenlos von ihr schaukeln.

»Du bist so tapfer, du bist so unglaublich tapfer, Katharina … Es ist jetzt gut, du hast es hinter dir, du hast es geschafft …«, murmelte sie immer wieder und musste sich selbst zwischendurch in ihr Taschentuch schnäuzen, das sie aus ihrem Ärmel zog und auch wieder reinstopfte. Irgendwann fing sie an, leise zu summen, und die Schmerz- und Beruhigungsspritzen, die man mir aus Erbarmen verpasst hatte, lullten mich schließlich in einen erlösenden Schlaf.

11. Januar bis Ende Januar 1980

Es war ein Aufwachen wie beim letzten Mal: Aus wattiger Umnebelung fand ich widerwillig in die knallharte Wirklichkeit zurück, in der mich die stoisch strickende Klementine erwartete. Wieder war ich an Schläuche angeschlossen, durch die durchsichtige Flüssigkeit in meine Venen tropfte. Und wieder floss in einem anderen Schlauch hellrot mein Blut.

»Da bist du ja wieder, Mädel!« Klementines breites Gesicht beugte sich über mich. Besorgt musterte sie mich. Sie war einfach da, als wäre sie immer da gewesen. Als hätte sie Tag und Nacht an meinem Bett gewacht. Den Kapotthut hatte sie auf die Fensterbank gelegt, an der vor ein paar Tagen noch Falk gestanden hatte.

Außer Klementine hatte ich jetzt in Deutschland keinen Menschen mehr, und ich schämte mich schrecklich, sie früher so gehasst und verspottet zu haben. Sie wich mir nicht von der Seite, auch nicht, als der Arzt mir bedauernd mitteilte, dass ich wohl keine weiteren Kinder bekommen könnte, so leid es ihm tue.

Die ersten Wochen nach der Totgeburt zogen sich endlos hin. Ich verbrachte sie überwiegend in tiefen Schlafphasen, die mir die Infusionen ermöglichten. Es war wohl so eine Art »Scheißegal-Droge«, wie Klementine es nannte, die meine Sinne benebelte und mich immer wieder wegdämmern ließ, von schlimmen Erinnerungen und Schmerzen erlöste.

Außer Klementine besuchte mich niemand. Falk hatte nach der Totgeburt erst recht keinen Grund mehr, sich um mich zu kümmern, aber ich hätte ihn ohnehin nicht sehen wollen. Klementine erzählte mir später, sie selbst habe kein Wort mit ihm gesprochen, als Alex und er mit ihren Siebensachen aus dem Haus ausgezogen seien. Sie habe nur hinter der Gardine gestanden und beobachtet, wie sie ihre persönliche Habe in einen Kastenwagen geladen hätten und davongefahren seien.

»Wenigstens hast du das Haus und kriegst Unterhalt«, versuchte Klementine mich zu trösten. Obwohl sie mir manchmal auf den Geist ging mit ihrem inzwischen überflüssigen Gestricke, mit ihrem Äpfelchen-Geschäle und Nüsse-Geknacke, begleitete sie mich durch alle Phasen der Verzweiflung. Manchmal weinten wir zusammen, fluchten auf Falk und wünschten ihm alle Höllenqualen an den Hals. Und manchmal lachten wir sogar über einen Witz, den sie mir aus einem ihrer unvermeidlichen bunten Klatschblätter vorlas. Wir betrachteten sogar wieder Fotos der persischen Kaiserin, die inzwischen mit dem Schah aus Persien geflohen war und jetzt in Paris lebte. So wie ich es damals auf dem Flug nach Kalifornien getan hatte. In diesem Moment wurde mir klar, dass ich sie so lieb gewonnen hatte wie meine eigene Mutter.

Nach sechs Wochen verlegten sie mich in eine Art psychiatrische Reha-Klinik, wo nicht nur die Wunden des Körpers, sondern auch der Seele heilen sollten.

Ich war zu dieser Zeit immer noch auf Scheiß-Egal-

Drogen, sodass ich mich widerstandslos dorthin bringen ließ.

Klementine versprach, auf mein Haus aufzupassen, die Blumen zu gießen und Falk, falls er es wagen sollte, sich zu nähern, mit der Mistgabel oder dem Nudelholz anzugreifen und wahlweise die Polizei, den amerikanischen Geheimdienst oder die Russenmafia auf ihn zu hetzen.

Zum Abschied schenkte sie mir noch den kleinen blauen Teddy, den sie für Damian gestrickt hatte.

»Ich hab dich lieb, Mädchen. Vergiss mich nicht!«

Ich drückte den Teddy an mein Herz und starrte durch das Fenster des Krankentransporters, hinter dem ihr mütterliches Gesicht mit dem Kapotthut immer kleiner wurde.

Frühling 1980

In der Reha-Klinik verbrachte ich das nächste halbe Jahr. Es war immer noch tiefster Winter, und ich betrachtete mein kleines Einzelzimmer als meine Höhle, in der ich buchstäblich Winterschlaf hielt. Wie ein verletztes kleines Tier zog ich mich darin zurück, versuchte, das Grübeln einzustellen und die Übungen zu machen, die man uns verwirrten Seelen hier beibrachte. Mithilfe von autogenem Training sollte man sich in eine heile Welt inneren Friedens befördern.

Alle anderen Patienten, die ich nach und nach in den Gruppentherapien kennenlernte, hatten ihre eigenen seelischen Wunden, die sie hier heilen oder wenigstens lindern wollten. Es gab Suchtpatienten, Essgestörte, Alkoholiker, Angstpatienten, Menschen mit dem Burnout-Syndrom, Depressive und Suizidgefährdete.

Man bot uns Maltherapien an, Gesprächs- und Bewegungstherapien, wir töpferten, bastelten Osterschmuck, durften schreien und mit den Fäusten auf Gummiwände einhämmern. Wir schwammen in warmem Wasser zu Musik, tanzten zu merkwürdigen Buschtrommelklängen, wobei wir uns in bunte Seidentücher hüllten, und wer wollte, sang im Klinikchor. Kurzum, man versuchte uns so sanft wie möglich ins Leben zurückzuholen.

Nach einigen Wochen, in denen ich mich völlig zurückgezogen hatte und auch noch unter beruhigenden und Stimmung aufhellenden Medikamenten stand, begann ich wieder aus meinem Schneckenhaus zu kriechen. Mit Freude besuchte ich die Chorproben, in denen Frühlingslieder gesungen wurden. Das tat meiner Seele gut und erinnerte mich an die heile Welt meiner Kindheit.

So lernte ich Gunhild kennen, eine für ihr Alter sehr attraktive, temperamentvolle Profi-Sängerin, die einen Selbstmordversuch hinter sich hatte.

Mir war ihre tolle Stimme auf Anhieb aufgefallen. Aber Gunhild litt so entsetzlich unter Lampenfieber, dass sie bei einem wichtigen Auftritt komplett versagt hatte. Sie war mitten in einer Opernaufführung, bei der sie eigentlich die Carmen singen sollte, von der Bühne geflüchtet und hatte sich in der Künstlergarderobe verbarrikadiert. Weil sie vor Angst keinen Ton mehr herausbekommen hatte. Unter dem Gelächter und Gespött des Publikums hatte sie versucht, ihre Arie zu Ende zu bringen, war dann aber ihrer Panikattacke endgültig zum Opfer gefallen und unter Tränen davongerannt. Die stolze, männermordende Carmen, die barfuß und mit Kastagnetten mit einem Offizier kokettiert, und die anderen Soldaten in die Wüste schickt, hatte gewimmert wie ein jämmerlicher Wurm! Mitten auf der Bühne eines namhaften Opernhauses! Nach Hunderten von gelungenen Auftritten! Diese Blamage war auch vom Fernsehen aufgezeichnet worden – also schlimmer ging es wirklich nicht mehr! Die Vorstellung musste abgebrochen werden, und die Tageszeitungen waren am nächsten Tag voll davon.

In der Künstlergarderobe, die im dritten Stock lag,

hatte sie dann versucht, aus dem Fenster zu springen. Doch in letzter Sekunde hatten Feuerwehrmänner die Tür aufgebrochen, sie am Ärmel gepackt und wieder reingezogen.

Gunhild erzählte immer wieder von diesem grauenhaften Moment, der ihr Leben für immer verändern sollte. Ich schloss sie sofort ins Herz, denn sie hatte ungeheuren Unterhaltungswert. Ihre Schilderungen waren so dramatisch, dass ich mir die Situation bildlich vorstellen konnte. An alldem war Gunhilds Meinung nach ihre Mutter schuld, die ihr ihr Talent, den Erfolg, die finanzielle Unabhängigkeit, den Beifall und die Reisen nicht gönnte. Die Mutter wäre gern selbst eine große Sängerin geworden, hatte aber Kriegstrümmer wegräumen und einen einbeinigen Kriegsheimkehrer versorgen müssen.

Gunhild, das Nachkriegskind, war die Erste gewesen, die sich wieder den schönen Künsten zuwenden konnte, aber so leicht ließ ihre Mutter sie nicht davonkommen.

»Kind, du kannst alles studieren, aber bilde dir bloß nicht ein, dass du singen kannst!«, lauteten ihre Worte, als Gunhild plante, in München Musik zu studieren. Deshalb lernte Gunhild dann doch erst mal den soliden Beruf der Goldschmiedin. Und schaffte es erst durch die liebevolle Unterstützung ihres Mannes, eines Juweliers, doch noch eine Gesangsausbildung zu machen. Sie war schon Ende dreißig, als sie endlich ein tolles Engagement bekam: die Carmen im Nürnberger Opernhaus. Ihr Traum! Und dann, mit Mitte vierzig, als sie es endlich geschafft hatte, hörte sie plötzlich wieder die Stimme ihrer Mutter in ihrem Kopf: Bild dir bloß nicht ein, dass du singen kannst! Und das, wie gesagt, mitten in der Szene mit dem Soldaten, den sie verführen soll. Auf einmal sah sie ihre Mutter vor sich, die selbst einen verwundeten Soldaten zu Hause gehabt hatte, ihm den Beinstummel täglich hatte waschen und verbinden müssen. Sie sah die Entbehrungen, den Verzicht und die geplatzten Träume in den Augen ihrer Mutter – und fühlte sich nicht mehr berechtigt, öffentlich zu singen. Gunhild fühlte sich schuldig. Unendlich schuldig ihrer Mutter gegenüber, die diese Chancen nicht gehabt hatte! Und da drückte ihr ein unsichtbarer Teufel die Kehle zu. Er würgte sie und quetschte ihre Stimmbänder.

Das erzählte uns Gunhild während der Chorproben, und dann blieb auch uns die Stimme weg.

Manchmal brach sie dabei in Tränen aus und drosch wütend auf ein Sofakissen ein. Aber manchmal konnte sie auch über ihren Karriereknick lachen. In Gunhild steckte nach wie vor ein ungeheures Bühnentalent. Sie selbst nannte sich kokett eine »Rampensau«. Aber die Nachtigall, die in ihr steckte, traute sich nach wie vor nicht in die Öffentlichkeit.

»Ich kann ohne die Bühne nicht leben«, jammerte sie gehörig theatralisch, und die Stotterer, Alkoholiker, Essgestörten, Suchtkranken, Selbstmordgefährdeten hingen an ihren Lippen.

Es war wirklich schade um diese tolle Frau. Immer wieder drohte sie, sich umzubringen, aber das rang den meisten von uns nur ein müdes Lächeln ab. Sie arbeitete viel mit einem Angsttherapeuten, und es lief darauf hinaus, dass sie sich ihren Ängsten stellen sollte. Deshalb übernahm Gunhild bei unserem Osterkonzert den Solopart und hielt damit die ganze Reha-Klinik in Atem.

Würde sie es schaffen? Wir hörten sie hinter geschlossenen Türen üben. Sie hatte eine wunderschöne Stimme. Aber sobald sich nur ein oder zwei Zuhörer in den Raum schlichen, überfielen sie wieder Schuldgefühle und Panik. »Ich darf das nicht! Meine Mutter hat es mir nicht erlaubt!«, weinte sie und rannte dann aufs Klo, aus dem sie ihr Therapeut mühsam wieder hervorlocken musste.

Zu besagtem Frühlingskonzert kam auch ihr Gatte, der Juwelier Georg Södermann, der seine bildschöne Gunhild auf Händen trug. Aber das machte ihre Schuldgefühle gegenüber ihrer längst verstorbenen Mutter nur noch schlimmer: ein gutsituierter, gut aussehender Mann, der mit beiden Beinen fest auf dem gesellschaftlichen Parkett stand … »Das darf ich alles nicht«, sagte sie immer wieder. »Ich darf das Leben nicht genießen! Das Leben ist eine einzige Buße für unsere Sünden!«

Zu allem Überfluss war die Mutter auch noch streng katholisch gewesen und hatte Gunhild immer mit Demut, Buße, Strafe und Hölle in den Ohren gelegen. Sie hatte ihr Fegefeuer durch den Krieg und seine Folgen schon abgeleistet, aber Gunhilds Hölle, davon war sie überzeugt, würde noch kommen.

Bei solchen Schilderungen war ich heilfroh, eine halbwegs normale, lustige, lebensfrohe Mutter gehabt zu haben, und einen großzügigen, klugen Vater dazu.

An diesem Tag schaffte Gunhild es noch nicht, ohne abzubrechen und wie eine Ertrinkende nach Luft zu schnappen, ihre Arie durchzustehen, obwohl sie so vielversprechend angefangen hatte. Sie rannte wieder weinend hinaus und verbarrikadierte sich in ihrem Zimmer, das zum Glück im Erdgeschoss lag.

Ihr liebender Gatte sowie ihr diensthabender Therapeut liefen hinter ihr her, und der Klinikchor sang einfach weiter, als wäre nichts geschehen:

»Winter ade! Scheiden tut weh. Aber dein Scheiden macht, dass uns das Herze lacht …«

Mai 1980

Monate später, als der Frühling ins Land gezogen war, und die Kirschen und Magnolien in voller Blüte standen, waren wir zu einer eingeschworenen Gruppe zusammengewachsen, hatten wieder mehr Selbstbewusstsein und ertappten uns dabei, wieder mehr zu lachen als zu weinen.

Auch mein tiefer Schmerz war langsam einer neuen, zarten Lebensfreude gewichen, und meine Entlassung stand kurz bevor.

Ich wusste allerdings, dass ich nicht mehr in Falks Haus zurückkehren würde, so leid es mir auch um meine alte Freundin Klementine tat. Ich konnte unmöglich dort weiterwohnen, wo mich so viele hässliche Erinnerungen verfolgten. Ich wollte woanders neu anfangen, irgendwo, wo mich keiner kannte.

Durch meine wachsende Freundschaft zur unterhaltsamen Gunhild und ihrem netten Georg wurden sie fast so etwas wie Eltern für mich. An freien Wochenenden nahmen sie mich mit auf Ausflüge. Georg fuhr einen alten Opel Kapitän, und Gunhild machte vorne auf dem Beifahrersitz wahnsinniges Theater, während ich mich hinten im Fond still amüsierte.

So lernten wir uns immer besser kennen.

Am Pfingstsonntag saßen wir beim Eiskaffee inmitten

von gepflegten Blumenrabatten und stocherten mit unseren Sonnenschirmchen in der Sahne herum. Im Hintergrund spielte das Kurorchester in einem Pavillon bekannte Operettenmelodien, und Gunhild konnte sich nicht bremsen, ziemlich laut mitzuträllern, sodass sich die Umsitzenden nach ihr umdrehten.

»Die kleinen Mädchen im Trikot, mit ihrem reizenden Popo …« Ich wollte in meinem Eiskaffee versinken, aber Georg Södermann lächelte nur: »Gunhild wird es wieder schaffen«, sagte er mit leisem Stolz.

»Ich werde in unserer Villa in Kassel ein Hauskonzert geben«, platzte Gunhild mit der sensationellen Nachricht heraus. »Um das Ende meiner Angst-Therapie zu feiern.«

»Toll«, staunte ich.

»Wir möchten dich dazu einladen, Katharina.« Georg Södermann tätschelte meine Hand. »Gunhild hat dich sehr ins Herz geschlossen.«

»Ja, ich brauche dich. Du bist meine Glücksbringerin!« Gunhild wippte zum Takt von »Wiener Blut«, und es fehlte nicht viel, da wäre sie auf die Bühne gerannt.

»Liebling, gedulde dich noch zwei Wochen, dann stehst du selbst wieder da oben!« Georg Södermann legte seine beringte Hand auf ihre und lächelte sie verliebt an.

»Also, Katharina? Kommst du zu meinem Hauskonzert?«

Ich sagte erfreut zu.

Juni 1980

In der Södermannschen Villa in Kassel waren mit seidenen Hussen überzogene Barockstühle aufgereiht. Fünfzig Menschen aus der Kasseler High Society waren gekommen und lauschten der Gastgeberin. Offiziell war Gunhild natürlich nicht in einer Klinik, sondern auf einer Auslandstournee gewesen. Am Konzertflügel lehnte sie elegant in einem traumhaften Abendkleid, dessen goldene Pailletten bei jeder Bewegung im Licht der Kronleuchter funkelten, und sang Dvořáks »Zigeunermelodien«, wie ich dem Programm entnahm. Ich hatte feuchte Hände vor Aufregung, aber diesmal klappte alles. Sie geriet nicht in Panik, hörte nicht auf zu singen und fing auch nicht an zu heulen. Ihr Therapeut war auch gekommen und hatte vorher Entspannungsübungen mit ihr gemacht. Sie hatte es wirklich wieder geschafft!

Selbst bei der heiklen Stelle »Als die alte Mutter mich noch lehrte singen – Tränen in den Wimpern gar so oft ihr hingen« verlor sie nicht die Fassung. Ganz großes Kino! Die Leute wischten sich die Augen, und ich ganz besonders. Beim letzten Lied »Hat Natur, Zigeuner, etwas dir gegeben – ja, zur Freiheit schuf sie mir das ganze Leben!« löste sich etwas in ihr, und sie ließ ihre Stimme in ungeahnte Höhen schwingen. Ich klebte dermaßen an ihren Lippen und mit schweißnassem Popo auf meinem Stuhl, dass ich meinen Nachbarn zuerst gar nicht wahrnahm.

Erst beim Beifall huschte mein Blick zu ihm hinüber. Der blonde, schnauzbärtige jugendliche Typ sah mich schon die ganze Zeit so merkwürdig an. Seine Mundwinkel zuckten amüsiert, als ich mir schier die Hände wund klatschte, immer wieder »Bravo« brüllte und mir dabei die Tränen von den Wangen wischte, die nun in Sturzbächen aus meinen Augen schossen.

»Na, da ist aber jemand begeistert!«

»Na, aber sie ist doch auch ganz großartig«, rief ich.

»Bestimmt«, sagte er nickend. »Ich versteh nicht so viel von klassischer Musik.« Ritterlich reichte er mir ein Taschentuch.

Gunhild verbeugte sich, sodass ihr schönes Dekolleté noch einmal toll zur Wirkung kam, und ich warf ihr Kusshände zu, die sie augenzwinkernd erwiderte. In diesem Moment war ich so glücklich wie schon lange nicht mehr.

Die Leute erhoben sich plaudernd, Abendkleider knisterten, Handtäschchen wurden auf- und wieder zugeklappt, und zwei livrierte Kellner servierten Champagner auf silbernen Tabletts.

Ehe ich mich versah, hatte mein blonder Ritter sich zwei Gläser geschnappt und hielt mir eines davon hin: »Ich bin der Bernd.« Der machte keine langen Sprüche, von wegen »gnädige Frau« und so.

»Ich bin Katharina!« Meine Stimme war ein nervöses Krächzen. Er sah gut aus. Ganz anders als Falk, jungenhafter, blonder, schlaksiger. Aber gut. Und er hatte ein bezauberndes Lächeln. Ich fand seinen Schnäuzer süß, der so gut zu seinem blond gelockten Haar passte, das ihm ein bisschen zerzaust in die Stirn hing.

Was machte dieser knackige Typ in Jeans und weißem Hemd auf diesem Hauskonzert?

Als wir miteinander anstießen, erklang ein feiner, harmonischer Ton, und ich genoss die Atmosphäre dieses edlen Sommerfestes. Die Gäste traten durch die geöffneten Schwingtüren in den Garten hinaus, in dem hinter prächtig blühenden Rhododendren ein Swimmingpool lag.

»Hast du Lust auf einen Spaziergang?« Bernd bugsierte mich durch die plaudernden Herrschaften, die schwere Parfümwolken verströmten, und zog mich ans Ende des Gartens, wo eine Hängematte zwischen zwei Bäumen gespannt war.

»Du kennst dich hier aber gut aus!« Ich hatte meine Hände um das Glas gelegt, aber Bernd nahm es mir ab, damit ich mich in die Hängematte setzen konnte. Mit Schwung nahm er neben mir Platz und reichte es mir zurück: »Meine Eltern waren die Nachbarn der Södermanns. Also, meine Mutter ist es immer noch.« Er wies auf eine kleine, rundliche Frau, die Gunhild gerade gratulierte. »Ich hab hier meine Kindheit verbracht!«

Er zeigte mir den Baum, auf den er als Junge immer geklettert war. Ich fühlte mich ihm sofort verbunden. Er hatte ein so entwaffnendes Lächeln, dass ich mir sofort vorstellen konnte, wie er als blonder Lausbub immer zum Himbeerklauen durch die Hecke gekrabbelt war.

»Die Södermanns waren ja selten zu Hause, und so hatte ich das ganze Gartenparadies für mich«, grinste er spitzbübisch. »Er ist als Juwelier den ganzen Tag im Geschäft, und sie ist ja ständig auf Konzerttournee. Wo war sie denn diesmal so lange?«

Ich zuckte die Schultern. »Im Ausland.« Ich war eine loyale Freundin. Kein Wort würde über meine Lippen kommen.

Einen Moment lang schwiegen wir. Schnell trank ich mein Glas leer und fühlte dieses angenehme Prickeln.

»Woher kennst du denn die Södermanns?«, wollte er wissen, während wir sanft in der Hängematte schaukelten.

Ich zögerte. Was sollte ich denn sagen? Aus der Klinik, aus der Klapse?

Ich ließ die Frage ziemlich lange in der Luft hängen. »Mein Exmann war Pilot«, sprudelte es schließlich aus mir hervor. »Wir haben uns öfter auf Auslandsflügen getroffen.« So. Jetzt hatte ich zwei Fliegen mit einer Klappe geschlagen: Erstens hatte ich Gunhilds Ehre gerettet. Und zweitens wusste er jetzt, dass ich zu haben war.

Er sah mich von der Seite aus an. Ich spürte so ein Flattern im Bauch. Meine Güte, dieser Bernd gefiel mir! Er gefiel mir sogar sehr. Kurz beschlich mich der Verdacht, die Södermanns hätten mich absichtlich neben Bernd gesetzt. Ich sah Gunhild in ihrer Glitzerrobe umringt von ihren Gästen. Georg Södermann machte Fotos von ihr. Bernds Mutter winkte, und ich winkte zurück. Sie sah nett aus.

Eine Drei-Mann-Kapelle baute sich neben dem Swimmingpool auf und begann zu spielen.

»Was für ein großartiges Sommerfest!« Ich legte den Kopf in den Nacken und genoss den Blick in die grünen Baumwipfel, die ihre Köpfe über uns zusammengesteckt hatten. Kleine rosa Abendwölkchen schwebten wie Wattebäuschchen am hellblauen Abendhimmel.

»Möchtest du tanzen, Katharina?«

Wenn mir jemand vor einem halben Jahr gesagt hätte, dass ich jemals wieder Lust zum Tanzen haben würde, hätte ich ihn nur fassungslos angestarrt.

Aber die Atmosphäre war so zauberhaft – die Musik, die zu uns herüberdrang, die Wortfetzen, das Gelächter der Gäste, der Duft nach frisch gegrilltem Fleisch, der laue Wind, das Vogelgezwitscher, der Champagner und vor allen Dingen die Freude über Gunhilds gelungenen Auftritt – dass ich keine Sekunde zögerte.

»Ja, sehr gern!«

Er zog mich sanft aus der Hängematte, stellte unsere Gläser auf den Rand des Swimmingpools und zog mich auf die Tanzfläche.

Es gibt ja diesen berühmten Augenblick, wenn man zum ersten Mal zusammen tanzt: Passt es oder passt nicht? Wird es ein unsicheres Gehampel, ein verzweifeltes Suchen nach gemeinsamem Takt, das dann in fades Herumschieben bei gleichzeitigem Smalltalk mündet? Oder hat er den richtigen Schwung, den richtigen Rhythmus? Noch in derselben Sekunde schwebte ich in seinen Armen elegant über die Tanzfläche. Er konnte führen, hallelujah! Ich liebte Männer, die gut tanzten, und da war ich von Falk sehr verwöhnt. Fast hatte ich befürchtet, Bernd würde den lässigen Hampeltanz bevorzugen, bei dem jeder allein mit den Armen schlenkert und mit den Knien wackelt. Aber wir waren sofort eine Einheit. Es war herrlich! Ich fühlte mich wie im siebten Himmel. Ich schloss die Augen und überließ mich einfach seinen Armen, sog seinen Duft ein. Er benutzte kein edles Rasierwasser wie Falk, er roch einfach nur nach sich, aber auch da stimmte es von Anfang an: Ich konnte ihn gut riechen.

»Du tanzt gut.« Er strahlte mich an.

»Das liegt an dir!« Unwillkürlich ließ ich meinen Blick über seine sehnige Figur gleiten. Ich lächelte bis über beide Ohren. Aus den Augenwinkeln sah ich, dass Georg Södermann Fotos von uns schoss und Bernds Mutter auf uns aufmerksam machte. Der alte Schlingel, also doch!

In einer Tanzpause rannte ich wie ein verliebter Teenager auf die Gästetoilette, wo ich Gunhild traf.

»Na, amüsierst du dich, Schätzchen?«

»Ich tanze mit Bernd.« Ich versuchte, mir nichts anmerken zu lassen. Aber aus dem Spiegel blickte mir eine strahlende junge Frau entgegen, deren Wangen gerötet waren, und deren Augen blitzten. Mir war, als hätte ich diese Frau noch nie gesehen.

Ich war doch immer bleich gewesen, so traurig, mutlos und verzweifelt!

»Ja, der Bernd Stermann ist ein ganz Süßer!« Gunhild tupfte sich einen Tropfen Chanel N° 5 in den Busenritz. »Er arbeitet viel im Ausland, und seine Mutter wünscht sich ein Mädel für ihn, damit er einen Grund zum Hierbleiben hat. – Hier, willst du auch einen?« Ehe ich mich wehren konnte, hatte sie mich auch schon in den Genuss ihres verführerischen Parfüms kommen lassen. »Du musst es nur noch ein bisschen verteilen, so!« Sie wedelte mit der Hand vor meinem Gesicht herum, und ich war regelrecht benebelt von mir selbst.

»Bernd ist noch zu haben!« Sie zwinkerte mir zu. »Wir waren ja mehr mit seinen Eltern befreundet, und jetzt lebt nur noch die Mutter, die manchmal einsam ist. Er ist ein bezaubernder Kerl.«

»Was macht er denn beruflich?«, konnte ich mir nicht verkneifen zu fragen.

»Keine Ahnung, ich glaube er arbeitet auf Baustellen oder so. Jedenfalls ist er viel im Orient.«

Ich starrte sie an. Wie komisch war das denn?! Tischten sich hier alle Nachbarn gegenseitig das Märchen vom Orient auf, wenn sie in Wirklichkeit in der Klapse rumhingen?

Tausendundeine Nacht oder was?

»Frag ihn doch selbst!« Gunhild kniff mich liebevoll in die Wange und rauschte davon.

Beim nächsten Tanz fragte ich ihn. Ich hatte schon Angst gehabt, er hätte inzwischen eine andere aufgefordert. Aber er hatte nur auf mich gewartet.

»Ich bin Bauingenieur«, sagte er und strahlte mich mit seinen weißen Zähnen an. »Zurzeit bin ich auf einer Großbaustelle im Iran.«

Ich stolperte fast über meine eigenen Füße, aber er fing mich mit festem Griff auf.

»Im Iran?! Das nenne ich aber wirklich mal Ausland!«

»Bitte?«

»Ach, nichts, ich meine ja nur. Wie kommst du denn dahin?«

»Mit dem Flugzeug. Allerdings kann ich nicht selber fliegen, wie dein Mann. Ich sitze brav hinten in der Holzklasse.« Sein Lächeln war umwerfend. Der hatte es gar nicht nötig, erster Klasse zu fliegen und Lufthansa-Schampus zu klauen.

»*Ex*mann«, betonte ich. »Er ist inzwischen anderweitig liiert.« So, das muss doch bei dir angekommen sein! Kokett drehte ich den Kopf zur Seite wie die Profis im Fernsehen und schmiegte mich beim langsamen Walzer an ihn. »*Moon river …*«

Inzwischen war tatsächlich der Mond aufgegangen. Seine schmale Sichel schimmerte hinter den Bäumen hervor.

»Zu- oder abnehmend?«

»Wie bitte?«

»Ist er zu- oder abnehmend? Ich meine nicht den Dicken da am kalten Büffet, der sich gerade die achte Bulette reinschiebt. Ich meine den Mond!«

»Ähm …« Ich legte den Kopf in den Nacken und überlegte. Was hatte meine Mutter mir als Kind beigebracht? Wenn man ein Z daraus machen konnte, war er zunehmend. Wenn man ein A daraus machen konnte, war er abnehmend.

»Zunehmend.«

»Gut. Setzen!« Bernd zog mich von der Tanzfläche zurück auf unsere Hängematte. Wir schaukelten eng aneinandergelehnt und betrachteten den Mond.

»Bei uns in Shiraz liegt die Mondsichel auf dem Rücken. Und der Sternenhimmel ist ganz unbeschreiblich. So was hast du noch nie gesehen.«

Um nicht naseweis zu klingen oder arrogant zu wirken, sagte ich nicht: »Doch, ich war schon hundertmal in Dubai!«, sondern: »Echt?«

»Ja, und zwar so!« Und schon hatte Bernd mich in eine Liegeposition manövriert. Mein Gesicht glühte. Da lagen wir, sanft schaukelnd, unter dem Sternenhimmel. Er schwärmte von dem Lichtermeer, das den Nachthimmel im Orient schmückt. Unsere Füße verknoteten sich spielerisch.

Er hob den Kopf und schaute mir direkt in die Augen. Mein Herz begann zu rasen. Seine waren hellbraun mit schwarzen Sprenkeln darin, in denen sich die Lampions spiegelten.

Ganz sanft küsste er mich. Ich schloss die Augen. Seine Lippen waren voll und weich, und wieder inhalierte ich seinen Duft. *Bernd!*, dachte ich.

Juli / August 1981

Nie hätte ich gedacht, dass ich mich noch einmal so verlieben kann. Für mich war das Thema Männer und Beziehung eigentlich abgehakt gewesen. Doch mit Bernd kehrte mein Lebensmut zurück, auf ebenso wunderbare Weise, wie mit Sommerbeginn die Wärme und die hellen langen Nächte zurückkehren. Man kann es im Winter kaum glauben, dass Kälte und Dunkelheit je wieder aufhören, dass an den kahlen Ästen je wieder junges Grün sprießen wird – und doch passiert es. Das Leben ist ein Wunder.

Bernd und ich waren nun schon ein ganzes Jahr zusammen. Nach dem Ende seines Heimaturlaubs bei der Mutter flog er zwar wieder nach Shiraz auf seine Großbaustelle, aber wir telefonierten fast täglich und gaben Unsummen dafür aus.

Ich selbst wohnte erst noch ein paar Wochen bei den Södermanns. Durch die Vermittlung Gunhilds bekam ich einen Job beim Musikverlag Bärenreiter, wo ich mit meinen guten Englischkenntnissen sofort als Fremdsprachensekretärin anfangen konnte. Mit meinem ersten eigenen Gehalt konnte ich mir dann eine gemütliche Zweizimmerwohnung in einem Vorort nehmen.

Es war das erste Mal, dass ich alleine wohnte und niemandem Rechenschaft schuldig war.

Ich war inzwischen vierundzwanzig Jahre alt und genoss meine neue Freiheit wie ein Adler, der endlich fliegen gelernt hat. Mit Södermanns verband mich nach wie vor eine herzliche Freundschaft, und oft war ich bei ihnen zum Essen oder zu Hauskonzerten eingeladen. Endlich führte ich das Leben, von dem ich immer geträumt hatte: Ich war unabhängig, verdiente mein eigenes Geld, hatte beruflichen Erfolg, nette Kollegen, Freunde. Ich spielte wieder Tennis, sang im Chor, aber das Beste war: Ich war bis über beide Ohren verliebt! Vielleicht war es sogar gar nicht so schlecht, dass Bernd im geheimnisumwitterten Orient weilte und ich in einem Vorort von Kassel, denn so konnte sich gar kein langweiliger Alltag einschleichen. Den ganzen Tag freute ich mich auf den Abend, wenn das Telefon klingeln würde.

Unsere Sehnsucht nacheinander wurde mit jedem Telefonat größer, und eines Tages machte Bernd mir den Vorschlag, dass wir uns auf halber Strecke, nämlich in Istanbul, treffen könnten.

Nachdem ich immer noch Meilen bei der Lufthansa gut-hatte und auch sonst keine ängstliche Stubenhockerin war, fachte diese Idee meine Lebensfreude erst recht an. Und so kam es, dass wir uns einmal im Monat diesen heimlichen Luxus leisteten: Wir flogen aufeinander zu, trafen uns am Bosporus, dort wo Europa und Kleinasien zusammentreffen, und verlebten ein aufregendes Kuschelwochenende im *Topkapi*-Hotel am Rande der Altstadt, nahe der Stadtmauer des alten Byzanz. Tagsüber bummelten wir durch das historische Zentrum und durch den Basar, tranken heißen, stark gesüßten Tee, feilschten mit den Händlern um Lederwaren oder handgewebte kleine Teppiche, saßen in Straßencafés und betrachteten das bunte Treiben. Bernd brachte mich immer wieder zum Lachen, und ich merkte, dass unser gemeinsamer Humor eine wichtige Voraussetzung für unsere Beziehung war.

Abends führte er mich in wunderschöne Restaurants mit Blick über den Bosporus, die berühmte Meerenge, die das Schwarze Meer mit dem Marmarameer verbindet. Er erzählte mir die Geschichte der Stadt am goldenen Horn, die im Lauf der Jahrhunderte drei Namen gehabt hatte: Byzanz, Konstantinopel, Istanbul.

Ich bestaunte die prachtvollen Villen, die verschiedene Sultane und der Geldadel dort hinterlassen hatten.

Wir besuchten den Topkapi-Palast, das Machtzentrum des Osmanischen Reiches. Die Hagia Sophia beeindruckte uns kolossal, immerhin war sie tausendvierhundert Jahre alt. Natürlich zog uns auch die Blaue Moschee in ihren Bann. Auf Strümpfen schlichen wir über den riesigen Teppich und bewunderten die prächtigen blauen Fliesen, denen dieses Bauwerk seinen Namen verdankt.

Fast ehrfürchtig starrte ich die Gläubigen an, die in Richtung Mekka gewandt beteten und dabei mehrfach mit der Stirn den Boden berührten. Sie ließen sich von den neugierigen Touristen nicht stören.

Am meisten faszinierte mich, dass die Frauen, die beten wollten, am Rand der Moschee kauerten, wobei sie sich mit der einen Hand das Kopftuch tiefer ins Gesicht zogen und mit der anderen Hand versuchten, die Kleinkinder zu bändigen, die natürlich auf dem weichen Teppich herumtollen wollten.

Die Geschlechtertrennung wurde mir hier zum ersten

Mal ziemlich krass bewusst. Aber auch sonst ernteten Bernd und ich häufig missbilligende Blicke, wenn wir Hand in Hand durch die Basare schlenderten und uns gemeinsam dem Fest der Sinne und Farben hingaben. In der Moschee hätten wir es nie gewagt, uns zu berühren. Auch ich hatte mir aus Respekt ein Kopftuch umgelegt und die Arme bedeckt. Der heilige Ernst der frommen Gläubigen flößte mir Achtung ein.

Was für einen Kontrast diese strenge alte Kultur doch zu Kalifornien bildete, das mir auf einmal oberflächlich vorkam! An Bernds Seite fühlte ich mich stark und hatte keine Angst mehr vor der Zukunft.

Hatte ich im Jahr davor deutlich mehr geweint als gelacht, war es jetzt umgekehrt.

Ich konnte und wollte mir meine Demütigung und meine Zukunftsängste gar nicht mehr vorstellen.

Zurück in Kassel ging ich leichten Herzens meiner Arbeit nach. Schon bald hatte ich eine neue beste Freundin gefunden: Marion, die zu jedermann freundlich und herzlich war und mit der ich in den Mittagspausen herrlich lästern konnte.

So war meine Welt wie durch ein großes Gottesgeschenk wieder in Ordnung.

1982–1983

Bernd und ich wuchsen immer enger zusammen, und unsere Sehnsucht steigerte sich von Mal zu Mal. Außerdem gingen unsere wildromantischen Wochenenden in Istanbul und unsere täglichen Anrufe natürlich schwer ins Geld.

»Liebste, ich möchte dich so gern bei mir haben!« Bernd sah mich mit seinen braunen Augen flehentlich an, während wir wieder mal am Flughafen in Istanbul Abschied nahmen. »Ich würde dich nie bitten, zu mir nach Shiraz zu kommen, wenn es mir nicht so ernst mit dir wäre! Versuch doch wenigstens, ein vorläufiges Besuchervisum zu bekommen!«

Schon längst hatte ich ihn gefragt, wann denn sein Job im Iran beendet sein würde, in der Hoffnung, ein stilles beschauliches Leben mit ihm in Kassel führen zu können.

Aber Bernd hatte mir stets geantwortet, dass ihn die Ferne locke, der Orient fasziniere, und dass er kein Spießer sei, der um neun Uhr ins Büro geht und um fünf Uhr wiederkommt, samstags sein Auto wäscht und sonntags im Kurpark Minigolf spielt.

Auch ich schüttelte mich bei dieser Vorstellung.

Da waren zwei Seelen in meiner Brust, die heftig miteinander rangen: Eine war immer noch von Abenteuerlust gepackt, wollte was Besonderes erleben, fremde Länder und fremde Kulturen entdecken. Sie gehörte der unkomplizierten, mutigen Katharina, die auch Falk so geliebt hatte. Übrigens vertraute ich Bernd inzwischen so sehr, dass ich ihm, wenn auch nicht die ganze Wahrheit, aber doch vieles über Falk erzählt hatte. Bernd wusste auch, dass ich nach Aussage des Arztes in der Frankfurter Frauenklinik keine Kinder mehr bekommen konnte. Doch das störte ihn nicht weiter. Im Gegenteil, ich hatte eher den Eindruck, dass er seine Freiheit und Unabhängigkeit sehr schätzte und sie allein mit mir genießen wollte.

Die andere Seele in meiner Brust sehnte sich nach Geborgenheit, nach Freunden und einem Zuhause. Es würde mir schwerfallen, schon wieder alles für einen Mann aufzugeben, um ihm ans andere Ende der Welt zu folgen.

So zögerte ich lange mit einer Zusage, und unsere Wochenend-Beziehung zog sich noch ein weiteres Jahr hin.

Dennoch wagte ich es, im Spätsommer 1983 einmal nach Köln zu fahren und beim iranischen Konsulat ein Visum zu beantragen. Durch etliche Sicherheitsschleusen gelangte ich zu einem Schalter, hinter dem eine verschleierte Dame saß. Freundlich und selbstbewusst trug ich mein Anliegen vor: »Mein Lebensgefährte arbeitet in Shiraz auf dem Bau, und ich würde ihm gern für eine Weile Gesellschaft leisten!« Ich wurde von ihr jedoch eher unfreundlich behandelt. Das war ich weder von Deutschland noch von Kalifornien gewöhnt. Statt *»yes of course, my dear«*, sagte sie gar nichts und knallte die Klappe wortlos wieder zu. Na gut, dachte ich, die muss sicher erst mal mit ihrem Chef Rücksprache halten, und dass sie mir jetzt hier einen Tee oder Saft anbietet, habe ich ja auch gar nicht erwartet. Also hockte ich mich auf ein Plastikstühlchen und machte es mir so gemütlich wie möglich.

Zwei Stunden ließ man mich in dem dunklen, fensterlosen Gang sitzen, ohne dass man mit mir sprach. Irgendwann öffnete sich die Klappe erneut, und eine weibliche Hand schnellte heraus.

»*Passport!*« Noch bevor ich mich bücken konnte, um mit der Verschleierten zu sprechen, hatte sie meinen Pass an sich gerissen und knallte die Klappe wieder zu. Ich hatte mir ein paar nette Worte zurechtgelegt, etwa, dass ich mich auch anständig benehmen würde in ihrem wunderschönen, faszinierenden Land. Dass ich mich an alle Regeln halten und keineswegs im Minirock rumlaufen würde oder so. Auch Alkohol sei mir im Grunde meines Herzens zuwider, und dass ich mich schon auf Teheran und Shiraz freue und sehr gespannt auf den Ajatollah Chomeini sei, von dem man ja so einiges höre.

Wollte sie alles gar nicht wissen.

Ich dachte an Bernd, an meine Sehnsucht nach ihm und setzte mich wieder hin.

Wieder saß ich lange im dunklen Gang auf einem der Klappstühle, die dort an der Wand aufgereiht waren, und war mir plötzlich gar nicht mehr so sicher, ob ich wirklich für ein paar Monate zur Probe in den Iran gehen wollte.

Was hatten wir im Vorfeld nicht hin und her diskutiert! Sogar mit Klementine hatte ich telefoniert. Die meisten winkten ab und hielten es für geradezu absurd, für einen Mann in so ein gefährliches Land zu gehen.

Meine Freundin Marion war ebenfalls hin- und hergerissen. Zum einen hatte sie mich lieb gewonnen und wollte mich nur ungern ziehen lassen. »Mit wem kann ich denn so herrlich tratschen wie mit dir?«

Andererseits kannte sie Bernd von seinem letzten Weihnachtsurlaub und fand ihn hinreißend. »Nimm diesen Mann und renn!«, riet sie mir wie die Södermanns, die mich schließlich mit ihm verkuppelt hatten. »Ihr beide passt zusammen wie Topf und Deckel!«

»Na ja«, wiegelte ich ab. »Wenn ich renne, muss ich mich verschleiern!«

»Das wäre aber verdammt schade um deine tollen langen blonden Haare.« Marion lächelte mich warm an. »Das wäre wirklich ein riesiger Liebesbeweis.«

Natürlich hatte ich mich eingehend über das Leben im Iran unter Ajatollah Chomeini informiert. Was wir da lasen, versetzte uns in sanftes Gruseln. Bereits 1979 war der Schah Mohammad Reza Pahlavi gestürzt worden und lebte mit seiner Frau Farah in Ägypten, wo er Unterstützung von Präsident Sadat erfuhr. In Amerika hatte er letztlich vergeblich bei Präsident Carter Zuflucht gesucht, und in Europa hatten sich vor allem der französische Präsident Valéry Giscard d'Estaing und der deutsche Bundeskanzler Helmut Schmidt gegen ihn ausgesprochen. Stattdessen wollten die Europäer das Gespräch mit dem bis dahin im französischen Exil lebenden Ajatollah Chomeini suchen. Dieser streng islamistische Geistliche, der zum damaligen Zeitpunkt schon über achtzig Jahre alt war, gründete nach der Verbannung des Schahs die Islamische Republik Iran. Das bedeutete, dass jetzt die Religionsführer die Macht übernahmen und die Gesetze des dreizehnhundert Jahre alten Korans im modernen Iran einführten. Also auch das Handabhacken bei Diebstahl, öffentliche Hinrichtungen und die Steinigung bei Ehebruch – das volle Programm.

Mir schauderte.

»Bernd, das verstehe ich nicht! Wie können die Leute sich das gefallen lassen?«

Bernd zitierte den Ajatollah Chomeini: »Die Behauptung, dass man die Gesetze des Islam außer Kraft setzen kann oder dass sie an Zeit und Raum gebunden sind, widerspricht dem islamischen Geist. Daher ist die Anwendung der Gesetze nach dem hochedlen Propheten eine ewige Pflicht.«

»Mannomann!«, sagte ich und verdrehte die Augen. Einerseits gruselte es mich, andererseits faszinierte es mich. Ich wollte wieder über den Tellerrand der Kassler Provinz hinaussehen.

»Die Gesetze des islamischen Staates sind keine Rechtsnormen, die von einem menschlichen Gesetzgeber erlassen werden dürfen, sondern entsprechen nach seiner Auffassung dem unmittelbaren Willen Gottes«, informierte mich Bernd weiter.

»Also hat der Ajatollah in etwa die Stellung des Papstes?«, fragte ich, damals noch reichlich unwissend.

Bernd nickte, aber in Wirklichkeit war der Ajatollah ungleich mächtiger. Denn dass der Papst Leute körperlich züchtigen ließ, wenn sie nicht regelmäßig zur Beichte gingen, oder Frauen zwang sich zu verschleiern, und zwar nicht nur in der heiligen Messe, sondern sobald sie ihr Haus verließen, war mir nicht bekannt. Auch wurde niemand ausgepeitscht, wenn er Alkohol trank, und von öffentlichen Hinrichtungen hatte die katholische Kirche ja dankenswerterweise auch schon länger Abstand genommen.

Dieser Vergleich war also ziemlich naiv.

War mir in der Türkei schon der krasse Kulturunterschied aufgefallen, würde ich im Iran vermutlich aus allen Wolken fallen! Wollte ich das??

Aber was blieb mir denn anderes übrig, wenn ich mit Bernd zusammen sein wollte? Ich wollte keine einsamen Nächte mehr, in denen ich in das schwarze Loch zu fallen drohte, das mein kleiner Damian in mir hinterlassen hatte. Ich wollte zu Bernd, ich gehörte zu ihm!

Wie konnte ich ihm meine Liebe besser beweisen, als ihm zu folgen?

»Du musst dich verschleiern, du darfst dich nicht schminken und dir die Fingernägel nicht lackieren. Du darfst keine hochhackigen Schuhe anziehen, von kurzen Röcken oder ärmellosen Blusen ganz zu schweigen ...«, zählte Marion die mir bereits bekannte Litanei auf.

»Ja, ich weiß, aber doch nur offiziell«, wiegelte ich ab. »Bernd sagt, zu Hause kann ich das sehr wohl, und zwar nach Herzenslust. Er sagt, dass die iranischen Frauen die tollsten Kleider samt Handtaschen und Schmuck haben, aber sie legen sie eben nur zu Hause für ihren Mann an.«

»Meine Güte, musst du verliebt sein!«

Ich grinste. »Ja, bin ich. Bernd hat mir beim letzten Mal gesagt, dass wir uns jetzt ein ganzes Jahr nicht sehen können, da er keinen Urlaub mehr bekommt. Und so oft wie wir in Istanbul waren, sind wir jetzt beinahe pleite. Ein ganzes Jahr ohne Bernd halte ich unmöglich aus.«

Marion sah mich prüfend an: »Wenn die Liebe so groß ist, bist du wirklich bekloppt, in Kassel beim Bärenreiter-

Verlag zu hocken und dein Jahresgehalt zu vertelefonieren. Dann kannst du dir auch ein blödes Kopftuch anziehen.«

»Genau!« Ich lachte. »Und einen langen Mantel. Wollte ich immer schon mal ausprobieren.«

Auch das Telefonieren war inzwischen die reinste Qual. »Stundenlang muss man auf die Vermittlung eines Anrufes warten«, erzählte ich meiner Freundin. »Und oft wird ein Telefonat, das Bernd ein halbes Monatsgehalt kostet, plötzlich rüde unterbrochen.« Ich blinzelte die Tränen weg.

Marion umarmte mich. »Dunkelbraun und dunkelblau steht dir bestimmt super.«

»Brauchst gar nicht zu lästern!« Ich sah sie trotzig an. »Und ein Feigling bin ich ganz bestimmt nicht.«

So kam es, dass ich in Köln in der iranischen Botschaft im dunklen Flur saß und auf meinen Pass wartete, den mir die Verschleierte irgendwann wortlos aus der Klappe reichte.

Ich spähte hinein. Darin prangte ein vorläufiges Besuchervisum.

Januar 1984

Im Januar war es dann so weit: Ich saß mit klopfendem Herzen in einer KLM-Maschine nach Dubai, um anschließend mit Iran Air weiter nach Shiraz zu fliegen. Meinem geliebten Bernd entgegen! Während ich aus dem Fenster starrte, überfielen mich die Erinnerungen: Wieder mal lag Frankfurt grau und verschneit unter mir, und ich flog einem fremden Land entgegen. Wieder mal lockte das große Unbekannte. Wieder mal hatte ich alle Zelte abgebrochen, um meiner großen Liebe zu folgen. Aber diesmal war ich mir sicher: Bernd war der Richtige. »Wenn nicht Bernd, wer denn dann?«, hatte ich oft zu Marion gesagt, und sie hatte mich darin bestätigt.

»Nie im Leben ist der so ein Arschloch wie Falk.« Auch ihr hatte ich inzwischen von den Vorlieben meines Ex-Manns berichtet, und Marion war der Mund offen stehen geblieben.

»Dass du den nicht anzeigst, den Perversling!«

Aber ich war schon froh, dass er in dieser Maschine nicht am Steuer saß. Zum Glück hieß dieser Pilot Hüb Kaasbrötche und hatte keinerlei Ähnlichkeit mit Falk, als er uns mit seinem holländischen Akzent launig über das Wetter in Dubai informierte und uns sechs angenehme Flugstunden wünschte.

Ich atmete tief durch und lehnte mich zurück. Diesmal flog ich nicht erste Klasse und hatte auch keine Meilen gut.

In Dubai hatte ich ein paar Stunden Aufenthalt und genoss es, durch die luxuriöse Einkaufspassage zu schlendern. Ich hätte auch über Teheran fliegen können, doch dort waren die Kontrollen sehr streng, wie Bernd mir erklärt hatte. Und von luxuriösen Einkaufstempeln konnte man dort am Flughafen nur träumen. Aber das machte mir nichts aus. Ich flog ja in den Iran, um bei Bernd zu sein, und nicht, um shoppen zu gehen. Das tat ich umso ausführlicher noch einmal hier in Dubai. Währenddessen sah ich mir die Menschen hier genau an. Durch die klimatisierten Hallen, in denen sich ein Luxus-Label ans nächste reihte, flanierten streng verhüllte Damen, die oft sogar bis auf einen schmalen Schlitz für die Augen komplett verschleiert waren. Trotzdem probierten sie Chanel-Handtaschen, Dior-Seidenkleider oder hochhackige Lackschuhe an, die so viel kosteten wie bei uns in Kassel ein Kleinwagen.

Nach ein paar unterhaltsamen Stunden, in denen ich mir eine letzte köstliche kalte Cola und ein Sandwich gönnte, schlenderte ich zum Gate nach Shiraz.

»Die Maschine ist nun zum Einsteigen bereit.«

Na bitte. Mein Herz hüpfte. In einer Stunde würde ich meinen Bernd in die Arme schließen! Unruhe machte sich unter den Passagieren breit. Handgepäck wurde hervorgekramt, Frauen zogen Tücher und bodenlange Mäntel hervor, es flatterte und knisterte. Aus farbenfrohen Frauen wurden schwarze Schatten. Kopftücher legten sich um prachtvolle schwarze Mähnen, umschlossen weibliche Gesichter wie Bilderrahmen. Interessant!, dachte ich, während ich dem faszinierenden Schauspiel gebannt zusah. Es wirkte wie ein einstudiertes Spiel. Jeder Handgriff saß. Haarsträhnen wurden unter die Tücher gestopft, Gesichter mit feuchten Tüchern von Make-up befreit, Lippenstift abgewischt, hohe Schuhe gegen flache Treter vertauscht. Die Frauen wirkten plötzlich kleiner und runder. Kinder lachten über die plötzliche Verwandlung ihrer Mütter, Männer schauten reglos zu. Ich lächelte. Respektvoll, freundlich. Okay, ihr Lieben. Es wird spannend. Wir reisen in euer geheimnisvolles Land. Nur zu! Ich bin dabei.

Erwartungsvoll gesellte ich mich zu den einsteigenden Passagieren und nickte einer Frau höflich zu, um sie und ihre drei kleinen Kinder vorzulassen.

»Boarding pass, please.«

»Hier, bitte schön.« Ich lächelte den jungen uniformierten Araber freundlich an. Dieser hob erst den Blick und dann auch noch die Augenbrauen.

»So können Sie nicht in den Iran einreisen, Miss.« Er musterte mein Outfit, das für mich ganz normal war: Sweatshirt, Blazer, Jeans und Stiefel. »Treten Sie bitte zur Seite.«

Ich wurde knallrot. Mist. Gleich als Erstes ein Fettnäpfchen. Hastig kramte ich meinen langen schwarzen Mantel aus dem Gepäck und schlang mir ein zugegeben buntes, riesiges Kopftuch um den Kopf. Mit einer energischen Geste band ich es unterm Kinn.

»*Sorry* …« Ich lächelte schüchtern, und der junge Mann sagte ebenfalls »*Sorry*« und lächelte – na ja, irgendwie mitleidig, aber das bildete ich mir bestimmt bloß ein. Bereitwillig gab er mir meine Bordkarte zurück. *»Have a nice flight, Miss.«*

Diese Maschine war schon wackeliger. Die Sitze waren zerschlissen, Anschnallgurte fehlten oder waren kaputt, Abfall lag auf dem Boden, es roch gewöhnungsbedürftig.

Der Pilot murmelte etwas durch knarrende Lautsprecher, und zu meiner Überraschung sah ich, wie die Leute um mich herum beteten. Manche warfen sich sogar in den Mittelgang, um mit der Stirn den Boden zu berühren. Eigentlich eine schöne Geste, dachte ich von kribbelnder Vorfreude erfüllt. Plötzlich erfasste mich ein ungeheures Glücksgefühl. Ich hatte mich getraut! Welches achtundzwanzigjährige Mädel konnte das schon von sich behaupten? Die tun einem doch nichts!, dachte ich, als wir endlich über das Rollfeld rasten und abhoben. Die sind halt nur sehr fromm, und das ist doch erst mal nichts Schlechtes! Allahu akbar! Gott ist groß! Der Meinung war ich doch auch, sonst hätte ich doch nicht Bernd getroffen und eine neue Chance bekommen. Ich war am Ende, als meine Eltern starben, erst recht als mein kleiner Sohn starb. Trotzdem ging es weiter mit mir. Gott hatte einen Plan. Und zwar einen guten. Das Leben war ein Wunder.

Plötzlich verloren wir an Höhe, und ich schob den braunen Vorhang zur Seite. Als ich aus dem Fenster sah, entdeckte ich ein flirrendes Lichtermeer: Shiraz. Dahinter schwarz gezackte Gebirgsketten, die Schneehäubchen darauf waren nur zu erahnen. Der schmuddelige Vorhang vor meinem Gesicht muffelte. Ob sich die Passagiere damit die Nase putzten oder Schlimmeres? Vor lauter Angst und Aufregung überkam mich eine beklemmende Übelkeit. Das da unten sollte nun fürs Erste meine Heimat sein, und irgendwo wartete jetzt mein Bernd.

Ich blies die Backen auf und ließ hörbar Luft entweichen, als wir krachend aufsetzten und über eine mitgenommene Landepiste holperten. Manche Frauen und Kinder schrien panisch auf. Dieser iranische Kollege hätte mal eine Flugstunde bei Falk nehmen sollen! Doch als wir endlich standen, brachen sie in frenetischen Beifall aus, heulten und lachten. Wieder riefen einige Passagiere Allah an und dankten ihm für den prima Kurzflug. Ich lächelte. Eine Gänsehaut überzog mich. Jetzt! Jetzt begann es, mein großes Abenteuer! Ich war im tiefsten Orient! Hierher verflog sich kein Tourist! Ich war mittendrin! Bernd! Bernd wartete da draußen! Ich sprang auf, knallte mit dem Kopf ans Gepäckfach, das von selbst aufgesprungen war und konnte gerade noch verhindern, dass mir mein Koffer ins Genick krachte. Ich konnte mich kaum beherrschen, mich nicht rüde vorzudrängeln und als Erste die Maschine zu verlassen!

Es war sehr später Abend in Shiraz, die Luft kühl, aber nicht kalt. Sofort drang mir der stechende Geruch nach Abgasen in die Nase. Mit wackeligen Knien stolperte ich hinter den verschleierten Frauen her, die wiederum ihre Kinder hinter sich herzogen. Es war ein Bild wie aus 1001 Nacht. Ja, da war es wieder, dieses Gefühl von Freiheit und Abenteuer, von Pioniergeist und leidenschaftlicher Liebe! So leichtfüßig es mit dem langen Mantel eben ging, sprang ich die letzten Stufen der Gangway hinunter.

So. Uff. Nun betrat ich also iranischen Boden. Zum ersten Mal in meinem Leben.

Es roch unbeschreiblich. Nach Smog und Diesel, aber auch nach exotischen Blüten und betörenden Gewürzen. Ein schwerer fremder Duft verwirrte meine Sinne. Gänsehaut pur! Ich und der Iran. Nein, falsch herum: Der Iran und ich. Wir würden Freunde werden, ganz sicher. Ich überließ mich dem Strom der Passagiere. Interessant, dass die Mütter, die schon den Stress mit den Kopftüchern und bodenlangen Mänteln hatten, die Kleinkinder trugen. Die Männer trugen das Handgepäck. Und die Verantwortung. Klar.

In der Ankunftshalle wimmelte es nur so von Menschen. Ohrenbetäubendes Schreien und Johlen empfing mich. Erst dachte ich, es wäre etwas Schreckliches passiert, ein Überfall oder ein Bombenangriff. Aber es waren einfach nur die Freudenschreie der Wartenden, die ihre Lieben entdeckt hatten! Pro Passagier standen gefühlte fünfzig bis achtzig Leute hinter der Sperre. Gepäckträger in ihren schmutziggelben Uniformen stürmten herbei, sobald sie ein Opfer erspäht hatten. Sie stritten wie die Kesselflicker, um Pappschachteln und Koffer zu erhaschen. Ein gellender Pfiff ertönte.

Da! Da stand er! Mein Bernd! Inmitten der lärmenden Abholer. Wie gern wäre ich losgerannt und ihm jubelnd in die Arme gefallen!

Aber ich zwang mich zu tugendhaftem Benehmen. Nicht rennen, nicht laut lachen, nicht »Juhu!« schreien, das hatten wir alles im Vorfeld schon besprochen. Der Ajatollah möchte das nicht, und wir halten uns daran. Außerdem musste ich erst noch durch die Passkontrolle. Mein Herz raste. Ein bärtiger junger Mann, dessen dunkelblaues Hemd bis zum Adamsapfel zugeknöpft war, fragte auf Englisch nach dem Grund meines Aufenthaltes. Er hatte so buschige Augenbrauen, dass man Stiefmütterchen darin hätte anpflanzen können. »*To visit my hus-*

band«, gab ich eifrig Auskunft. Bernd und ich waren zwar noch nicht verheiratet, trugen aber bereits Ringe. Denn unverheiratete Paare waren im Iran nicht so gern gesehen. Was eine milde Untertreibung war. Auf unverheiratetes Zusammenleben stand derzeit die Todesstrafe, aber Bernd hatte mir versichert, bei Ausländern werde da ein Auge zugedrückt. Hoffentlich hatte er »zugedrückt« gesagt! Und nicht »rausgedrückt!«

Die iranischen Zöllner, die mein Gepäck kontrollierten, waren sehr jung, hatten aber schon reichlich Bartwuchs. Die Burschen trugen mit Stolz Vollbart und Maschinengewehr, zum Zeichen, dass sie treue Gefolgsleute Chomeinis waren. Ihre Hunde machten auch nicht den Eindruck, gestreichelt werden zu wollen. Schwer beeindruckt blätterten sie in meinem Pass herum, der sich mit seinen vielen Einreisestempeln durchaus sehen lassen konnte! Es war fast kein freies Fleckchen mehr für das Iran-Visum frei gewesen! Wahrscheinlich hatte es deswegen so lange gedauert auf dem Konsulat: Die hatten erst mal überall angerufen und meine Nicht-Geheimagentin-Tätigkeit gecheckt. Ich war schon wieder voll versöhnt mit den Iranern.

Zur Leibesvisitation in einer Art geschlossener Kabine wurde ich einer weiblichen Kontrollperson im Tschador übergeben, die mit ihrem Suchgerät an meinem Körper auf und ab fuhr. Da es ständig piepste, musste ich so ziemlich alles ablegen, was ich am Körper trug. Leider war auch sie kein bisschen freundlich, was die Peinlichkeit sicherlich überspielt hätte. In Amerika hätte die Beamtin in ihrer Uniform kaugummikauend gesagt: »Wo hast du den steilen BH her, Schätzchen?«, oder sogar noch anerkennend an meinen Brüsten gewippt: »Sind die echt?« Aber diese hier war nicht zu solchen Schwänken aufgelegt.

Mit undurchdringlicher Miene bedeutete sie mir, meine Kosmetikartikel zu öffnen. Es war ja wirklich nicht so, dass ich superteure Cremes dabeigehabt hätte. Ich hatte nur Nivea und solche harmlosen Sachen mit, aber da kannte sie nichts. »Aufmachen!«

»Aufmachen? Wie? Die Dose?«

Sie machte eine Geste, die ich als »Abreißen, wegmachen!« interpretierte.

»Was? Das Papier? Wollen Sie mal probieren? Hier, gern …« Mit zitternden Fingern entfernte ich die Schutzfolie, da riss sie mir den Tiegel schon aus der Hand.

»Oh, bitte! Riecht gut, was?«

Sie wollte allerdings gar nicht daran riechen. Die machte Ernst! Mit ihrem schmutzigen Zeigefinger fuhr sie in meiner frischen Creme herum, als suchte sie nach versteckten Diamanten oder so. Angewidert wischte sie den Rest am Tschador ab. Bernd hatte mir erzählt, dass die Leute tatsächlich Schmuck in den Iran schmuggelten, um sich oder einen nahestehenden Menschen im Iran freikaufen zu können. Auch Alkohol wurde ins Land geschmuggelt, und der war streng verboten. Von daher konnte ich ihr auch wieder nicht böse sein. Sie tat ja nur ihre Pflicht. Wenn ich es nur nicht so eilig gehabt hätte, zu meinem Bernd zu kommen!

Ich musste noch meine Zahnpastatube komplett ausdrücken – doof eigentlich, denn ich hatte keine zweite dabei! – und meine Haarbürste reinigen, um ihr zu beweisen, dass ich auch in alten Haarbüscheln keine Diamanten versteckt hatte. Mein Duschgel und Shampoo musste ich komplett ausgießen. Das war ein bisschen unerfreulich und verdarb mir die euphorische Stimmung. Auf meine bescheidenen Fragen, was sie denn suche, und womit ich ihr helfen könne, reagierte sie nicht. Später erfuhr ich, dass jedwede Art von Seife, Shampoo, Zahnpasta, Duschgel und Waschmittel verboten war, weil das alles nicht im Koran vorkam. Es kam nur Wasser darin vor, und das war erlaubt.

Mit einer herrischen Geste gab sie mir zu verstehen, dass ich mich wieder anziehen sollte. Ich kam mir gedemütigt und blöd vor, sie hatte immerhin in meinen Schlüpfer gespäht und meinen BH nach außen gestülpt, ohne selbst auch nur das kleinste bisschen ihrer Verkleidung abzulegen. Aber ich war schließlich nicht als neugierige Touristin hergekommen, sondern als liebende Verlobte – äh, Ehefrau –, die ihrem Mann von nun an nicht mehr von der Seite weichen wollte. Ich stopfte meine blonden Haare unter das Kopftuch und drehte mich in meinem bodenlangen Mantel einmal um die eigene Achse.

»So. Kann ich jetzt gehen?«

Die Unfreundliche zog mir noch mit einem Ruck das Kopftuch tiefer ins Gesicht und scheuchte mich anschließend weiter.

»Ihnen auch noch einen schönen Abend«, murmelte ich, aber dann hielt mich nichts mehr: Mit einem unterdrückten Freudenschrei fiel ich meinem Bernd in die Arme.

Bernd reagierte seltsam abweisend, hielt mich gleich ein Stück von sich ab und befreite sich von meiner Hand. »Hier nicht!«, murmelte er bloß, nahm meinen Koffer und bahnte sich einen Weg durch die Menge. Wir hatten noch keine drei Sätze gewechselt, da ertappte ich mich schon dabei, wie ich demütig drei Schritte hinter ihm herlief wie die anderen Frauen ihren Männern! Schneller kann gar keine Umerziehung stattfinden!

Die Taxifahrer, die vor ihren gelben Wagen warteten, stürzten herbei und balgten sich um meinen Koffer. »*Do you speak English?*«, fragte Bernd, bis er einen von ihnen akzeptierte.

Wir rannten hinter ihm her durch die laue Abendluft, die Zikaden lärmten. Sein Wagen parkte am Ende der langen Reihe. Wieder eilte ich, mein Kopftuch haltend, mit wehendem Mantel hinter den Männern her, als wäre es das Selbstverständlichste von der Welt.

Während das Taxi sich durch Lärm und Smog schlängelte, schluckte ich einen riesigen Kloß hinunter. Erst jetzt nahm Bernd meine klamme Hand: »Kathi, Schatz, ich habe dir doch gesagt, dass Zärtlichkeiten in der Öffentlichkeit nicht gern gesehen werden!« Sein bis dahin finsterer Blick hellte sich auf. Schweigend starrte ich aus dem Fenster.

Vor lauter Enttäuschung über seine abweisende Art hatte sich mein Magen schmerzhaft zusammengekrampft. Liebte er mich etwa nicht mehr? Was die Leute dachten, war ihm doch bisher herzlich egal gewesen! Mein starker, tapferer Bernd – ein feiger Opportunist?

Enttäuscht zog ich einen Schmollmund und rückte von ihm ab.

»Na ja, wir haben ja nicht gerade geknutscht oder so! Wir werden uns doch wohl noch umarmen dürfen als EHEPAAR!«

»Ich möchte dich nur ungern enttäuschen, aber so sind

nun mal die Fakten.« Bernd schob mir zärtlich das Kopftuch aus der Stirn, strich mir über die verschwitzten Haare und beugte sich zu mir, um mir einen Kuss auf die Wange zu geben. Die Blicke des Taxifahrers ignorierte er tapfer. Ich genoss seine Wärme, seinen vertrauten Duft. Endlich löste sich meine Verkrampfung.

»Was für ein seltsames Land, in dem Wiedersehensfreude nicht gern gesehen wird!«

Dabei hatten die doch alle gejubelt, als hätten sie im Lotto gewonnen!

»Du wirst noch vieles seltsam finden, Kathi, aber lass dich einfach darauf ein. Der Iran ist ein großartiges Land. Du wirst ihn lieben!«

»Hauptsache, ich darf DICH lieben!«

Wir sahen uns zärtlich an, und er streichelte unablässig meine Hand, die neben ihm auf dem speckigen Sitz lag. Sofort war ich viel besser drauf. Es ging doch nichts über das Zusammensein mit meinem geliebten Bernd.

»Der Iran ist wirklich ein prächtiges Land«, sagte der Taxifahrer plötzlich in ganz passablem Englisch. »Ich bedauere sehr, dass mein Land zurzeit nicht gerade besucherfreundlich ist.«

Oh. Der klang ja richtig menschlich! Er drehte sich um und schenkte uns ein warmherziges Lächeln. »Shiraz ist eine wunderschöne Stadt. Genießen Sie es hier, und seien Sie herzlich willkommen!«

Ach, tat das gut! Nicht alle Menschen hier schienen unfreundlich, herrisch oder gemütsarm zu sein.

»Danke, das ist sehr liebenswürdig!«

Ich drückte Bernds Hand. »Ich bin sicher, dass ich mich hier sehr wohlfühlen werde!«

Mein Blick glitt über die breiten Boulevards, die spärlich beleuchteten Fenster, die Straßenlaternen, die größtenteils nicht in Betrieb waren, und die fast leer gefegten Straßen. Nur manche Stellen waren belebter und in das Licht geöffneter Läden getaucht, aus denen schwarze Schatten mit gefüllten Einkaufstüten huschten. Ein Motorrad mit zwei Polizisten flitzte an uns vorbei und bahnte sich rücksichtslos seinen Weg durch die Menge. Da stand ein Polizeijeep, neben dem drei Revolutionsgardisten lehnten. Die Furcht, die der Anblick bei mir auslöste, hielt sich auch noch, nachdem unser Taxi den Jeep längst hinter uns gelassen hatte. Mein Kopf schnellte herum, und ich spähte noch lange durch die Rückscheibe, schutzsuchend an Bernds Schulter gelehnt. Ich hatte den Eindruck, dass sich die ganze Stadt in eine militärische Zone verwandelt hatte, in der wachsame Augen stets auf Beobachtungsposten, Schusswaffen und Schlagstöcke immer einsatzbereit waren.

»Das sieht alles schlimmer aus, als es ist.« Bernd drückte beruhigend meine Hand. »Wir kommen jetzt in ein ruhigeres Gebiet. Unsere Wohnung liegt in einem noblen Vorort. Sie wird dir gefallen.« Tatsächlich. Wir kamen in eine einsamere Gegend. Ab und zu glitt ein Auto durch die Nacht, das so aussah, als hätte es sich verfahren.

»Nicht viel los heute, was?«, sagte Bernd zum Fahrer, um die Stimmung aufzulockern.

»Morgen ist Freitag«, informierte uns der Taxifahrer. »Der Tag des Gebets.«

»Jetzt sind wir gleich da. Schau, an dem Café an der Ecke mit den braunen Holztüren und den grünen Fensterläden kannst du dich orientieren, wenn du einkaufen gehst. Und hinter der Eisenwarenhandlung mit den Rollläden, auf die eine arabische Parole samt dem Gesicht des Ajatollahs aufgesprüht ist, geht es rechts rein.«

Ich prägte mir alles gut ein, auch das Bekleidungsgeschäft gegenüber, in dem kopflose Schaufensterpuppen standen, die keine Busen unter ihren langen schwarzen Mänteln hatten. Köpfe und Busen schienen unerwünscht zu sein.

Bald darauf hielten wir vor einem feudal aussehenden Haus mit einer blauen Eingangstür. Bernd bezahlte den Taxifahrer, und dieser entblößte zum Abschied lächelnd einen Goldzahn: »Ich wünsche Ihnen alles Gute und hoffe, Sie werden sich wohlfühlen!« Ich wollte ihm die Hand geben, merkte aber, dass auch das nicht vorgesehen war. Bernd öffnete einladend die riesige Haustür. »Ich würde dich ja über die Schwelle tragen, aber das sieht man hier nicht so gern.«

Nachdem ich tief Luft geholt hatte, betrat ich das hochherrschaftliche Treppenhaus.

Ich stand in einer riesigen Lobby unter einem Kuppeldach. In den Marmorboden war ein Becken eingelassen. Schwarze Düsen zeugten davon, dass hier früher ein Springbrunnen geplätschert hatte. Es roch nach feuchtem Stein und ein bisschen nach Moschus. Angespannt lächelte ich Bernd an.

»Und wer wohnt hier?« Flüsternd zeigte ich auf die Wohnungstür im Erdgeschoss.

»Zurzeit niemand. Die Familie, die bis vor Kurzem dort gelebt hat, wurde abgeholt.«

Bernd legte einen Finger auf die Lippen und schleppte meinen Koffer in den ersten Stock.

Mit Unbehagen trippelte ich hinter ihm her. »Abgeholt.« Das klang ja nach Drittem Reich! Ich versuchte, das alles zu verdauen. Nicht urteilen!, hatte ich mir vorgenommen. Erst mal alles auf dich wirken lassen. Keine Angst haben. Dir wird nichts passieren. Mit Ausländern gehen sie sehr respektvoll um, hatte Bernd gesagt.

»Da sind wir!« Bernd schloss die Tür auf und ich sah mich staunend um. Diese Wohnung war ja riesig! Meine Schritte hallten auf dem Marmorfußboden, als ich durch die Diele schritt. An den Wänden hatten schwere Bilder gehangen, ich sah die hellen Stellen an den dunklen, mit Ornamenten verzierten Samttapeten. Mir verschlug es die Sprache, als ich die Ausmaße dieses Luxusappartements sah. Es roch nach altem Holz, fast wie in einem Museum.

Das Wohnzimmer war riesig, nur Möbel gab es kaum: ein einfaches Sofa, ein Esstisch von gigantischen Ausmaßen und mindestens zwanzig mit prächtigem Brokat bezogene antike Stühle, die aus einem Fürstenpalast hätten stammen können.

»Gibst du hier jeden Abend Dinnerpartys?«, fragte ich beeindruckt.

Bernd lachte. »Nein, ich wohne hier ganz allein. Aber bis vor wenigen Jahren hat hier ein entfernter Verwandter von Farah Diba gewohnt. Der hat hier bestimmt rauschende Feste gegeben. Sieh nur hier, das Tanzparkett!« Mit dem Fuß schob er einen gigantischen handgeknüpften Teppich in Purpurfarben zur Seite.

»Bis vor wenigen Jahren«, murmelte ich.

Bernd warf die Hände in die Luft: »Tja. Jetzt haben wir Ausländer das Vergnügen, solche Paläste bewohnen zu dürfen. – Komm, ich zeige dir das Bad.«

»Das ist ja der Wahnsinn!«, entfuhr es mir. Eine einzige Marmorpracht, goldene Wasserhähne, eine riesige Badewanne, in der eine ganze Familie herumplanschen konnte, Bidet, Dusche, feinste italienische Fliesen, die mit edlen Ornamenten verziert waren. Mit offenem Mund schaute ich mich um.

Überall Rosen, Lilien und arabische Symbole, die ich nicht deuten konnte. Es war ein Bad wie aus tausendundeiner Nacht. Und es duftete auch so: nach Sandelholz, Honig, Rosenwachs und Lilientau oder so. Hier hatte sich bestimmt so mancher Sultan von seinen Haremsdamen den Hobel blasen lassen. Ups! Was waren das denn für unschickliche Gedanken! Bernd schien sie gelesen zu haben, und ich errötete.

»Hättest du Lust auf ein Bad zu zweit?« Bernd drehte bereits an den goldenen Wasserhähnen. Dann wirbelte er herum und befreite mich von meinem Mantel, dem Kopftuch und dem Blazer. Mich durchströmte unbändige Lust! Nachdem wir so keusch verschleiert und zugeknöpft gewesen waren, kam mir unser Handeln jetzt extrem sinnlich vor! Irgendwie noch aufregender als sonst! Verbotener! Ja, die wussten schon, wie es ging, die Perser und Perserinnen!

Wir liebten uns in der Badewanne, und dann noch einmal im prächtigen, damastbezogenen Bett. Und als wir Hunger und Durst bekamen, verzogen wir uns in flauschigen Bademänteln in die herrschaftliche Küche, in der sogar eine moderne Waschmaschine und Spülmaschine standen. »Alles extra für meine Liebste angeschafft«, sagte Bernd grinsend. »Du sollst dich hier fühlen wie zu Hause. Nur Hauspersonal haben wir keines.«

»Um Himmels willen, ich bin froh, wenn ich mit dir allein bin!«

Wir speisten, was Bernd an Köstlichkeiten besorgt hatte: Schafkäse, Oliven, herrlich reife Tomaten, eine köstliche Kichererbsenpaste, erfrischenden Minz-Joghurt, Gurken und warmes, knuspriges Weißbrot. Oh, es schmeckte so fantastisch, dass ich sämtliche Schüsseln mit Brot auswischte.

Mit einem samtigen Rotwein verzogen wir uns anschließend auf die Dachterrasse, wo ein angenehm erfrischendes Lüftchen wehte. »Schau, diese Bergkette wird morgen früh so in der Morgensonne leuchten, dass du geblendet sein wirst von all der Schönheit!«

Ich kuschelte mich in die Wolldecke, die Bernd mir fürsorglich um die Schultern gelegt hatte, und legte die nackten Füße auf das Balkongeländer, von dem der violette Philodendron bis in den Hof wucherte: Es roch einzigartig nach Liebe, Orient und Abenteuer. Der Mond blitzte hinter einem stark verästelten Baum hervor, dessen silbrige Blätter raschelten. In diesem Moment kamen mir fast die Freudentränen. »Oh, Bernd, ich glaube, ich war noch nie im Leben so glücklich!«

»Und ich erst, meine wunderschöne geliebte Frau! Meine Einsamkeit hat endlich ein Ende, und dafür danke ich Allah.«

Er wischte mir mit dem Daumen die Tränen weg, zog mich an sich und küsste mich. Dann packten mich seine starken Arme und trugen mich zum Bett, wo er mich fürsorglich in eine Decke hüllte. Er strich mir eine Strähne aus dem Gesicht und küsste mich auf die Nasenspitze.

»Morgen ist Freitag, der islamische Feiertag. Wir können schlafen, so lange wir wollen, und dann lieben wir uns, frühstücken, und anschließend zeige ich dir die Stadt!«

Mit einem seligen Lächeln auf den frisch geküssten Lippen schlief ich in seinen Armen ein.

Ich träumte, ich wäre eine persische Märchenprinzessin neben ihrem Geliebten aus tausendundeiner Nacht.

Merkwürdiges Geheul weckte mich bereits vor Morgengrauen. Es war, als weinte und jammerte jemand kläglich direkt auf unserer Dachterrasse. Nein, er weinte nicht! Er sang! Ich lauschte andächtig. Der Muezzin der nahe gelegenen Moschee rief zum Gebet! Ich schaute zum Fenster. Die blaugrüne Kuppel vor der atemberaubenden Gebirgskulisse schimmerte im Licht der ersten Morgenröte. Oh wie aufregend! Ein Blick auf meinen schlafenden Liebsten, der sich offensichtlich schon daran gewöhnt hatte, sagte mir, dass er sich nicht im Schlafanzug betend auf den Bettvorleger warf, wie es wohl jetzt Millionen Männer und Frauen in dieser Stadt taten. Vor Sonnenaufgang wurde man zum ersten Mal ans Beten erinnert, insgesamt fünfmal am Tag. Verzückt lauschte ich den lang gezogenen Silben der wohlklingenden Männerstimme, aus denen ich bald das Wort »Allah« heraushören konnte. Die Melodieführung faszinierte mich. Der Muezzin hatte eine ausgebildete Stimme mit einem angenehmen Vibrato. Sein Gesang hallte von den Häuserwänden wider, sodass mir ganz feierlich zumute wurde. Wie merkwürdig und unmelodiös musste den Muslimen in Deutschland das Scheppern der Kirchenglocken vorkommen, so ganz ohne Text!

Natürlich wusste ich ungefähr, was der Muezzin sang:

»Allah ist groß, Allah ist der einzige Gott, eilt zum Gebet, beten ist besser als schlafen!«

Na gut, da gingen die Meinungen auseinander. Wohlig seufzend kuschelte ich mich noch einmal an meinen Liebsten. Doch keine Stunde später, kurz nach Sonnenaufgang, ging der Gesang wieder los, und meine Aufregung war größer als die Müdigkeit. Wie ein Kind, das am Geburtstag um nichts in der Welt im Bett bleiben möchte, sprang ich auf, trat auf die Dachterrasse und bestaunte noch einmal das Bergpanorama und die Moschee vor strahlend blauem Himmel. Die Blütenpracht in den benachbarten Gärten rundete dieses märchenhafte Panorama ab. Nur an der gegenüberliegenden Hauswand kränkelte neben dem Bild Chomeinis ein Kakibaum, der seine nackten Äste flehend zum Himmel gestreckt hatte, so als hätte der Ajatollah ihm verboten zu blühen. Doch das war der einzige Schatten, der auf die orientalische Pracht fiel. Schmetterlinge schaukelten durch die Nachbarhöfe, in denen ich plätschernde Springbrunnen und üppige Geranien ausmachte. Eine Katze legte sich wohlig auf den von der Morgensonne gewärmten Marmor und leckte sich das Fell. Ich meinte, sie bis zu mir schnurren zu hören. Ein paar Wölkchen schoben sich vor die Sonne, wodurch der Ajatollah auf der gegenüberliegenden Hauswand noch grimmiger dreinsah, aber dann kehrte die Sonne zurück und tauchte das schneeweiße Bergmassiv in so gleißendes Licht, dass ich die Augen zusammenkneifen musste. Hier würde ich mich wohlfühlen, das wusste ich. Ich duschte inmitten der Marmorpracht des Luxusbads und machte uns in der riesigen Küche Frühstück.

»Oh, Bernd, ich bin so gespannt auf das Leben hier!«

Gemütlich aneinandergekuschelt knabberten wir an Fladenbrot mit Rosenblütenmarmelade und tranken stark gesüßten Tee. Dazu gab es Joghurt mit Pistazien.

»Was willst du zuerst sehen?«

»Den Palast der Farah Diba!«

Natürlich hatte ich davon gelesen und auch prächtige Farbfotos in Klementines Klatschblättern gesehen. Diesen letzten Hauch von Kaiserreich wollte ich noch erhaschen.

Aber anscheinend hatte ich da was verwechselt.

»Der ehemalige Schah-Palast und seine Gärten befinden sich in Teheran, nicht in Shiraz. Und das ist eine Tagesreise von hier entfernt. Aber tröste dich: Von der einstigen Pracht ist nicht viel übrig geblieben.«

Ich war fassungslos. »Warum ist diese feudale Pracht denn so brutal zerstört worden?«

Bernd erklärte es mir: »Der Mudschtahid, also der Gott zugewandte Fromme, hat keinen Platz für Luxus. Chomeini besitzt ein solches Charisma, dass er tatsächlich Millionen von Menschen, und gerade auch junge Leute davon überzeugt hat, in seinem spartanischen Stil zu leben: keine Farben, keine Kunst, kein Alkohol, keine äußerlichen Ablenkungen wie Bilder oder Musik. Nur das Gebet und die strengen Regeln eines frommen, züchtigen Lebens, die mit drastischen Maßnahmen durchgesetzt werden.«

»Du meinst die Scharia?« Ich wollte eigentlich nicht auf dieses schreckliche Thema zu sprechen kommen, andererseits beunruhigte es mich sehr.

»Ja. Wie gesagt: Auf Ehebruch steht Steinigung, auf Diebstahl das Abhacken der Hand, und für vergleichsweise harmlose Delikte wie das Trinken oder der Besitz von

Alkohol steht öffentliches Auspeitschen. Und natürlich droht einem offenen Regimegegner Folter und Tod.«

»Mein Gott, das ist ja entsetzlich!« Ich schlug mir die Hände vors Gesicht.

»Aber das betrifft uns nicht, Liebes.« Bernd lächelte mich tröstend an. »Lass uns jetzt nicht gleich an unserem ersten Tag die Stimmung verderben. Wir sind keine Muslime, sondern Ausländer, die ihnen beim Bau eines modernen Kraftwerks helfen. Wir werden geachtet und in Ruhe gelassen, solange wir uns an ihre Regeln halten. – Außerdem sind die Zeiten der drakonischen Strafen vorbei. Man wollte die Leute anfangs nur abschrecken, um ihnen zu zeigen, wo der Hammer hängt.«

»Also kein Ehebruch?«, scherzte ich. »Dann kann ich dich ja unbesorgt auf deine Baustelle lassen.«

Aber Bernd antwortete ganz ernsthaft: »Da arbeiten sowieso nur Männer. Aber apropos Sehenswürdigkeiten: Hier in Shiraz gibt es den prächtigen Eram-Garten. Auch er wurde für Fürsten und Könige angelegt – du wirst begeistert sein.«

Meine Stimmung hellte sich sofort auf. Uns würde schon nichts passieren. Außerdem würde ich erst mal hauptsächlich zu Hause bleiben.

Der Eram-Garten war noch in all seiner Üppigkeit erhalten. Wir lustwandelten durch das duftende Blütenparadies, umschwirrt von bunten Schmetterlingen, denen die Revolution nichts hatte anhaben können. Mir wurde klar, dass Bernd diesen Ort mit Bedacht gewählt hatte: Er war sicherlich einer der schönsten der ganzen Stadt. Natürlich trug ich wieder mein volles Ornat: bodenlanger schwarzer Mantel, flache Turnschuhe und ein tief ins

Gesicht gezogenes Kopftuch. Vorsichtshalber hatte ich auch mein schulterlanges blondes Haar zu einem strengen Dutt gebunden und es zusätzlich mit einem Haarreif gebändigt. Auf keinen Fall wollte ich unangenehm auffallen, auch nicht durch eine vorwitzige Locke. Nein, ich würde dieses Land und seine Sitten und Gesetze respektieren, so wie ich es von meinen Eltern gelernt hatte. Besonders mein Vater war immer ein Verfechter von Weltoffenheit und Toleranz gewesen, und seine diplomatische Einstellung hatte ihm Tür und Tor geöffnet.

Schon bald interessierten mich weniger die Blumen als die zahlreichen Familien, die hier spazieren gingen. Inzwischen war der Gottesdienst in der Moschee beendet, und man frönte der Freizeit.

Die Männer schritten stets voraus, alle mit langen Bärten und hochgeschlossenen Hemden unter ihren Turbanen oder Gebetskappen. Dann folgten die Kinder, die wie überall auf der Welt fröhlich herumtobten, und zuletzt kamen die streng verhüllten Mütter. Viele hatten auch ihr Gesicht komplett verschleiert. Vor allem bei Brillenträgerinnen sah das interessant aus. Ich stellte mir das ziemlich mühsam vor, auf jeden Fall gewöhnungsbedürftig.

»Meinst du, die tun das freiwillig?«, flüsterte ich Bernd zu, der mich schon mehrmals daran gehindert hatte, die Blumen zu fotografieren. »Im Islam ist das Fotografieren nicht gestattet. Man soll sich kein Bildnis von Gottes Geschöpfen machen.«

»Aber ich fotografiere die Frauen doch gar nicht«, verteidigte ich mich. »Nur die Blumen!«

»Fotografieren ist hier generell verboten. Steck das Ding weg. Du hättest es gar nicht erst mitbringen sollen.«

Ein Wunder, dass sie es mir bei der Einreise noch nicht abgenommen hatten!

»Manche verschleiern sich freiwillig.« Bernd zog die Hand weg, nach der ich automatisch hatte greifen wollen. »Sie fühlen sich dann sicherer und als Frau mehr geachtet.« Tatsächlich war mir schon aufgefallen, dass die Autofahrer, die oft mit atemberaubender Geschwindigkeit über die breiten Straßen rasten, für verschleierte Frauen auf die Bremse traten, was bei männlichen Fußgängern durchaus nicht der Fall war.

»Aha.« Beiläufig streichelte ich eine Katze, die über eine Mauer schlich und sofort laut schnurrte.

»Aber manche richten sich einfach nur nach der Vorschrift.« Bernd lächelte mich an. »So wie du: Der Anblick der Ehefrau ist nur dem Mann vorbehalten. Daran könnte ich mich gewöhnen.«

»Na ja, der Sex danach ist jedenfalls sensationell«, murmelte ich. »Das ist so ähnlich wie ein Geschenk auspacken. Je doller es verpackt ist, desto wertvoller kommt es einem vor.«

Jetzt musste Bernd sich beherrschen, nicht den Arm um mich zu legen. Wie ertappt zuckte er zurück und steckte seine Hände wieder in die Hosentaschen.

Na gut. Bei uns im Westen und erst recht in Amerika wurde das männliche Gehirn dermaßen mit sexuellen Reizen bombardiert, dass es längst übersättigt war. Unsere Miniröcke konnten gar nicht mehr kürzer werden, unsere Jeans gar nicht mehr enger, unsere Lippenstifte gar nicht mehr knalliger und die Brüste der Fotomodels gar nicht mehr praller.

Hier schienen Farben und Formen ausschließlich der

Natur und Bauwerken vorbehalten zu sein. Vielleicht fand man so tatsächlich leichter zu Gott?

Mir war schon auf dem Hinweg aufgefallen, dass jede Art von Werbung, wie wir sie von Litfaßsäulen und Plakaten gewöhnt waren, fehlte. Hätte nicht so strahlend die Sonne geschienen, hätte ich geglaubt, in einen Schwarz-Weiß-Film geraten zu sein.

Von allen Hauswänden und Plakaten schaute uns der streng dreinblickende weißbärtige Ajatollah Chomeini entgegen, mit buschigen Augenbrauen und schwarzem Turban.

Die vielen Slogans in arabischer Schrift, die dabeistanden, konnte ich leider nicht lesen. Aber ich wusste, dass er zu strenger Zucht und Ordnung mahnte und im Grunde predigte, was meine Lehrerin mir in der Klosterschule ins Poesiealbum geschrieben hatte: »Bete und arbeite.« – Thea Barsch.

Noch vermisste ich meinen früheren banalen Alltag nicht. Ich war ehrlich fasziniert von diesem aufregenden neuen Land, das es nun galt, in all seiner Geheimnisfülle kennenzulernen.

Am nächsten Morgen wurde mein geliebter Bernd schon um halb sechs von einem Fahrservice abgeholt und zu seiner Baustelle außerhalb der Stadt gefahren. Ich war darauf vorbereitet, sechs Tage die Woche allein zu sein. Aber sicherlich würde ich irgendwann eine Arbeitsgenehmigung bekommen und zum Beispiel im Goethe-Institut als Sekretärin arbeiten können. Oder vielleicht sogar als Lehrerin. Das würde mir besonders Spaß machen. Doch vorerst führte ich das Leben einer auf ihren Mann wartenden Hausfrau.

Ich spähte von der Dachterrasse über die Nachbarhöfe und sah zu, wie die Stadt langsam erwachte. Da sah ich, wie sich im Haus gegenüber mit dem Chomeini-Wandbild eine Gardine bewegte. Ich erstarrte. Klementine? Quatsch! Diese hier hieß vermutlich Forugh, Simin oder Maryam. Die Nachbarin, die mich beobachtete. Vielleicht war sie ja nett? Katharina, nun mach dir nicht gleich ins Hemd! Ich winkte, als mir siedend heiß bewusst wurde, dass ich nur ein dünnes Babydoll-Nachthemd trug. Erwartungsgemäß winkte sie nicht zurück. Mich überzog ein Frösteln. Hatte mein Leben mit Falk nicht ganz genauso angefangen? Er war unterwegs, und ich saß einsam zu Hause. Auch damals durfte ich weder arbeiten noch studieren noch Freunde haben.

»O nein, Katharina!«, sprach ich mir Mut zu. »Dieses Leben führst du kein zweites Mal. Du bist jetzt erwachsen und eine gestandene Frau.«

Mit dem Mut der Verzweiflung verkleidete ich mich ordnungsgemäß, nahm ein Bündel iranischer Geldscheine vom Küchentisch, umklammerte den Wohnungsschlüssel und stiefelte entschlossen die Treppe hinunter. Im Erdgeschoss wohnte ja leider niemand, sonst hätte ich dort als Erstes geklingelt und nett »Hallo« gesagt.

Was ich gestern mit Bernd gekonnt hatte, konnte ich heute auch ohne ihn. Ich hatte zwei Beine und einen klaren Verstand, und einkaufen musste ich schließlich auch.

Direkt neben der Moschee, die uns als Wecker diente, da der Muezzin auch heute um halb fünf wieder seine Ode an Allah angestimmt hatte, war heute ein bunter Markt aufgebaut worden. Ich beschleunigte meine Schritte und strebte dem Stimmengewirr entgegen. Schlendern oder gar Bummeln war, wie Bernd mir erklärt hatte, auch verboten. Von wegen Shopping, nix da! Das zählte zu Müßiggang, und der war ja bekanntlich aller Laster Anfang. Man eilte. Zielstrebig. Trödeln galt als Sünde. Man könnte sich ja heimlich nach dem anderen Geschlecht umsehen. Au weia, ich würde noch so viel lernen müssen! Die fremden Gerüche nach allen Gewürzen der Seidenstraße schlugen mir entgegen, und ich überquerte todesmutig eine vierspurige Straße, stellte aber erleichtert fest, dass ich als verschleierte Frau großzügig umfahren wurde, und reihte mich in das Gewusel der vielen schwarz verhüllten Hausfrauen ein, die mit einer Hand den Tschador an Ort und Stelle hielten und mit der anderen Früchte, Gemüse oder Fleisch anfassten, um die Qualität zu prüfen. Die Händler brüllten, was das Zeug hielt, knatternde Motorräder und hupende Mopeds schlängelten sich geschickt durch das Gewühl, und ich zuckte zusammen, als direkt neben mir jemand scheppernd ein Rollgitter hochschob. Ein orientalischer Basar, wie er im Buche stand! Und das Beste daran war, dass kein einziger Tourist hier herumschlenderte! Ich war mittendrin, im echten, wahren Leben! Wieder ergriff ein triumphierendes Glücksgefühl von mir Besitz. Ich werde es schaffen!, jubelte es in mir. Ich werde Herrin des ganz normalen Wahnsinns werden!

Zögernd ließ ich den Blick über ein Riesenblech mit Fladenbroten schweifen, das ein junger Kerl auf seinem Turban balancierte. Wie sollte ich den denn jetzt ansprechen?

»Warte mal eben, Junge, was kostet denn so ein Ding?« Oder griff man einfach danach wie im Supermarkt? Ich schaute, wie andere Frauen das machten. Sie grabschten einfach nach einem der unteren Brote. In diesem Moment sprach mich von hinten jemand auf Englisch an. »Wollen Sie Brot kaufen?«

»Ja!« Erfreut wirbelte ich herum. So nach dem Motto: Ich bin zwar dumm wie Brot, aber ich will eins kaufen.

Eine Frau mittleren Alters in Anthrazit lächelte mich freundlich an.

»Kommen Sie, diese Brote sind nicht frisch, und die Leute fassen mit den Fingern darauf. Hier hinten gibt es einen Stand, an dem kommt das Brot frisch aus dem Ofen ...« Wahrscheinlich erzählte sie mir auch noch was von naturbelassenen Körnern oder geschroteten Leinsamen – was sich Hausfrauen halt so erzählen, aber das verstand ich natürlich nicht. Nein, Spaß beiseite: Die iranischen Brote bestanden ausschließlich aus Mehl und Wasser.

Die hilfsbereite Hausfrau, die offensichtlich selbst gerade einkaufte, bedeutete mir zu folgen, was erst mal gewöhnungsbedürftig war, denn sie machte die Handbewegung, mit der wir Europäer anderen signalisieren, dass sie abhauen sollen. So wie die Inder mit dem Kopf schütteln, wenn sie »ja« meinen, scheuchte sie mich weg und meinte damit: »Folge mir!« Ich lief also wallenden Gewandes hinter ihr her zu besagtem Bäcker.

Die nette, hilfsbereite Grauverschleierte zeigte mir auch, welche Geldscheine man für welches Hühnerbein und welche kinderfaustgroße Münze für einen Kohlkopf hinblättern musste. Sie schien alle Zeit der Welt zu haben und sich aufrichtig zu freuen, mir helfen zu können.

Ich bedankte mich immer wieder bei meiner »Kollegin« und versuchte ihr zu erzählen, dass ich erst vorgestern aus Deutschland gekommen sei. Dabei musste mir im Eifer des Gefechts das Kopftuch verrutscht sein.

Denn plötzlich spürte ich eine grobe Hand auf der Schulter und wurde eher militärisch als hilfsbereit auf Farsi angeschnauzt.

Vor Schreck ließ ich meine Einkaufsbeutel fallen. Mein Herz raste, und mir blieb das Nasse unter der Zunge weg. Vor mir stand eine Revolutionswächterin, kaum zwanzig Jahre jung. Sie hatte eine pechschwarze, dichte Monobraue, ansonsten sah man von der Frau nicht viel. Nur ihr wutverzerrtes Gesicht.

Man hätte meinen können, dass sie mir jetzt in Anbetracht ihrer Jugend die angesagtesten Discos zeigen wollte. So wäre es jedenfalls in Amerika gewesen. Doch mitnichten! Sie drohte mir mit der Faust und schrie mich so wütend an, dass die Spucketropfen flogen. Mit dem Schlagstock deutete sie auf mein Kopftuch. Ich duckte mich schon, weil ich erwartete, gleich ihre Schläge zu spüren.

Hastig stopfte ich eine vorwitzige Strähne zurück, aber das beschwichtigte sie nicht. Sie riss mir das Kopftuch so tief in die Stirn, dass meine Augen fast darunter verschwanden. Dann zurrte sie mir den Knoten so fest, dass ich mein Kinn nicht mehr bewegen konnte.

Dabei schimpfte sie mit sich hysterisch überschlagender Stimme, und in ihren Augen funkelte purer Hass.

Die hilfsbereite Grauverschleierte trat näher und erklärte der Furie etwas auf Farsi, aber die Furie schien sich einfach nicht beruhigen zu wollen.

Ich stand da wie erstarrt, wie ein Kaninchen im Scheinwerferlicht, und wartete ergeben auf meine Erschießung.

Endlich stapfte die Wütende in ihrer schwarzen Robe zu einem Militärfahrzeug, wo sie sich auf den Beifahrersitz fallen ließ und mir noch durchs offene Fenster mit der Faust drohte. Der Jeep fuhr mit quietschenden Reifen weg. Mir war, als hätte ich das gerade nur geträumt. War ich denn eine Verbrecherin? Der halbe Marktplatz hatte die Szene mitgekriegt und starrte mich an, als hätte ich soeben eine Bank ausgeraubt.

Die nette Hausfrau in Grau zog mich in einen Hauseingang, tupfte mir tröstend die Tränen ab und erklärte mir auf Englisch, dass mit solchen Pasdarani, also mit solchen Sittenwächterinnen, nicht zu spaßen sei.

»Die fahren Streife und kontrollieren Anstand und Sitte. Wenn sie dich noch mal erwischen, kann es dir passieren, dass sie dir mit einer Rasierklinge durchs Gesicht fahren oder es mit Säure verätzen.«

Völlig verängstigt flehte ich die Grauverschleierte an, mich nach Hause zu begleiten, weil mich meine zitternden Beine nicht mehr trugen.

Gebückt und in panischer Angst hastete ich hinter ihr her und klammerte mich an ihren Mantelzipfel wie ein Kind.

In der Wohnung angekommen, weinte ich mir erst mal die Augen aus dem Kopf.

Alle Euphorie und aller Mut waren verflogen wie Helium aus einem Luftballon.

Als nach einer gefühlten Ewigkeit mein geliebter Bernd von der Arbeit kam, fand er keine selbstbewusste Hausfrau vor, die ihm sein Leibgericht vorsetzte, sondern ein schluchzendes Häuflein Elend. Er warf seine Tasche in die Ecke und zog mich an seine Brust.

»Aber Liebes, was ist denn passiert?«

»Ich will nach Hause«, heulte ich in sein Hemd. Wimperntusche gab es ja nicht zu verschmieren, dafür Rotz und Wasser in rauen Mengen. »Ich hasse den Iran! Ich will nach Kass… *schluchz* … Kassel!«

»Was ist denn los?«, fragte Bernd sanft und wiegte mich in den Armen wie ein kleines Mädchen, das mit dem Roller hingefallen ist. »Wer hat dir was zuleide getan?«

Ich erzählte ihm unter Tränen, was mir widerfahren war, und Bernd nahm die Sache ernst.

»Ja, da hast du gleich eine wichtige Lektion gelernt.« Er hielt mich auf Armeslänge von sich und wischte mir mit dem Lakenzipfel die Tränen ab: »Besser, du hast so ein Schockerlebnis gleich am Anfang, als dass du die Zügel zu locker lässt. Aber sie hätten dir nicht ernsthaft was getan. Es war nur eine etwas unsanfte Verwarnung.«

»Sie hätten mir Säure ins Gesicht geschüttet oder mir mit einer Rasierklinge die Nase abgeschnitten!«

Bernd ließ sich neben mich fallen, nahm meine Hand und schüttelte den Kopf.

»Liebes, das waren wirklich drastische Maßnahmen vor drei bis vier Jahren, direkt nach der Revolution. Das haben sie ein paarmal gemacht, um die Leute abzuschrecken. Um sie zu erziehen. Heute machen sie das nicht mehr. Und schon gar nicht bei blonden Ausländerinnen.«

Ich wollte mich trotzdem nicht beruhigen und schluchzte immer wieder, dass ich sofort nach Hause wolle, nicht in meinen finstersten Albträumen mit solch schrecklichen Dingen gerechnet hätte und mich der Ajatollah Chomeini gern kreuzweise könne.

Bernd wartete, bis ich mich ausgeweint hatte. Dann nahm er mein Gesicht in seine Hände, mit denen er gerade noch an einem Kraftwerk gebaut hatte, und zwang mich, ihn anzusehen.

»Ein halbes Jahr, Katharina. Sechs Monate. Länger kannst du sowieso nicht bleiben. Die hältst du durch.«

»Keine sechs Tage mehr!« Ich hieb mit den Fäusten auf ihn ein.

»Ist DAS die Frau, die ich liebe?« Er packte meine Hände. »Also, ich liebe die starke, mutige, kompromissbereite Katharina. Eine heulende Bangebüx kenne ich nicht.«

In mir zog sich alles zusammen. War ich jemand, der die Flinte ins Korn warf? Was hätte mein Vater gesagt? Nimm die Lehre an und mach es in Zukunft besser!

»Und außerdem …«, hörte ich Bernd sagen, »… könntest du dann gar nicht zu Achmed und Brigitta mitgehen, die uns für nächsten Freitag zum Abendessen eingeladen haben!«

Es gab nur noch wenige Deutsche, die in Shiraz lebten. Brigitta gehörte auch dazu. Ich hoffte sehr, hier eine deutsche Freundin zu finden. Unter dem langen Mantel trug ich mein schickstes rotes Strickkleid, Perlonstrumpfe und Bernds Perlenkette, die er mir zur Verlobung geschenkt hatte. In gespannter Vorfreude betätigten wir den goldenen Türklopfer des herrschaftlichen Hauses, in dem sie wohnten. Achmed, ein Iraner, öffnete uns und führte uns überaus herzlich durch einen wunderschönen Innenhof mit Swimmingpool ins Innere des Hauses. Ehrfürchtig schritt ich über farbenfrohe Teppiche. Neugierig schaute ich mich um und sah prächtige Bilder, wertvolle antike Möbel, Sitzgarnituren aus braunem Leder, dazu üppig bestickte Kissen.

Brigitte, eine kleine, quirlige Blonde mit rosigen Wangen, kam uns lachend aus der Küche entgegen. »Willkommen bei uns! Sie müssen Katharina sein! Oh wie ich mich freue, Sie kennenzulernen!« Sie hatte eine erfrischend fröhliche Art und einen rheinischen Akzent – diesen Singsang in der Stimme, bei dem mir sofort das Karnevalslied »Und sollt ich im Leben ein Mädel mal frei'n, dann muss sie am Rhein nur geboren sein« in den Sinn kam. Wahrscheinlich hatte sich Achmed das auch gedacht.

»Setzt euch doch, macht es euch bequem, fühlt euch wie zu Hause!«, forderte uns Achmed auf. Wie Bernd mir erzählt hatte, war er Kinderarzt an der Universitätsklinik und erfreute sich bei hiesigen Familien großer Beliebtheit. Er nahm mir den lästigen Mantel ab, und kurz nahm ich ein anerkennendes Lächeln wahr, als er meine langen schlanken Beine unter dem roten Strickkleid sah. Als Gentleman machte er aber keine Bemerkung darüber.

Dafür sprudelte es aus Brigitta nur so heraus: »Was für eine traumhafte Figur Sie haben, Katharina! Ich darf Sie doch Katharina nennen?«

»Lasst uns doch Du sagen«, schlug Achmed vor. »Bernd und ich duzen uns doch auch!«

»Ehrlich gesagt, gern.« Erleichtert lächelte ich in die Runde. »Es tut mir sehr gut, endlich mit jemandem Deutsch zu sprechen und dann auch noch Du sagen zu dürfen!«

Wir ließen uns in die Lederlandschaft sinken, und die quirlige Brigitta schenkte uns sofort ein Glas Whiskey ein. Nur Achmed winkte höflich ab: »Als gläubiger Muslim trinke ich nicht.«

»Ach, Schatz, dann trinken wir eben auf dein Wohl!« Brigitta schlug die Beine übereinander, griff nach Zigaretten der Marke »Lux« und bot uns auch eine an.

»Normalerweise rauche ich nicht«, sagte ich zögernd, griff aber doch danach.

»Ich sehe es auch nicht gern.« Achmed runzelte zwar die Stirn, lächelte seine Frau aber liebevoll an. »Doch sie hält es schon seit achtundzwanzig Jahren mit mir aus, was soll ich ihr da die kleinen Freuden des Alltags vermiesen!«

Ich zuckte zusammen. »So lange leben Sie ... lebst du schon im Iran?«

»Da siehst du mal!«, sagte Bernd grinsend, und sein Blick signalisierte mir: »Und meine Frau wollte schon nach einem Tag aufgeben!« Ich war ihm unendlich dankbar, dass er mich nicht bei meinen neuen Freunden verpetzte. Dafür liebte ich ihn sehr.

»Ja, der Iran ist ein wunderbares Land!« Brigitta nahm einen tiefen Zug und blies den Rauch gegen die alten Gemälde mit jagenden Hunden, toten Enten und blutigen Hasen. »Ich liebe diesen Mann, und ich liebe sein Land.«

»Wie haben Sie ... Ich meine, wie habt ihr euch ...«

»Wie wir uns kennengelernt haben?« Brigitta strahlte ihren Mann an: »Deine oder meine Version?«

»Also, wir haben beide Medizin in Heidelberg studiert ...«, hob Achmed an, aber seine temperamentvolle Frau fiel ihm ins Wort: »Ja, ich wollte Gynäkologin werden und er Kinderarzt, aber nach fünf Semestern wurde ich mit unserer Tochter Parisa schwanger, und dann war es für mich aus mit dem Studium ...«

»Ja, und dann ist mir meine wunderbare Frau mitsamt meiner wunderbaren Tochter in den Iran gefolgt ...«

»… wo du mir gleich noch einen Prachtsohn geschenkt hast.«

»Du hast ihn MIR geschenkt, Brrrrigitta! Ich hab dir den Brrrraten nur in die Rrrröhrre geschoben!« Sämtliche Rs rollte er, dass es eine Frrrreude war.

»Ach, Achmed!« Brigitta errötete. »Er ist immer so direkt!«

Ich sah mich suchend um: »Wo sind die Kinder?«

»In Deutschland.« Brigitta hob bedauernd die Schultern. »Wir können unsere Kinder unmöglich unter solchen Umständen leben lassen.«

Ich beugte mich vor, schnippte Asche in den goldenen Drehaschenbecher und sah sie gespannt an. Jetzt wurde es spannend! Von wegen wunderbares Land! Ich hatte schon gedacht, die wären alle blind und taub!

»Bis Chomeini an die Macht kam, war der Iran das reinste Paradies.« Brigitta stand abrupt auf, drückte ihre Zigarette aus und trank ihr Glas in einem Zug leer. »Der Schah war beileibe auch kein Engel, aber Chomeini ist der Teufel persönlich.«

Bernd sah mich vielsagend an. »Die sind die Guten«, las ich daraus. »Wir können offen reden.«

Achmed stand ebenfalls auf. »Nie hätten wir gedacht, dass es einmal so schlimm kommt. Aber wir sind uns sicher, dass der Spuk bald ein Ende haben wird.«

Während die Männer im Rauchersalon blieben, folgte ich Brigitta in die Küche. Sie warf mir ein Küchenhandtuch zu und bat mich, noch einmal das Silberbesteck zu polieren, während sie den Salat anrichtete. »Ich habe meine beiden Großen das letzte Mal Weihnachten vor einem Jahr gesehen.« Ihre Wangen wurden noch röter, als sie nach dem Whiskey ohnehin schon waren. »Parisa und Dante leben bei meiner Mutter in Köln.« Sie dekorierte die Vorspeisenplatte mit hart gekochten Eiern, die sie mit einem scharfen Messer viertelte. »Nur mein kleiner Omid lebt noch bei uns.«

»Drei Kinder?« Ich hörte auf, eine silberne Gabel zu bearbeiten. »Ihr habt drei Kinder? – Aber warum ist er dann nicht auch bei deiner Mutter in Köln?«

»Weil sie ihn nicht rauslassen, diese Schweine!« Sie hackte auf die Eier ein, als wären es die des Revolutionsführers persönlich. »Mein kleiner Omid ist vierzehn.« Sie wirbelte herum und stemmte die Hände in die Hüften, wobei ihr scharfes Messer meinem Kleid gefährlich nahe kam. »Vierzehn Jahre, Katharina! Er ist noch nicht mal im Stimmbruch! Aber wenn sie ihn erwischen, benutzen sie ihn als Kanonenfutter im Krieg gegen den Irak!«

»Wie bitte?!« Schon wieder fiel mir der Zweite Weltkrieg ein. Auch der Bruder meines Vaters war mit siebzehn eingezogen worden und auf Nimmerwiedersehen verschwunden. »Aber er geht doch zur Schule?!«

Brigitta senkte die Stimme: »Geht er NICHT! Wir verstecken ihn seit drei Jahren in seinem Zimmer! Kannst du dir das vorstellen, Katharina?«

»Drei Jahre Stubenarrest?« Mir entwich ein fassungsloses Japsen. »Das hält doch kein junger Mensch aus!«

»Es ist seine einzige Chance zu überleben!« Brigitta beugte sich über das Spülbecken und spritzte sich kaltes Wasser ins Gesicht. »Sie haben ihn gesucht. Überall. In der Schule, beim Sport, hier im Haus … Achmed hat ihm einen Totenschein ausgestellt, sein eigener Vater! Einen

Totenschein!« Sie begann haltlos zu schluchzen. Jetzt war es an mir, einen verzweifelten Menschen zu trösten, der stammelte, dieses gottverdammte Land sofort verlassen zu wollen.

»Wir wären schon lange in Deutschland, wenn sie nicht scharf auf unseren kleinen Omid wären! Wir kriegen ihn nicht mehr außer Landes!«

»Das ist ja …« Mir stockte der Atem. »Das ist ja ganz fürchterlich!«

»Mädels!«, kam Achmeds heitere Stimme aus dem Flur. »Wir wollen hier nicht verhungern!«

Hastig wischte sich Brigitta über die Augen. Sie setzte ein tapferes Lächeln auf. »Wird schon wieder.« Sie nickte mir zu, drückte mir die Salatschüssel in die Hand, lief zur Treppe und klatschte dreimal laut in die Hände: »Essen fassen, Junior!«

Ein dünner Junge huschte wie sein eigener Schatten die Treppe herunter. Er sah aus wie elf. Seine Haut hatte die Farbe von weißem Porzellan. Er streckte mir eine fast durchsichtige Hand hin und sagte in akzentfreiem Deutsch: »Guten Abend, ich bin Omid.«

Wir nahmen am riesigen ovalen Esstisch Platz, den Brigitta kunstvoll dekoriert hatte.

»Auf uns, auf alle schönen Dinge und die Menschen, die wir lieben!« Achmed hatte eine Flasche Champagner geöffnet, prostete uns aber mit Mineralwasser zu. Der kleine Omid bekam Birnensaft. »In Zeiten wie diesen sind echte Freunde ganz besonders wichtig.«

Nach diesem kleinen Toast bedeutete er uns, kräftig zuzulangen: »Aber ich warne euch, meine Lieben: Das ist erst die Vorspeise!«

Das Essen war köstlich, und ich beneidete Brigitta um ihre tollen Kochkünste. Sie freute sich und winkte dann bescheiden ab: »Nach achtundzwanzig Jahren hast du das auch gelernt, Katharina!« Wieder tauschten Bernd und ich vielsagende Blicke.

Ich schloss Brigitta schon an diesem ersten Abend tief ins Herz. Wie sie mir erzählte, unterrichtete sie ihren blassen Omid, der leider nie an die frische Luft kam, selbst und quälte ihn mit Latein, Französisch, Englisch und deutscher Grammatik. »Bei Mathe hapert es leider«, sagte sie und lächelte ihren Sprössling liebevoll an. »Da kann ich meinem Omid kein X für ein U vormachen!«

Omid, der Bücherwurm, fraß sich notgedrungen allein durch den Lernstoff und hoffte, irgendwann in Deutschland Abitur machen und studieren zu können. Er wirkte sehr vernünftig für sein Alter. Das Wort Pubertät hatte er wohl aus seinem Wortschatz gestrichen.

Brigitta tischte als Hauptgang eine tolle Reisplatte mit in Knoblauch geschmortem Huhn und verschiedenem gedünstetem Gemüse auf, und wir langten kräftig zu. Dazu servierte sie einen eiskalten Weißwein, von dem die Gläser beschlugen, und den ich in meiner Aufregung ziemlich hastig hinunterkippte.

»Wie kommt ihr denn an so köstlichen Alkohol?«, fragte ich naiv. »Ich dachte, das ist hier alles verboten?«

»Das sollte es auch sein«, murrte Achmed gespielt streng, sah uns aber gönnerhaft beim Trinken zu. »Allah will nicht, dass der Mensch sich betrinkt.«

»Wir betrinken uns ja nicht, Liebster, wir süffeln nur ein bisschen.« Brigitta erklärte uns, auf welche Methoden sie schon verfallen war, um Alkohol zu schmuggeln. Eine beliebte Art war die geschlossene Konservendose, die es in bestimmten »Supermärkten« gab. »Auf dem Etikett steht Erbsen und Möhren oder Bohnen und Mais. Dabei ist Champagner drin, Rotwein, Weißwein oder Whiskey. – So nehmt euch doch noch, bitte, ich kann es morgen nur noch dem Hund anbieten!«

Bernd grinste. »Ich habe meiner Katharina zur Begrüßung auch schon Wein aus der Sauerkrautdose kredenzt.«

»Was?« Mir fiel fast die Gabel aus der Hand. »Das hast du mir gar nicht gesagt!« Spielerisch schlug ich mit der Serviette nach ihm.

»Ist dir nicht aufgefallen, dass er nach Sauerkraut geschmeckt hat?«

»Stimmt doch gar nicht, lass dich nicht verarrrschen, Katharrrina!« Achmed lachte. »Die Neuen werden immer verarrrscht, das war schon in meiner Burrrschenschaft so.« Ich konnte mir Achmed hervorragend als jungen Medizinstudenten in Heidelberg vorstellen. Wahrscheinlich hatte er gesungen: »Ich hab mein Herrrrz in Heidelberrrrg verloooorrren«, als er mit Brigitta in einer Studentenkneipe schwofte.

»Ach, Katharina, du hättest früher hier sein sollen …« Seufzend steckte Brigitta sich eine Zigarette zwischen die Lippen und ließ sich von Bernd Feuer geben. »Zu Zeiten des Schahs, da war Shiraz der Treffpunkt der Schönen und Reichen. Unsere Farah Diba war uns ein Vorbild in Sachen Mode und Geschmack so wie jetzt bei euch Lady Di. Die Wohlhabenden kamen zum Skifahren in unsere Berge, bevölkerten die Luxushotels und feinen Bars wie in Sankt Moritz und fuhren zum Badeurlaub ans Kaspische Meer, wo sie Sommerhäuser und Paläste am Strand hatten wie an der Côte d'Azur ...« Schwärmerisch blies sie den Rauch in Richtung Kronleuchter, und ihre Augen glänzten. »Modenschauen wurden da veranstaltet, auf Yachten und in schicken Klubs steppte der Bär. Bauchtänzerinnen traten vor der High Society auf, und wir beide mittendrin, was Achmed? Tennis haben wir gespielt und Golf, und im Urlaub sind wir am Strand dem Sonnenaufgang entgegengeritten ...«

Ich schluckte einen Kloß hinunter. Meine Zeit in Kalifornien war genauso schön gewesen!

Der blasse Omid verabschiedete sich höflich mit den Worten, er müsse noch den Ovid lesen, für seine nächste Lateinstunde. Ein Privatlehrer komme morgen ins Haus.

»Wir haben nämlich auch ein Ferienhaus am Kaspischen Meer.« Achmed reichte das Silbertablett mit den Erdbeersahnebaisers herum. Ich schüttelte dankend den Kopf: »Leider, sonst krieg ich morgen meine Levis nicht mehr zu!«

»Ach, vergiss es!« Achmed lud mir gleich zwei Törtchen auf den Dessertteller: »Da wirfst du dir einen schicken Mantel drüber, sieht kein Schwein!«

»Schwarz macht schlank«, witzelte Brigitta rauchend. Wir wurden langsam immer betrunkener. Ich liebte den Galgenhumor der beiden. Humor ist, wenn man trotzdem lacht. Das waren Freunde fürs Leben!

Eine alte Frau schlich herein und räumte die Teller ab.

»Das ist Ama, Omids Kinderfrau.«

Die Kinderfrau nickte höflich und trug das Geschirr weg. Dann kam sie mit einem kleinen Tischbesen zurück und fegte die Krümel vom Tisch. Sehr professionell.

»Wir hatten früher viel mehr Personal«, berichtete Achmed. Er stand auf und öffnete die breiten Flügelfenster zum Hof. »Allein sechs Hausangestellte. Aber wir hatten Angst, dass sie uns verpfeifen, weil hier geraucht und Alkohol getrunken wird.« Er schickte Brigitta einen liebevoll-tadelnden Blick, worauf diese gleich nachsetzte: »Und weil wir nicht gerade Mitglieder im Fanklub von Chomeini sind! Erzähl deinen Lieblingswitz, Achmed!«

Achmed ließ sich nicht lange bitten. »Kissinger, Sadat und Chomeini gehen an einem Frrrreudenhaus vorbei.«

Wir warteten atemlos auf die Pointe, und Achmed schlug sich begeistert auf die Knie: »Das war noch nicht der Witz!«

Die Kinderfrau verzog keine Miene und räumte die nicht mehr benutzten Gläser weg.

»Kissinger geht rein, der Sadat geht rein, und die Frrreudenmädchen in den Fenstern rufen: Komm eni, komm eni!« Er lockte mit dem Zeigefinger wie die Hexe bei Hänsel und Gretel. Ich fand ihn bezaubernd. »Doch Chomeini winkt ab und zeigt auf seine Hose: ›Islam, Islam!‹«

Nach kurzer Denkpause brachen wir in schallendes Gelächter aus.

Ama, die Kinderfrau, lächelte scheu, sagte aber keinen Ton.

»Ach, Ama, lach doch mal, altes Mädchen! – Ama ist die einzig Getreue. Sie war die Amme unserer Kinder.«

Ach! Das hätte ich der flachbrüstigen Oma mit dem grauen, gewundenen Zopf gar nicht zugetraut. Ich griff wieder nach meinem Glas, das Brigitta vollgeschenkt hatte.

»Aber die ganzen Pächter meiner Grundstücke musste ich alle entlassen.« Achmed wurde wieder ernst. Draußen raschelte eine Silberpappel, und ein kühler Windhauch wehte in den verrauchten Salon. »Wir besitzen sehr viel Land, das aber nicht mehr bewirtschaftet wird.« Seine Miene verfinsterte sich.

»Warum denn nicht?«

»Weil die Pächter alle aus Chomeinis Wachsfigurenkabinett sind.« Achmed strich besorgt über seinen ergrauten Schnurrbart. »Viele meiner früheren Pächter sind ganz einfache Bauern, die nicht lesen und schreiben können. Unter dem Schah waren sie arme Hungerleider ohne Rechte. Die hatten es gut bei mir. Aber seit Chomeini an der Macht ist, bekleiden sie hohe religiöse Ämter, sind Mullahs und Imame. Sie predigen den Koran, denn das ist das Einzige, was sie auswendig können. Auch wenn sie den Sinn der arabischen Suren gar nicht begreifen, zwingen sie ihre Kinder dazu, den ganzen Koran auswendig zu lernen. Wie gesagt, versteht mich nicht falsch, der Koran ist ein großartiges Buch. Es stehen viele weise Dinge darin. Aber ich weiß ihn als gebildeter, modern denkender Mann auch zu interpretieren!«

»Ja«, streute ich, nicht mehr ganz nüchtern, ein. »Das ist so ähnlich wie mit der Bibel. Heute will auch kein Vater mehr seinen Sohn schlachten, um Gott zu gefallen wie Abraham. Es geht auch anders.«

»Na ja, es gibt die Wissenschaft, es gibt den gesunden Menschenverstand, und es gibt die moderne Welt!« Achmed schloss das Fenster mit Schwung. »Die Bibel und der Koran beinhalten unglaubliche Schätze. Aber sie wurden vor zweitausend beziehungsweise eintausendfünfhundert Jahren geschrieben, und waren damals sicherlich eine moralische Richtschnur. Wenn wir heute vernünftig damit umgingen, könnten diese heiligen Bücher – genau wie die Thora! – wunderbare Menschen aus uns machen! Wir würden in Frieden zusammenleben, einander tolerieren und voneinander lernen.« Seine Stimme wurde brüchig und seine Augen feucht. Wie ich ihn mochte! Und wie recht er hatte!

»Ach, Achmed! – Drink doch ene met!«, sang nun Brigitta, auch nicht mehr nüchtern, ein rheinisches Karnevalslied, das ganz oben auf der Hitparade stand. »Drink doch ene met, stell dich nit esu ahn. Du steihs he de janze Zick eröm. Häs de och kei Jeld, dat es janz ejal, drink doch met un kümmer dich nit dröm!«

»Wow!«, entfuhr es mir. »Die Bläck Fööss in Shiraz!«

»Wir waren früher immer zu Karneval in Kölle«, schwärmte Achmed. »Mein Freund Moustapha Keddo hat da eine Firma für Chemikalien, die Fäkalien in Wohnwägen und Baustellentoiletten zersetzen.«

»Ja, die benutzen wir auf unserer Baustelle auch«, sagte Bernd. »Ein geniales Patent!«

»Ach, Achmed, das interessiert doch unsere Gäste nicht!«

»Und ob!« Ich hob zum letzten Mal mein Glas. »Das interessiert uns sehr! Nicht wahr, Bernd?« Ich stand leicht schwankend auf und sah in die Runde. »Freunde, ich muss euch was beichten. *Was ich noch zu sagen hätte, dauert eine Ssigarette …* Letzten Samstag wollte ich stante pede wieder nach Hause fliegen und den Iran für immer verlassen. Bernd hin oder her.« Ich sah Bernd entschuldigend an. »Aber jetzt, wo ich so wunderbare Menschen wie euch getroffen habe, schwöre ich hiermit, sei es nun auf den Koran oder die Bibel: Ich werde es mit dem Iran aufnehmen. Ich werde den Kelch trinken bis zur bitteren

Neige. Ihr könnt auf mich ssählen!« Dann griff ich schon wieder zum Kelch – äh, zum Whiskey, den ich überhaupt nicht gewohnt war.

»Ich glaube, Katharina muss jetzt ins Bett.« Bernd nahm meinen Arm und hüllte mich wieder in meinen schwarzen Mantel. »Danke, es war ein großartiges Abendessen. Wir freuen uns schon aufs nächste Mal!«

»Ja, ihr müsst unbedingt wiederkommen, dann stellen wir euch noch mehr Deutsche vor, die in Shiraz leben. Ihr müsst unbedingt Evelin und Hussein kennenlernen!«

Ach, wie hatte ich die beiden ins Herz geschlossen! Ich war richtig in Hochstimmung und wankte mit Bernd nach Hause. In einer geradezu kitschig romantischen Vollmondnacht, durch menschenleere Straßen, unter Millionen von Sternen, die alle Sternenhimmel dieser Welt in den Schatten stellten. Es war wahnsinnig schön, und ich war schrecklich verliebt in meinen wundervollen Bernd, der mich so ritterlich stützte.

»Es hat ja wirklich was für sich, nix ssu tringn«, meinte ich, des nüchternen Achmeds gedenkend. »Aber manchmal musses eben sein.«

»Würdest du bitte nicht so schwanken!«, mahnte Bernd. »Du wolltest doch keine Revolutionswächter mehr verärgern.«

Statt dieser Plage gesellten sich streunende Hunde zu uns, die nachts hungrig aus den Bergen kamen und uns ein Stück begleiteten. Wir rochen wahrscheinlich nach allen Köstlichkeiten des Orients. Der Alkohol hatte mein Angstzentrum jedoch betäubt, sodass ich die Tiere auch noch streicheln wollte! Bernd dagegen hatte schon ein paar Steine aufgehoben, der kleine Revolutionswächter.

»Der Achmed und die Brigidda sind wahnsinnig nett«, schwärmte ich selig, »und ich liebe den Iran, das wollte ich dir nur noch sagen.«

Am nächsten Morgen musste mein Bernd wieder arbeiten. Er war Bauleiter für einen Elektrokonzern, der außerhalb von Shiraz ein konventionelles Kraftwerk baute. Es war ein Prestigeprojekt. Eine Riesenbaustelle, auf der Hunderte von Europäern, Koreanern und Iranern arbeiteten. Begonnen wurde dieses Projekt schon unter dem Schah. Damals war der oberste Leiter der Baustelle ein Iraner, ein Diplom-Ingenieur. Heute wurde die Baustelle von einem Mullah geleitet, der keinerlei Ausbildung hatte. Er war ein einfacher Mann und hatte vorher von den milden Gaben gelebt, die fromme Muslime ihm in der Moschee hatten zukommen lassen. Unter dem Schah waren die Mullahs rechtlos gewesen, er hatte sie fast vollkommen entmachtet. Heute, unter Chomeini, saßen sie in den wichtigsten Gremien, politisch aber auch wirtschaftlich. Ein Analphabet war Chef von mehreren Hundert Arbeitern, Ingenieuren und Fachkräften. Bernd nahm es mit Humor. In Wahrheit war er der Chef, und das wussten auch alle. Bis auf den Mullah.

Um im Iran bleiben zu können, brauchte ich eine Arbeitserlaubnis. Ich konnte mir vorstellen, im Goethe-Institut zu arbeiten, aber wir erfuhren nach kurzer Zeit, dass es im Begriff war zu schließen. Erstens gab es fast kein Interesse mehr an deutscher Kultur, und zweitens wanderten nach und nach alle Deutschen aus dem Iran aus.

Die wenigen Deutschen, die blieben, wurden von den meisten Iranern hochgeachtet. Als ich wissen wollte, warum, bekam ich die schockierende Antwort: »Weil ihr die Juden vernichtet habt! Dafür werden wir euch ewig dankbar sein!«

Ich schämte mich schrecklich. Später bekam ich immer wieder mit, wie sehr der Judenhass gerade während des Freitagsgebets in der Moschee durch die Mullahs geschürt wurde. Die zweite Zielscheibe des Hasses waren die Amerikaner, die ebenso verteufelt wurden.

Meine neue Freundin Brigitta, die mich von jetzt an regelmäßig besuchte, erklärte mir die Hintergründe:

»Der Schah wollte aus seinem Land Persien einen modernen Staat westlicher Prägung machen und hat zuallererst die Macht der Mullahs gebrochen. Und die Basari-Banken verboten.«

»Das musst du mir genauer erklären ...«

»Die Basari waren Kaufleute in den Basaren. Geldverleiher, die ihre Geschäfte per Handschlag besiegelten. Der Schah gründete staatliche Banken. Dadurch wurden die Basari ihrer Geschäftsgrundlage beraubt.«

»Verstehe ...«

»Sie waren es am Ende auch, die mit viel Geld dafür sorgten, dass Chomeini 1979 aus dem französischen Exil zurückkehren konnte. Chomeini hatte von Paris aus Tausende von Tonkassetten an seine Anhänger im Iran geschickt und so eine Riesen-Wutwelle auf den Schah und den verteufelten Westen, besonders Amerika, losgetreten.«

Brigitta blies gedankenverloren ihren Zigarettenrauch über meine Dachterrasse. »Die einfache Landbevölkerung konnte sich mit dem westlich geprägten Iran sowieso nie identifizieren. Die Städter bevölkerten die Universitäten und studierten, gemeinsam mit vielen Ausländern. Die Unis waren voll mit jungen Frauen. Aber die Landbevölkerung, die keinen Zugang zu dieser Bildung hatte, hielt an den alten Werten des Korans fest.«

»Wie sieht es eigentlich heute für junge Frauen mit dem Studieren aus?«, erkundigte ich mich.

Brigitta winkte ab. »Das ist eine Riesensauerei. Frauen dürfen zwar studieren, müssen aber voll verschleiert im Mantel, mit Schal und langen Strümpfen unter langen Hosen in die Vorlesungen gehen – auch bei vierzig Grad im Schatten! Während die Männer in kurzärmligen Hemden und barfuß in ihren Flipflops dasitzen dürfen! Das ist aber noch nicht alles«, regte sich Brigitta auf. »Die Frauen dürfen nur ganz hinten sitzen, und zwar hinter einem Vorhang, wo sie den Professor gar nicht sehen können!«

»Was?« Ich schrie fast vor Empörung. »Und womit wird das begründet?«

»Sie könnten die männlichen Studenten und den Professor ja ablenken!«, höhnte Brigitta.

»Da hätte ich aber keine Lust mehr zu studieren!«

»Nee, und genau das haben die Chomeini-Anhänger auch erreicht!« Brigitta war sichtlich aufgebracht. »Die wenigen Frauen, die sich überhaupt ein Studium zugetraut haben, brechen entnervt ab und bleiben lieber zu Hause. Die Selbstmordrate unter jungen Frauen ist extrem hoch!«

Ich sah sie ratlos an. »Wie konnte es denn nur zu einer so extremen Entwicklung kommen?«

»Wie sooft im Leben hat jede Medaille zwei Seiten. Der Schah hat es mit seinem Prunk natürlich auch maßlos übertrieben.« Brigitta nippte an ihrem Prosecco. »Du musst dir das mal vorstellen: Wegen der großen Ölvorkommen wurde er natürlich von allen westlichen Staaten eingeladen und hofiert. Alle wollten seine Freunde sein.«

»O ja«, unterbrach ich sie. »Ich weiß, ich erinnere mich. In den Siebzigerjahren war er mit seiner Farah Diba oft in Europa, auch in Deutschland. Die Klatschblätter waren voll davon.«

Ein Frösteln überkam mich, als ich mich an meinen ersten Flug nach Kalifornien erinnerte. Mutter tauchte vor meinem inneren Auge auf, die mir begeistert Bilder vom Schah und Farah Diba zeigte. Mein Vater hatte nur leise die Bemerkung gemacht: »Die einen sagen so, die anderen sagen so.« Jetzt wusste ich erst, was er damit gemeint hatte!

»Er ließ sich zum Kaiser krönen oder krönte sich sogar selber? Er saß auf seinem Pfauenthron wie ein Herrscher von Gottes Gnaden«, fuhr Brigitta fort. »Er hat den Bogen einfach überspannt. Um all das zu schützen, brauchte er natürlich eine Geheimpolizei wie alle Potentaten. Aber seine war besonders grausam. Alle, die sich gegen den Schah stellten, wurden im berüchtigten Evin-Gefängnis in Teheran entsetzlich gefoltert. Die meisten kamen da nicht lebend wieder raus.«

Ich rieb mir fröstelnd die Oberarme.

»Aber sehen wir doch den Tatsachen ins Auge: Heute sitzen die Chomeini-Gegner im selben Gefängnis! Und frag mich bitte nicht, mit welchen Methoden die gefoltert werden! In einer Nacht- und Nebelaktion sind über fünftausend junge Männer und Frauen umgebracht und in Massengräbern verscharrt worden.«

Ich starrte sie mit weit aufgerissenen Augen an: »Woher weißt du das?«

»Na sicher nicht aus dem iranischen Fernsehen! Es stand in deutschen Medien!«

Ich schüttelte den Kopf: »Oh, Brigitta, das ist alles so grauenvoll!«

»Die ganze geistige Elite des Landes, Ärzte, Wissenschaftler, Juristen, hat das Land verlassen und ist in den Westen geflüchtet, als es noch ging.« Sie steckte sich gleich wieder eine neue Zigarette an, und ich merkte, wie nahe ihr dieses Thema ging: »Wir wären auch längst weg, wenn unser kleiner Omid nicht wäre. Wenn wir mit ihm auf dem Flughafen erwischt werden, nachdem wir ihn für tot erklärt haben, landen auch wir im Evin-Gefängnis. Und Omid an der Front. Als Kanonenfutter.«

»O Gott, Brigitta, es tut mir so leid …« Ich streichelte unbeholfen ihren Arm.

Sie straffte sich, blinzelte energisch ein paar Tränen weg. »Egal, wir müssen abwarten.« Sichtlich bewegt rang sie um Fassung. »Und nun zu dir! Wie sind deine Pläne? Mit Freude habe ich vernommen, dass du länger bleiben willst?«

»Ich könnte vielleicht auf Bernds Baustelle arbeiten«, erklärte ich froh, das Thema wechseln zu können. »Ich meine es ernst mit dem Iran, Brigitta. Ich liebe Bernd und will bei ihm bleiben. Ich möchte mich ernsthaft mit der Religion und den Sitten hier auseinandersetzen.«

Brigitta sah mich geradezu liebevoll an. »Das lohnt sich auch, Katharina. Lass dich von der momentanen politischen Situation nicht beirren.«

»Ich würde so gern genauso perfekt Farsi sprechen können wie du!«

»O ja, das ist eine wunderbare Sprache!« Brigitta zitierte ein Gedicht. Es klang wunderschön, und ich hörte ihr mit offenem Mund zu.

»Was bedeutet das?«, fragte ich schließlich atemlos.

»Erkenne dich selbst, denn kennst du dich selbst, erkennst du den Unterschied zwischen Gut und Böse. Zuerst werde vertraut mit deinem inneren Wesen, dann sei Herrscher deines Umgangs. Kennst du dich selbst, so kennst du alles; wenn du das weißt, entgehst du allem Übel. Erwache endlich! Wie lange hast du geschlafen? Schaue dich an: Du bist doch etwas Wunderbares!«

»Das ist wunderschön!« Ich schüttelte den Kopf. »Darin steckt so viel Weisheit! Von wem ist das?«

»Der Dichter, Nāsir-i Chusrau, wurde 1004 geboren.« Brigitta lachte. »Damals war man offensichtlich geistig weiter als heute!« Sie sah mich aufmunternd an.

»Aber zurück zu deinen Plänen. Du willst also auf Bernds Baustelle arbeiten? Als einzige Frau?«

»Ja«, sprudelte es aus mir hervor. »Ich will dieses Land besser kennenlernen, und wie soll das gehen, wenn ich den ganzen Tag zu Hause sitze? Ich will die Menschen, die Sprache, den Alltag im Iran kennenlernen! Ich hab mich entschieden zu bleiben, mit aller Konsequenz!«

»Und was genau stellst du dir da vor? Willst du für alle kochen?«, neckte mich Brigitta, der ich anvertraut hatte, dass Kochen nicht gerade meine Lieblingsbeschäftigung war.

»Dank meiner guten Englischkenntnisse könnte ich doch für den Elektrokonzern als Übersetzerin und Protokollführerin arbeiten! Ich habe schon mit Bernd darüber gesprochen!«

Brigitta nickte anerkennend. »Du bist eine mutige junge Frau!« Sie nahm meine Hand: »Mach das, Katharina! Du wirst sehen, dieses Land wird dich positiv überraschen.«

An diesem Abend fand Bernd mich in bester Stimmung vor. Obwohl wir keinen Fernseher hatten, sondern nur Musik vom Kassettenrekorder, wurde uns nie langweilig.

Wir konnten in Shiraz eigentlich nirgendwo essen gehen, denn die wenigen Restaurants, die es noch gab, hatten getrennte Essräume für Männer und Frauen. Und das war ja nicht Sinn der Übung! Manchmal besuchten wir ein armenisches Restaurant, in dem es gestattet war, gemeinsam zu speisen. Hier durfte ich sogar mein Kopftuch ablegen, aber das konnte ich zu Hause ja auch, und so waren uns unsere eigenen vier Wände am liebsten.

Bernd, der Tüftler, bastelte am Modell eines Hausbootes im Maßstab eins zu fünfzig, und ich las ihm aus meinem Lieblingsbuch vor: *Die Mitternachtskinder* von Salman Rushdie. Das waren wunderbare Stunden, die mich in meiner Entscheidung herzukommen bestätigten.

Erst viel später, im Jahr 1989, kurz vor seinem Tod, sollte Chomeini über meinen Lieblingsautor die »Fatwa«, ein religiöses Todesurteil, verhängen, und es betraf die *Satanischen Verse.*

1984–1985

Und dann war es so weit! Nach Monaten des Wartens und Hoffens bekam ich die Arbeitsgenehmigung für Bernds Großbaustelle! Ich freute mich unbändig, endlich etwas Sinnvolles tun zu dürfen.

Eine weitere Freude für mich bestand darin, dass eine iranische Familie im Erdgeschoss eingezogen war! Ein Mullah mit Frau und vier Kindern. Das dreizehnjährige Mädchen hatte ich schon im Treppenhaus gesehen. Es war völlig verschüchtert an mir vorbeigehuscht. Ich beschloss, an einem meiner freien Freitage bei meinen neuen Nachbarn anzuklopfen und mich vorzustellen.

Schade eigentlich, dass sie erst jetzt einzogen, wo ich vierzehn Stunden täglich außer Haus war!

Unser Tag war streng durchgetaktet: Um vier Uhr früh gingen wir joggen. Die Luft war herrlich, die Straßen leer. Natürlich war ich von oben bis unten verhüllt und lief in weiten Pumphosen mit Mantel darüber. Der Mullah aus dem Erdgeschoss schlief, denn der Muezzin hatte noch nicht gerufen! Unglaublich, wie viel Tatendrang wir hatten! Fürs Frühstück blieb nach dem Duschen keine Zeit, denn um halb sechs kam der sogenannte Ausländerbus, den ich als einzige Frau nur mit einer Spezialgenehmigung benutzen durfte. Bevor wir aufbrachen, sammelten wir alles Wasser, das unsere goldenen Hähne hergaben, in Schüsseln und Töpfen und ließen die Badewanne volllaufen, denn immer wieder wurde das Wasser abgestellt, und wir wollten ja abends kochen, duschen und unsere Wäsche waschen.

Der Bus war klimatisiert, was in den Sommermonaten ein Segen war. Im Dunkeln rumpelten wir etwa anderthalb Stunden bis zur Baustelle. Von der Umgebung bekam ich folglich nicht viel mit. Die Baustelle lag auf einem wüstenähnlichen Hochplateau. Bernd hatte mich schon darauf vorbereitet, dass man mich durchsuchen würde, ähnlich wie bei meiner Ankunft am Flughafen. Aufgeregt checkte ich noch einmal meine Kleidung: Langer Mantel, Schal, denn mein Hals durfte nicht zu sehen sein, und natürlich ein schwarzes Kopftuch. Meine blonden Haare hatte ich gut versteckt, und außerdem trug ich eine große Sonnenbrille. Unter dem Mantel hatte ich eine lange Pluderhose an, darunter lange schwarze Strümpfe, und das zeltartige Oberteil war ebenfalls schwarz. Unsichtbarer konnte ich mich nun wirklich nicht mehr machen! Brigitta hatte mitleidig den Kopf geschüttelt, als ich ihr meine Arbeitsmontur vorführte: »Du bist eine solche Schönheit, siehst Brigitte Bardot gar nicht mal so unähnlich! Wie groß muss deine Liebe zu Bernd sein, dass du dir das antust!«

Ich hatte nur lächelnd genickt. Ja, so groß war meine Liebe zu Bernd.

Auf der Baustelle mussten wir durch ein großes Tor gehen und wurden tatsächlich durchsucht. Man führte mich in einen fensterlosen Nebenraum, und eine Iranerin tastete mich mit undurchdringlicher Miene ab. Sie sah sich meine Hände an und überzeugte sich davon, dass ich keine lackierten Fingernägel hatte. Dann zog sie mir mit einem groben Ruck das Kopftuch tiefer ins Gesicht. Ich versuchte es mit einem freundlichen Gespräch, aber sie antwortete nicht. Wahrscheinlich verstand sie kein Englisch.

Dann durfte ich gehen. Die Männer warteten im Bus, der uns zu den jeweiligen Büros fuhr. Inzwischen war es hell, und vor mir erstreckte sich die Baustelle, so weit das Auge reichte. Das »Büro«, in dem ich nun die nächsten Monate oder vielleicht Jahre verbringen würde, war ein Container.

»Na, Kathi?«, neckte mich Bernd, als er meine beklommene Miene sah.

»Bereust du es? Jetzt kannst du nicht mehr zurück!«

»Nein, Bernd. Ich schaffe das.« Ich lächelte ihn verliebt an: »Ich wollte dich, und jetzt hab ich dich.«

Im Container wartete ein Willkommens-Blumenstrauß von Bernds deutschen Kollegen. Sie hatten kaum glauben können, dass einer von ihnen tatsächlich seine Frau nachholte. Die anderen Ehefrauen waren in diesen unsicheren Zeiten lieber in Deutschland geblieben, beziehungsweise längst wieder dorthin zurückgekehrt. Die Kollegen hatten schon Wetten abgeschlossen, wie lange ich wohl durchhalten würde.

Worauf sie alle besonders stolz waren: Sie hatten für mich eine eigene Toilette gebaut!

Die Fenster meines »Büros« hatten sie mit einer blickdichten Folie verklebt, und meine Tür musste ich von innen verschließen. Jeder, der reinwollte, musste erst mal klopfen.

Dafür durfte ich das Kopftuch abnehmen, wenn ich darin allein war. Die Rückseite meines kleinen Reiches hatte eine große Glasfront mit Jalousien, durch die ich hindurchspähen konnte, und dahinter befand sich ein Feld, das von einem hohen natürlichen Wall aus Sand und Steinen umgeben war. Später, als ich etwas mutiger wurde, kletterte ich einmal dort hinauf und genoss den atemberaubenden Anblick der schneebedeckten Berge vor einer endlos scheinenden Wüste. In diesem Moment keimte ein riesiges Glücksgefühl in mir auf, und ich fühlte mich unbesiegbar.

Gleich am ersten Tag wurde ich von zwei bärtigen Pasdarani abgeholt. Ich musste in einen Jeep steigen und wurde zum obersten Chef der Baustelle gebracht. Es handelte sich um den Mullah, von dem Bernd mir schon berichtet hatte. Gesenkten Hauptes trat ich ihm gegenüber, und das Herz schlug mir bis zum Halse.

Der bärtige Mensch mit schwarzem Turban belehrte mich auf Farsi, wie ich mich zu verhalten hätte, denn er konnte natürlich kein Englisch. Ich verstand kein Wort und wusste nicht, ob ich nicken durfte. Der Mullah überreichte mir ein Koranheftchen in englischer Sprache und forderte mich auf, jeden Tag eine Sure daraus auswendig zu lernen.

Der Mensch, der mich mit dem Auto zurückfuhr, erklärte mir auf Englisch, was der Mullah gesagt hatte: Ich durfte den Container während meines zehnstündigen Arbeitstages nicht verlassen, musste immer auf den Bus warten und durfte keinem Mann direkt in die Augen sehen. Aber ich solle mir das Gequatsche des Alten nicht allzu sehr zu Herzen nehmen. Der Fahrer lächelte mich aufmunternd an: »Es kommen auch mal wieder bessere Zeiten für den Iran. Und ich versichere Ihnen: Sie werden unser Land lieben!«

Die Wochen vergingen, und die Arbeit machte mir sogar Spaß. Endlich konnte ich beweisen, was in mir steckte! Die Zeit am Schreibtisch verging viel schneller als erwartet. Konzentriert arbeitete ich mich durch Papierberge und Akten.

Ganz entgegen den Vorschriften des strengen Mullahs wurde mir ein männlicher Assistent zugewiesen, ein pfiffiger Kerl namens Ali, der morgens um sieben pünktlich an meinen Container klopfte. Da ich die Kemenate ja nicht verlassen durfte, war er mein Laufbursche. Nach meinem Feierabend machte er auch meinen Container und die Toilette sauber.

Er war ausgesprochen stolz auf seinen Job, mit dem er seine kinderreiche Familie ernährte, und nannte mich respektvoll »Madame«. Nach anfänglicher Scheu brachte er mir auch ein paar Worte Farsi bei. Nach einiger Zeit merkte ich, dass er absolut vertrauenswürdig war und nie verraten würde, dass ich ab und zu mein Kopftuch ablegte. So wurde Ali mein Freund. Eines Tages sprang mir aus meiner Schreibtischschublade eine Maus entgegen! Ich wich erschrocken zurück und quietschte vor Entsetzen. Mit zitternden Fingern zeigte ich dem herbeigeeilten Ali die Schublade, die ich in Panik wieder zugeknallt hatte. Er lachte sich kaputt, griff ungerührt hinein, packte das Mäuschen und zertrat es, wobei das Mäuslein genauso hysterisch quietschte wie ich.

Am nächsten Tag fasste ich glücklicherweise sehr zaghaft in die Schublade, und das war auch gut so; es lag nämlich eine Mausefalle drin.

Die Sonne schien jetzt jeden Tag und wärmte kräftig. In der Mittagspause gesellte ich mich selbstbewusst zu meinen Arbeitskollegen ins Freie und ließ mir die Sonne in den Teil des Gesichtes scheinen, der nicht von Kopftuch oder Sonnenbrille verdeckt war. Abends beim Blick in den Spiegel musste ich lachen: Nase, Mund und Wangen waren braun, der Rest weiß.

Ich führte Protokoll bei den Meetings, bei denen auch immer Iraner dabei waren, meist Techniker und Ingenieure. Unsere Leute waren sehr froh, dass diese Aufgabe nun gewissenhaft erledigt wurde, und dass sie sich nicht mehr mit dem Schriftkram befassen mussten.

»Habt ihr von den letzten Bombenangriffen gehört?« Jim, ein Engländer, streckte sich mit einer Tasse Kaffee auf seinem Stuhl aus. »Hier ist zwar noch nichts zu merken, aber in Maschhad und Isfahan soll es schon gekracht haben.«

Ich wusste inzwischen, dass es nicht weit von hier einen Militärstützpunkt samt Luftabwehr gab. Ich reichte auch den anderen Männern ihren Kaffee und setzte mich, hellhörig geworden, dazu.

Gregory, ein Techniker aus Schottland, wusste noch mehr zu berichten: »In der Fabrik hier in der Nähe, die angeblich Düngemittel herstellt«, er zog mit dem Zeigefinger ein Augenlid herunter, »dort, wo es immer so stinkt, ist es zu einem Eklat gekommen.«

»Ja, das habe ich auch gehört.« Jim stellte seine Kaffeetasse mit Schwung auf den Boden.

»In dem großen Tank ist ein Leck aufgetreten. Ammoniak ist ausgelaufen, und es hat etliche Koreaner erwischt.«

»Wie jetzt?« Ich richtete mich auf und saß plötzlich stocksteif da.

»Na, da sind ein paar Arbeiter in die Luft geflogen!«

Bernd beugte sich vor. »Von Düngemittel?«

»Von Sprengstoff!« Der Engländer nahm ein Taschentuch und legte es auf seine Glatze. »Die bereiten sich auf einen Angriff aus dem Irak vor.«

»Um Gottes willen …« Hilfe suchend sah ich Bernd an. »Beim nächsten Mal fliegen wir alle in die Luft!«

»Erzählt doch nicht solche Schauermärchen, wenn meine Frau dabei ist!« Bernd stand verärgert auf. »Sie quietscht ja schon, wenn sie eine Maus in der Schreibtischschublade findet!«

»Bernd, das ist jetzt nicht fair …«

»Ja, beruhigt euch.« Jim wischte sich den Schweiß von der Stirn und griff wieder zu seiner Tasse. »Es heißt doch immer, dass wir Europäer als Erste ausgeflogen werden, wenn es brenzlig wird.«

»Um die paar Koreaner ist es nicht schade«, grunzte der dicke Schotte. Eine Bemerkung, für die ich ihm gern eine reingehauen hätte.

»Sei ganz beruhigt, Katharina.« Bernd legte tröstend eine Hand auf meinen Arm. »Wenn es ernst wird, fliegen die uns sofort aus.«

»Wer sagt das?« Ich zog meinen Arm weg, als hätte mich eine Wespe gestochen.

»Die deutsche Botschaft. Mit der bin ich täglich in Kontakt.«

Bernd klatschte in die Hände: »Pause vorbei, Leute!

Macht euch wieder an die Arbeit! Wir sind schließlich nicht zum Vergnügen hier!«

Aufgebracht stapfte ich wieder in meinen Container, wo ich mir wegen einer akuten Hitzeattacke das Kopftuch aus den Haaren riss und mir damit Luft zufächelte. Diese Neuigkeiten musste ich erst mal verdauen.

Wir hatten inzwischen neue Freunde gewonnen. Brigitta hatte uns mit den wenigen Deutschen, die noch in Shiraz lebten, gemeinsam eingeladen, und so lernte ich Evelin kennen, eine kleine energische Dunkelhaarige, die stark bayerisch sprach. Auch sie mochte ich auf Anhieb, weil sie so selbstbewusst und witzig war.

»Die scheißt sich nix«, hatte Bernds erster Kommentar über sie gelautet.

Am Freitag darauf waren wir dann alle zusammen bei ihr zum Essen eingeladen.

Evelin war sogar noch etwas jünger als ich. Sie war mit einem reichen Iraner verheiratet und hatte schon fünf Töchter, die temperamentvoll in ihrer riesigen Villa herumsprangen beziehungsweise krabbelten. Evelin hatte im Gegensatz zu Brigitta noch eine Menge Hauspersonal, ohne das sie ihrer Kinderschar wohl kaum Herr geworden wäre. Ihr war egal, was die Angestellten über sie redeten. Sie ließ sich vom Chauffeur durch die Stadt kutschieren und wusste auch in diesen schwierigen Zeiten, wo es für Schwarzgeld, sprich Dollar, unter dem Ladentisch rare Köstlichkeiten und Alkohol zu kaufen gab. Für ihre Kinder fand sie Vollmilch und für sich Champagner. Ich beneidete sie um ihren Wagemut. Ihr Mann Hussein besaß eine Kunststofffabrik und war ein erbitterter Chomeini-Gegner. Auch er war unter dem Schah zu einem steinreichen Unternehmer geworden und hoffte auf bessere Zeiten.

Evelin reiste regelmäßig mit einigen ihrer Mädels nach Waging am See, wo ihre Eltern ein Ferienhotel betrieben. Dort half sie dann morgens im Dirndl die Semmeln servieren, spielte abends vor den Gästen auf der Zither und steckte auch ihre schwarzäugigen Töchterchen ins »Trachtengwandt«, damit sie ein paar bayrische Volkslieder sangen. Ich hörte ihren Schilderungen schmunzelnd zu. Größer konnte der Kulturunterschied wohl kaum sein! Mich interessierte brennend, wie sie ihren Hussein kennengelernt hatte, als bayrische Maid vom Lande!

»Als Skilehrerin!«, erzählte sie. »In Kitzbühel.« Dort hatte Hussein Urlaub gemacht, sie gebucht und sich sofort in das reizende Skihaserl verliebt, das keine schwarzen Pisten scheute und wie der Blitz vor ihm durch den Pulverschnee wedelte. Na bitte! So angelte man sich einen Millionär.

Sie durfte allerdings nie alle fünf »Dirndln« auf einmal mitnehmen, wenn sie nach Bayern fuhr, immer nur zwei oder drei. Damit wollte Hussein sicherstellen, dass sie auch wiederkam.

»Ich soll meinem Hussein endlich einen männlichen Nachfolger schenken«, vertraute sie mir beim Abendessen an. »Ich hab aber keine Lust mehr, schwanger zu werden! I bin zwar a Skihaserl, aber doch koa Karnickel net!«

Ich musste lachen.

»Und du?« Sie ließ ihren Blick an mir herabgleiten. »Willst dir deine Traumfigur wohl net versauen?«

»Nein, das hat damit nichts zu tun.« Verlegen nahm ich einen Schluck Wein. »Nach einer Totgeburt vor drei Jahren kann ich keine Kinder mehr bekommen. Es wäre ein Junge geworden – Damian.«

»Oh. Da bin ich jetzt ordentlich ins Fettnäpfchen getreten.« Sie prostete mir zu: »Samma wieda guat! – Komm mit, ich zeig dir meine anderen Babys.«

Wie? Sie hatte noch mehr Kinder? Sie meinte aber ihre bemerkenswerte Rosenzucht.

Evelin hatte den grünen Daumen. So, wie sie zu Hause in Waging ihre Hotelbalkons mit Geranien bepflanzt hatte – »Weils die Preißn so arg freut« –, hatte sie ihren parkähnlichen Garten in Shiraz in ein echtes Rosenparadies verwandelt, das es mit dem der Farah Diba aufnehmen konnte. Schwerer, süßer Duft lag in der Luft, und die Töchterchen spielten Schmetterlingfangen.

»Ah, ihr habt es wunderschön hier!« Staunend drehte ich mich um meine eigene Achse. »Was für eine Blütenpracht, und diese traumhaften Farben!«

»Ja, moanst, ich lass mir hier im Iran die Laune verhageln?« Evelin bückte sich und schnitt mit geübtem Griff eine blutrote Rose ab, die sie mir überreichte. »Nur weil so a depperter, oida, bissgurkiger Zausel der Chef is?«

Sie meinte Chomeini. »Kruzitürkn, der beißt auch bald amoi ins Gras, und dann is a Rua!«

Wieder musste ich schallend lachen.

»Sag amal, wann fahrst'n wieder rüber nach Deutschland?«, wollte sie wissen.

»Spätestens zu Weihnachten. Wir wollen nämlich heiraten!«, vertraute ich ihr an. Die Männer spielten währenddessen eine Partie Schach und zogen kindergroße Figuren übers Brett, wobei sie von den rennenden Mädchen gestört wurden.

»Was? Du lebst in wilder Ehe? Lass das amal den oidn Großwesir net wissen, der schlogt di nieda!«

»Eben. Deswegen wollen wir unser Lotterleben ganz schnell und diskret beenden. Bernds Mutter lebt noch in Kassel, und ich habe dort auch gute Freunde, die meine Trauzeugen werden sollen …« Ich dachte an Gunhild und Georg Södermann. Sie würde bestimmt auf meiner Hochzeit singen, falls sie nicht wieder eine Panikattacke bekam! Und Klementine, die Gute, wollte ich natürlich auch einladen!

»Ah, da hast du noch a Schwiegamutta!« Evelin zog mich zu Liegestühlen am Swimmingpool, der leider zurzeit leer war, weil ja überall Wassermangel herrschte, und mit einem Netz abgedeckt war. Geschickt öffnete sie zwei Flaschen bayrisches Bier:

»Weißt du, was die zwei besten Züge sind?«

»Züge? Wohin denn, nach Teheran?« Ich hatte ihr beiläufig erzählt, dass Bernd und ich einen Wochenendtrip nach Teheran planten.

»Naa, du depperts Weibsbild! Züge! Zum tringa! Prost!« Sie nahm ein paar kräftige Züge direkt aus der Flasche.

Ich verstand nur Bahnhof.

»Der erste Zug vom Bier und der letzte Atemzug der Schwiegermutter!«

Ja, mit ihrer bayrischen Derbheit musste man erst mal klarkommen, aber ich mochte Evelin und ihre direkte Art. Solange solche Menschen im Iran waren, fühlte ich mich hier geborgen.

»Also, kannst mir einen Gefallen tun, wannst wieder in Deutschland bist?«

»Ja. Gern. Natürlich.«

»Bringst mir a Großpackung von der Pille mit?«

Schluck. Oh. Da sollte ich also dabei helfen, Husseins männlichen Nachkommen zu verhindern.

Ehrlich gesagt mischte ich mich nur ungern in die Familienplanung ein.

»Dein Hussein wird mich steinigen!«

»Des muss der ja net mitkriegen!«

Also, klar, unter guten Freundinnen versprach ich es.

»Es wird aber noch bis Weihnachten dauern«, warnte ich sie. »Vorher fahren wir bestimmt nicht heim.«

»Macht nix«, meinte sie, »da legi mi halt bis dahin quer.«

Seit Kurzem hatten wir auch ein Ehepaar aus der DDR in Shiraz: Betty und Horst. Wieder zwei köstliche Originale, diesmal mit sächsischem Akzent. Sie waren einfache Leute, aber hilfsbereit und liebenswert. Wir luden sie zu uns zum Essen ein, und nach einigem Zögern sagten sie zu. Erst waren sie sehr vorsichtig mit uns »Wessis«, die wir ja offiziell Staatsfeinde waren. Aber dann tauten sie sehr schnell auf. Horst war in den Iran gekommen, um Teppichmaschinen zu installieren und zu warten, mit denen die DDR das frühere Persien belieferte. Schon makaber in einem Land, in dem die schönsten Teppiche der Welt von Hand geknüpft werden!

»Aba leida kann sisch die ja nisch jeda leistn«, sächselte Horst. »Pesch für die, Klück für uns, was, Beddy?«

Ja, es war wirklich ein Glück, denn auf diese Weise konnten die beiden aus der DDR ausreisen. Sie mussten allerdings vorher unterschreiben, dass sie nicht versuchen würden, im Iran mit Westdeutschen Kontakt aufzunehmen. Ich schüttelte heimlich den Kopf. Was für ein Schwachsinn!

»Habt ihr ja auch nicht«, sagte Bernd tröstend. »Wir haben ja euch eingeladen, nicht umgekehrt. Ihr habt keinesfalls mit uns Kontakt aufgenommen.«

Betty war in Leipzig Kantinenköchin gewesen und leistete mir gleich in der Küche Gesellschaft.

»Wenn de willst, mach ich dir die besten Buleddn. Und in meinen Nudelsalat kannste disch reinsetzn!«

Ich hatte zwar etwas anderes geplant, aber ich ließ sie werkeln. Sie war klein und dick und hatte ihre bunte Kittelschürze gleich mitgebracht.

»Meinst du, sie überwachen euch von der DDR aus?« Misstrauisch schaute ich zum Küchenfenster hinaus. Ich wollte den beiden ja keinen Ärger machen.

»Das glaube ich nicht.« Betty vermischte Nudeln mit sauren Gurken, Erbsen aus der Dose und Mayonnaise in einer Plastikschüssel. »In Teheran werden die DDR-Bürger überwacht, aber hier in Shiraz gibt es keine Dienststelle der DDR.« Leutselig drehte sie sich zu mir um: »Reisch mir mal das Maggi!« Das hatten wir aus Westdeutschland mitgebracht, und darauf fuhr Betty voll ab. Großzügig verteilte sie die Flüssigwürze in ihrem Nudelsalat.

»Als ob wir hier im Iran nicht eigene Sorgen hätten!« Kopfschüttelnd beobachtete ich sie bei ihrem Tun.

»Also, wir finden es hier subor«, meinte Betty begeistert. »So frei haben wir uns lang nisch mehr jefühlt!«

Die beiden waren einfach wahnsinnig froh, der DDR entronnen zu sein. Das mit den Kleidervorschriften fand Betty auch nicht schlimm: »Jetzt muss ich wenigstens nicht mehr ständig den Bauch einziehen und dauernd überlegen, welsches Gleidungsstück noch nicht kneift!« Dasselbe galt auch für ihre völlig verunglückte Dauerwelle. »Här mitm Duuch«, ulkte sie. »Damit seh ich immer noch besser aus als mit meem Sauergraut ufm Kopp!«

Beim Stichwort »Duuch« erzählte Horst seinen Lieblingswitz, der kein bisschen politisch war: »Im Leipziger Zoo hamse die Diescher gestohlen! – Was? Die schönen Köningsdiescher? – Quatsch! Die Dischdiescher aus der Gantine!« Dabei schlug er sich auf die Schenkel und lachte so laut, dass sein Bierbauch wackelte.

Als unser Besuch gegangen war, verzogen wir uns auf die hochsommerliche Dachterrasse, wo Bernd schon unsere »Madratzn« ausgebreitet hatte, wie er mir in Horst-Sprache mitteilte.

»Brauchst du noch Diescher, oder is es dir warm jenuch?«

Mir war geradezu heiß! Die samtene Nacht umhüllte uns, und der Duft der blühenden Lavendelsträucher und Mandelbäume wehte zu uns herüber wie ein Aphrodisiakum. Am Nachthimmel standen unzählige funkelnde Sterne. Es war unbeschreiblich romantisch, und mich erfasste wieder diese Orient-Euphorie wie aus tausendundeiner Nacht.

Kichernd sank ich zu meinem Liebsten auf das improvisierte Lager. »Schau dir dieses Wahnsinns-Firmament an! Ist das nicht ein Traum?« Selig schmiegte ich mich an ihn. »So einen traumhaften Sternenhimmel haben wir in Kassel nicht!«

»In Gassl trinken wir auch nischt den schönen Schnaps aus den Ärpsndosn.«

Ich streichelte versonnen meinen gut gebauten Mann,

der dieses komische Talent hatte, unsere Freunde perfekt nachzuahmen.

»Ob ihn wohl schon viele iranische Dichter besungen haben?«

»Wen?« Bernd schaute erfreut an sich herunter.

»Den Sternenhimmel!« Ich knuffte ihn in die Seite. »Männer!«

Bernd sächselte: »Liebe unterm Sternenhimmel, freut den Bernd und seinen Bimmel.«

Ja, der Iran hatte auch seine schönen Seiten. Die unvergesslichen Liebesnächte auf der Dachterrasse waren eine davon.

An unserem nächsten Freitag kam ich wieder nicht dazu, mich mit unseren neuen Nachbarn bekannt zu machen, denn wir planten schon länger einen Ausflug nach Persepolis.

Wir hatten ein Auto mit Fahrer, und ich freute mich sehr auf die ehemalige Residenzstadt der frühen persischen Könige. Der Name Persepolis bedeutet »Stadt der Perser« und bezieht sich auf den König Dschamschid.

Persepolis liegt etwa sechzig Kilometer nordöstlich von Shiraz auf einer Hochebene. Die Fahrt genossen wir bei wunderschönem Wetter, zu zweit hinten im Fond aneinandergekuschelt, und es kam so etwas wie Urlaubsstimmung auf. Mein Kopftuch trug ich ziemlich locker. Ich hatte zur Feier unseres Sommerausflugs ein weißes gewählt. Meine nackten Füße steckten in Sandalen. Bernd meinte, das sei ziemlich ungefährlich, weil in Persepolis hauptsächlich Touristen wären und vermutlich keine Pasdarani.

Der Schah hatte die kostbarsten Altertümer von Persepolis 1971 zur 2500-Jahrfeier der Monarchie restaurieren lassen. »Über tausendachthundert Zelte sind damals für die hochrangigen ausländischen Gäste aufgestellt worden«, wusste Bernd zu berichten. »Die Bewirtung war herausragend, alles in allem ein orientalisches Märchen. Eine Unmenge von Macht und Reichtum wurde da zur Schau gestellt.«

Der Schah kam mir vor wie ein Pfau, der ständig sein Rad schlagen musste, um sich Respekt zu verschaffen.

»Acht Jahre später musste der Schah dann den Iran verlassen«, sagte ich nachdenklich. »Hätte er mal nicht so rumgeprotzt!«

Kein Wunder, dass sein verschwenderischer Prunk, die Tatsache, dass die Schere zwischen Arm und Reich immer weiter auseinanderklaffte, irgendwann ins Gegenteil umschlagen musste! Heute war alles verboten, was Spaß machte.

Die Revolution hatte auch hier ihre Spuren hinterlassen. Ein riesiger staubiger Parkplatz lag völlig verwaist in der glühenden Sonne. Unser Fahrer begleitete uns zu den Palastruinen – zu unserer eigenen Sicherheit, wie er sagte. Er sprach passabel Englisch, und so schritten wir gemeinsam durchs prächtige Eingangstor und gelangten dann zu den zwei großen Säulenhallen. Der Fahrer erklärte uns, dass es »Tor aller Länder« hieß. Die alten Perser hatten zwar viele Völker unterworfen, ihnen aber weder ihre Kultur noch ihre Religion genommen – ganz im Gegensatz zu heute!

Die Gebäude waren nur noch andeutungsweise erkennbar.

»Aber sie müssen viel größer und prächtiger gewesen

sein als zum Beispiel die Akropolis in Athen!« Bernd stand beeindruckt vor den Mauerresten.

»Kommen Sie, ich zeige Ihnen den Saal der hundert Säulen! Passen Sie auf, wo Sie hintreten!«

Unser Fahrer kletterte vorneweg, über riesige Steinbrocken. Bernd reichte mir die Hand, und ich bereute, kein festeres Schuhwerk angezogen zu haben.

Ich war schon in Ephesus gewesen und stellte eine gewisse Ähnlichkeit mit den dortigen Ruinen fest. Glanz und Gloria, wohin das Auge sah.

»Schauen Sie! Sechsunddreißig Säulen sind noch sehr gut erhalten!« Ich blinzelte in die Sonne. Wie prachtvoll musste dieser gigantische Marmorsaal gewesen sein! »Sieh nur, Bernd, die unglaublich präzisen in Stein gemeißelten Reliefs, was für eine großartige Kunst!«

Mit den Fingern fuhr ich ehrfürchtig über die Löwen- und Stiermotive. Ich versuchte mir vorzustellen, unter welch mühseligen Umständen diese Steinmetzarbeiten vor Tausenden von Jahren entstanden waren. Ich empfand tiefe Traurigkeit über die allgegenwärtigen Spuren des Verfalls.

»Warum tun Menschen so etwas, Bernd? Erklär es mir! Waren es Revolutionsgarden, die hier in blinder Wut alles zerschlagen haben?«

»Das alte Persepolis wurde bereits von Alexander dem Großen in Brand gesetzt. Es hat also gerade mal ganze zweihundert Jahre existiert. Aber seit dem Sturz des Schahs wird dieses großartige Weltkulturerbe mehr oder weniger sich selbst überlassen. Für die jetzigen Machthaber hat es keinerlei Bedeutung, schließlich reicht es weit in die vor-islamische Zeit zurück.«

Trotz der sengenden Sonne fröstelte es mich plötzlich. Nein, ich wollte und konnte mir nicht vorstellen, wozu die Menschen fähig waren. Eine Macht rächt sich an der anderen – ohne Rücksicht auf Verluste: Perser gegen Griechen. Griechen gegen Perser. Der Schah gegen Oppositionelle und jetzt Chomeini … Das berüchtigte Evin-Gefängnis in Teheran fiel mir wieder ein. Wie viele Menschen dort schon zu Tode gefoltert worden waren! Ich hatte davon gehört und versuchte es immer wieder zu verdrängen. Meine Liebe zu Bernd war größer als die Abscheu vor solchen Taten.

Zum Glück kam gerade in diesem Moment ein Bus mit Touristen auf den Parkplatz gefahren, und ich hörte fröhliches Gelächter.

»Was für ein seltenes Geräusch!« Bernd und ich sahen auf die Leute herunter, die plappernd und lachend aus dem Bus quollen und sich erst mal für ein Gruppenfoto aufstellten. »Schau dir das an! Menschen, die sich fotografieren und dabei lachen. Ich hatte schon ganz vergessen, dass es das gibt.«

An den Wortfetzen, die zu uns heraufdrangen, erkannten wir, dass es Franzosen waren.

In diesem Moment wurde uns mit voller Wucht bewusst, dass wir hier im Iran noch keine Menschen erlebt hatten, die in der Öffentlichkeit miteinander lachten, geschweige denn sich gegenseitig fotografierten! Es war streng verboten, Fotos zu machen, besonders von Frauen. Darauf standen harte Strafen.

Wir suchten uns ein ruhiges Plätzchen mit grandioser Aussicht für ein Picknick. Das war übrigens sehr wohl üblich, denn Iraner liebten Picknick! Im Sommer waren die großen Grünstreifen in der Stadt besetzt von kinderreichen Familien. Die meisten Restaurants waren geschlossen worden, und in den wenigen, die es noch gab, aßen Männer und Frauen ja getrennt. Also wich man auf Picknicks am Straßenrand aus. In der Dunkelheit waren die kleinen Picknickfeuer eine Art Hoffnungsschimmer und verliehen der sonst so tristen Stadt ein heiteres Flair.

Wir luden unseren Fahrer ein: »Kommen Sie, Naser, setzen Sie sich zu uns!«

Der Mann war aber schüchtern und wollte unsere Zweisamkeit nicht stören. Er hatte ja im Auto mitgekriegt, wie verliebt wir waren. Lächelnd warf er den Grashalm, auf dem er die ganze Zeit gekaut hatte, neben eine Zigarettenschachtel und zwei benutzte Plastiktassen, die andere Besucher hier zurückgelassen hatten, und schlenderte davon.

»Lass uns was essen.«

Bernd breitete die Decke aus, die er im Rucksack mitgebracht hatte und holte unseren Proviant hervor: gekochte Eier, goldene Trauben, Fetakäse und Oliven.

Mein Geliebter grunzte begeistert: »Du hast ja an alles gedacht.«

»Nein, leider: Wein fehlt. Ich habe nur Fruchtsaft!«

»Alkohol wäre hier auch zu gefährlich gewesen.« Bernd ließ sich neben mir auf der Decke nieder. »Außerdem muss ich mir dich nicht schön trinken, Liebste!« Er schenkte mir einen Blick, bei dem mir die Knie weich wurden. Ja, es hatte wirklich etwas Erotisches, ständig verschleiert zu sein. Kleine Andeutungen oder verstohlene Blicke konnten viel mehr bewirken als damals zu Zeiten der Hotpants und knappen Bikinis. Ich fühlte mich tatsächlich wie ein kostbar verpacktes Geschenk und weniger wie etwas, das zum Greifen nahe in der Auslage lag.

Bernd pellte die Eier, und ich sah ihm dabei zu. Er hatte wunderbare Hände, die zupacken, aber auch unglaublich zärtlich sein konnten. Manchmal fragte ich mich, wie das zusammenging: einerseits auf der Großbaustelle mitanpacken wie ein Bär, und dann wieder diese einfühlsame Zärtlichkeit, mit der er meine intimsten Zonen entdeckte und zum Glühen brachte.

Ich verspürte das Verlangen, mich vorzubeugen und diese Hände zu küssen, nahm ein von Bernd gepelltes Ei und biss hinein. Der goldene Dotter tropfte mir auf die Finger, und Bernd leckte ihn mir ab. Es war ein unglaublich sinnlicher Moment. Gut, dass keine Pasdarani in der Nähe waren; dies wäre wohl ein Fall für eine öffentliche Hinrichtung gewesen! Es lag ein Knistern in der Luft, wie es sonst nur bei sehr verbotenen Dingen der Fall ist. Wie gut, dass der Fahrer gegangen war. Es bedurfte keiner Worte, wir beherrschten die Sprache der Augen. Hier oben auf dem Hügel des zerstörten Persepolis schienen wir ganz allein auf der Welt zu sein. Das Gelächter und Stimmengewirr der Franzosen hatte sich verloren, nur ein paar Spatzen näherten sich unserer Decke, hüpften ein wenig umher und pickten nach den Brotkrumen, die sich zwischen die trockenen Blätter verirrt hatten. In diesem Moment war ich wunschlos glücklich.

Nach dem Essen beschlossen wir, einen Spaziergang zum Bach zu machen. Bernd faltete die Decke zusammen und strich über das Gras, um den Halmen zu helfen, sich wieder aufzurichten. »Auch kleine Dinge können uns entzücken«, ging mir ein Gedicht von Paul Heyse durch den Kopf. »Bedenkt, wie klein ist die Olivenfrucht und wird um ihrer Güte doch gesucht. Denkt an die Rose nur, wie klein sie ist und duftet doch so lieblich wie ihr wisst!« Wenn man weitab lebt vom großen Weltenrummel, wenn Fremdbespaßung außen vor bleibt, schärft das den Sinn fürs Wesentliche. Leichtfüßig eilte ich voran und genoss den warmen Sommerwind. Bernd trug den Rucksack und erzählte mir vom persischen Reich im dreizehnten Jahrhundert, während wir einen engen steinigen Pfad hinunterschlenderten, der sich um Maulbeerbäume und Himbeersträucher schlängelte. Seine Stimme drang so warm an mein Ohr wie die Sonnenstrahlen an meine Haut. Hand in Hand stiegen wir den felsigen Pfad hinunter zu einem murmelnden Bach, den wir schon die ganze Zeit plätschern gehört hatten. Was für ein idyllisches Fleckchen! Eine grüne Libelle flatterte von einem Stein zum nächsten. Bernd zog seine groben Wanderschuhe aus und wusch sich in dem klaren Bach die Füße. Ich streifte die Sandalen ab und tat es ihm nach. Das Wasser war so erfrischend und köstlich, dass ich laut aufseufzte. Als ich die Füße herauszog, prickelten sie. Ich fühlte mich jung und frei. Wie neugeboren. Ich legte mich in den Sand, schaute zu den raschelnden Baumkronen empor, die den Eindruck machten, als wollten sie mich beschützen.

Bernd pflückte eine gelbe Butterblume und steckte sie mir zwischen die Zehen.

»Das Königreich ist zerstört«, sagte er und lächelte auf mich herab. »Es lebe die Königin!«

Ich setzte mich auf, bespritzte ihn mit Wasser und lachte.

Es sollte einer der unbeschwertesten Momente meines ganzen Iran Aufenthalts sein.

»Komm schon, mein Prinz, der Fahrer wartet!«

Er stand tatsächlich oben vor blauem Himmel und winkte. Es wurde Zeit für die Rückfahrt. Wir rappelten uns auf, auch wenn wir diesen Moment gern noch länger genossen hätten.

Eine Windbö wirbelte trockenes Laub vom Boden auf, als wollte sie uns zum Aufbruch mahnen.

Im Auto erzählte uns der Fahrer von der Zeit vor der Revolution. Er schwärmte von Wohlstand und Freiheit, auch wenn er dem Schah gegenüber recht kritisch eingestellt war. Natürlich hatte es schreiende Ungerechtigkeiten gegeben! Aber die Toleranz der alten Perser, ihre Achtung vor der Kultur anderer Völker und die Religionsfreiheit vermisste er schon sehr. Er selbst war Armenier, gehörte also zur immer kleiner werdenden Gruppe der gerade noch geduldeten Christen. Es gab Tage, da traute er sich kaum noch auf die Straße. Sein Sohn konnte schon nicht mehr zur Schule gehen.

»Es ist nur noch eine Frage der Zeit!«, sagte er hoffnungsfroh, während er die Sonnenblende herunterklappte, »bis der böse alte Mann zurücktreten muss oder stirbt. Die Menschen werden einsehen, dass es ein Fehler war, ihn aus dem Exil zurückzuholen. Ein islamischer Staat mit den islamischen Gesetzen von vor tausendfünfhundert Jahren passt nicht mehr in die moderne Zeit. Das wissen die Leute längst. Irgendwann wird einer den Mut haben, es laut auszusprechen, und dafür nicht gleich mit dem Tode bestraft werden! Keine Religion der Welt kann sich durch Brutalität in die Köpfe und Herzen der Menschen prügeln.«

»Das war ja auf den christlichen Kreuzzügen nicht anders«, meinte Bernd.

Naser drehte sich zu uns um, die wir aneinandergekuschelt auf der Rückbank saßen, und merkte, dass wir nicht zum Philosophieren aufgelegt waren: »Früher platzte der Parkplatz in Persepolis aus allen Nähten! Es gab Geschäfte und Restaurants, Bars und Hotels!«

Wir konnten uns das kaum vorstellen, und in Anbetracht unseres wunderschönen einsamen Picknicks wollten wir das auch gar nicht.

Der Rest der Rückfahrt verlief schweigend. Es war nun fast dunkel geworden. In der Ferne auf einem Höhenkamm glommen offene Feuer. Es waren Nomaden mit ihren vielen Frauen und Kamelen. Die Nomaden waren die Einzigen, die Chomeini nicht »islamisieren« konnte. Die Frauen trugen nach wie vor ihre bunten Röcke und zeigten ihr Haar. Sie zogen mit ihren Kamelen und Ziegen auf alten Handelspfaden durchs Land und lebten nach ihren eigenen Gesetzen.

Ziemlich müde kamen wir wieder zu Hause an. Wir entlohnten unseren Fahrer und setzten uns bei sternklarem Himmel auf unsere Terrasse, jetzt mit einem guten Schluck Rotwein.

Unten schien es Streit zu geben. Der Mullah schrie, und die Frauen weinten. Der Alltag hatte uns wieder. Wir ließen die Eindrücke des Tages noch einmal Revue passieren, holten unsere Decken und schliefen dann Arm in Arm ein.

»Hast du die Spielkarten mit?«

»Ja, sie stecken in meiner Tasche. Bei Betty und Horst ist doch immer Kartenspielen angesagt!«

»Aber du hast hoffentlich den Schnaps nicht eingesteckt?«

»Nein! Das würde ich nie wagen!«

Wir waren zu Fuß unterwegs zu unseren neuen Freunden, und ich trippelte vorschriftsmäßig verhüllt hinter meinem Mann her. Von der nahe gelegenen Moschee rief gerade wieder der Muezzin zum Gebet, seine Stimme hallte von den umliegenden Mauern wider. Es klang gespenstisch, aber auch faszinierend, und ich wunderte mich, wie schnell ich mich an all das hier gewöhnt hatte. Beim Überqueren der Straße griff ich auch nicht mehr automatisch nach Bernds Hand, sondern hielt mich einfach in seinem Windschatten. Inzwischen hatte ich auch gelernt, mich zwischen den Autos hindurchzuschlängeln, ohne über meinen langen Mantel zu stolpern. Das schwarze Kopftuch war vorschriftsmäßig ums Gesicht geknotet, und nicht ein einziges Härchen schaute irgendwo hervor. Mein Blickfeld wurde zwar dadurch eingeengt, aber ich fühlte mich dennoch sicherer. Die Pasdarani hätten nichts an mir auszusetzen gehabt.

Wir näherten uns dem großen Marktplatz, auf dem vormittags immer die Gemüse- und Brotverkäufer standen, und ich wunderte mich über den Autokran, der hier heute stattdessen emporragte. Um ihn herum war alles abgeriegelt, als befände sich dort eine gefährliche Baustelle. Merkwürdig, dass so viele Pasdarani mit Maschinengewehren dort standen!

Automatisch schaute ich an diesem Kran hoch, und mir wurde schlecht. Da oben baumelte doch … Das war keine Puppe, das war – ein Mensch!

»Schau nicht hin, Katharina, geh einfach schnell vorbei!« Bernd beschleunigte seine Schritte und musste sich sehr beherrschen, mir jetzt nicht doch den Arm um die Schultern zu legen, um mich weiterzuziehen.

Aber ich hatte schon hingeschaut! Es war entsetzlich! Da hing ein junger Mann, vielleicht achtzehn, neunzehn Jahre alt! Die Zunge hing ihm unendlich lang aus dem Mund, sie war blau verfärbt. Die Augen waren aus den Höhlen getreten, und sein Hals war in die Länge gezogen wie bei einer Karikatur. Ein entsetzlicher Anblick, der mich traf wie ein Keulenschlag.

Unter dem Kran waren Menschen versammelt, die weinten und wehklagten, und jetzt begriff ich erst: Das waren seine Angehörigen und Freunde! Eine Frau wimmerte in unbeschreiblichem Schmerz, sie rang die Arme, ihr Gesicht war verzerrt, und ihr schreiender Mund ein einziges schwarzes Loch, eine einzige Wunde.

»Komm weiter, Katharina, schau nicht hin!« Bernd wurde noch schneller, aber ich konnte den Blick einfach nicht abwenden. Die Pasdarani winkten uns mit Knüppeln und Maschinengewehren weiter, wir sollten nicht stehen bleiben, sondern einfach weitergehen. Die anderen Passanten zogen die Köpfe ein und eilten vorüber, als hätte ein plötzlicher Platzregen eingesetzt. Jeder suchte schnell das Weite, um diesen furchtbaren Anblick nicht länger ertragen zu müssen.

Ich schmiegte mich an Bernd und konnte nicht verhindern, dass ich in Tränen ausbrach.

Dieser entsetzliche Moment hatte mich so unvorbereitet getroffen, und ich war so unendlich erschrocken, dass meine Beine ihren Dienst versagten.

Bernd zog mich am Mantelzipfel um die nächste Ecke, wo ich mich an eine Hauswand lehnen musste, weil ich so zitterte.

»Liebes, du bist ja leichenblass geworden!«

»Bernd, was hat dieser junge Mann getan, dass sie ihn öffentlich hinrichten?!« Ich schluchzte schockiert, voller Mitleid für diese arme Mutter.

»Keine Ahnung, er wird wohl gegen ein islamisches Gesetz verstoßen haben!«

Der Tschador fühlte sich schwer an, ich konnte kaum atmen. Mir war, als kämen die Wände der Häuser auf mich zu. Um nicht den Verstand zu verlieren, schüttelte ich den Kopf.

»Aber warum hängen sie ihn – an einen Autokran? Mitten auf den Marktplatz?« Ich weinte hemmungslos in meine Kopftuchzipfel.

»Zur Abschreckung. Alle Leute sollen sehen, was ihnen blüht, wenn sie gegen die Regeln verstoßen.« Bernd reichte mir ein Taschentuch. »Beruhige dich wieder, Liebes! Solche öffentlichen Hinrichtungen werden immer seltener. Ich habe schon lange keine mehr gesehen.«

»Was?« Ich starrte ihn an und konnte nicht verhindern, dass meine Zähne aufeinanderschlugen wie bei einem Kind, das zu lange im kalten Wasser geblieben ist.

»Früher habe ich es oft gesehen. Genau auf diesem Platz.« Er trat einen Schritt zurück und dämpfte seine Stimme. »Gleich an meinem ersten Tag hier habe ich mitbekommen, wie die Pasdarani mehrere Männer aufgehängt haben, mit dem Koran in der linken Hand.«

Mir war so schlecht, dass ich glaubte, mich jeden Moment übergeben zu müssen.

»Ich bin dann am nächsten Tag wieder hin«, fuhr Bernd fort, »und da hingen die immer noch da. Tagelang durften die Angehörigen die Leichname nicht abnehmen – sie dienten als abschreckendes Beispiel.« Er fuhr sich durch die Haare. »Da war ich genauso entsetzt wie du.«

»Aber das hast du mir nie erzählt!« Ich merkte, dass ich fast schrie.

»Bitte Liebes, beruhige dich! Natürlich habe ich es dir nicht erzählt! Sonst wärest du nicht zu mir in den Iran gekommen!«

Langsam ging er weiter. »Komm, Liebes, vergiss es einfach! Gehen wir zu Betty und Horst! – Na komm schon!«

Ich rannte einige Schritte hinter ihm her. »Wie kannst du jetzt ... Karten spielen?«

»Es geht uns nichts an, Katharina! Wir können es nicht ändern!«

Bernd versuchte, mich zu trösten, aber ich war fix und fertig. Schluchzend lief ich hinter ihm her und konnte auch bei Betty und Horst nicht aufhören zu weinen.

»Das sind hier harte Sitten«, murmelte Horst und schenkte erst mal eine Runde Schnaps aus. »Gaddarina, das war sicher kein schöner Anblick!«

Das Mitgefühl unserer Freunde tröstete mich ein bisschen, und Bernd nahm mich ganz fest in die Arme. »Liebes, es tut mir so leid, dass du das mitansehen musstest.«

Dadurch, dass wir mit Betty und Horst darüber sprachen, ging es mir mit der Zeit besser. Wir spielten tatsächlich an diesem Nachmittag noch Karten, während es draußen regnete, und ich wunderte mich, dass ich sogar wieder lachen konnte.

Auf dem Rückweg wählten wir einen anderen Weg und rannten unter einem Schirm regelrecht nach Hause.

Trotzdem konnte ich in dieser Nacht nicht schlafen und wälzte mich ruhelos hin und her. Immer wieder tauchte dieser furchtbare Anblick vor meinen Augen auf, und ich hörte die qualvollen Schreie der Mutter. Irgendwo im Hof trommelten Regentropfen unaufhörlich auf ein Wellblechdach.

»Liebes, was ist denn?« Bernds Hand berührte tröstend meinen Arm. »Wir müssen morgen früh raus! Versuch doch, ein bisschen zu schlafen!«

Mit einem Ruck setzte ich mich auf und warf die Bettdecke von mir, die mich zu ersticken drohte.

»Bernd, ich erwäge ernsthaft, dieses Land zu verlassen.«

»Aber Liebes, das kannst du mir doch nicht antun!«

»Ich möchte nach Hause, Bernd. Bitte hilf mir doch!«

»Wir fahren an Weihnachten, versprochen. Dann heiraten wir und sehen weiter.« Bernd knipste die Nachttischlampe an und setzte sich auf. Er lächelte liebevoll.

»Ich will dich auch heiraten, Bernd, ich liebe dich so sehr! Aber können wir anschließend nicht in Deutschland bleiben?«

Flehentlich sah ich ihn an. Doch er schüttelte den Kopf.

»Du weißt, dass ich der eigentliche Leiter der Großbaustelle bin. Wenn ich meine fünfhundert Arbeiter im Stich lasse, wäre das so, als würde der Kapitän das sinkende Schiff verlassen.«

Ich umschlang meine Knie. »Ich weiß, Bernd. So etwas würdest du nie tun.«

»Und du würdest deinen Mann nie im Stich lassen.« Er legte mir einen Finger unters Kinn. »Stimmt's?«

Ich schüttelte stumm den Kopf.

»Wer A sagt, muss auch …?«

»… B sagen«, flüsterte ich. »B wie Bernd!«

Bernd nahm mich zärtlich in die Arme und bedeckte mein Gesicht mit Küssen.

»Du bist das größte Geschenk meines Lebens, Katharina. Ohne dich wäre ich der einsamste und traurigste Mann der Welt. Keine andere wäre so mutig gewesen, mir in den Iran zu folgen. Ich danke Gott jeden Tag dafür.«

»Und ich danke Gott, dass ich dich gefunden habe, Bernd!«

Kurz flackerten Erinnerungen an Falk auf. An Falk und seine Tochter und an mein totes Baby Damian. Ich war so am Ende gewesen, so einsam und verlassen. Und jetzt hatte ich Bernd, dem ich buchstäblich bis ans andere Ende der Welt gefolgt war. Mein Leben hatte wieder einen Sinn!

»Wir werden das gemeinsam durchstehen. Versprichst du mir das?«

Ich nickte unter Tränen.

Die Albträume kamen Nacht für Nacht wieder, und grenzenloses Mitleid mit dieser Mutter höhlte mich von innen aus. Das Grauen, das Entsetzen sprangen mich jede Nacht wieder an, auch wenn Bernd neben mir gleichmäßig atmete. Dann schmiegte ich mich in seine Armbeuge. Solange Bernd bei mir war, war ich nicht in der Hölle.

Endlich hatte ich die Gelegenheit, meine neuen Nachbarn kennenzulernen. Die dreizehnjährige Tochter klopfte nämlich eines Tages an unsere Tür.

Erfreut öffnete ich. »Hallo, ich bin Katharina! Komm doch rein!«

Das Mädchen schlüpfte scheu in unsere Wohnung und sah sich neugierig um.

»Du kannst das Kopftuch ruhig abnehmen, mein Mann

ist noch auf der Baustelle!« Ob sie wohl Englisch verstand? Mit meinem Farsi war es noch nicht so weit her.

Sie trug einen traditionellen *salwar kamiz*, eine weite Pluderhose und darüber ein weites, bis zu den Knien reichendes Hemd. Mit großen fast schwarzen Augen bestaunte sie unsere Möbel.

Ich nahm sie mit in die Küche. »Ich hab mir gerade einen Kakao gemacht, magst du auch einen?« Ein verführerischer Duft nach heißer Schokolade durchzog die Wohnung.

Sie nickte. Ich zeigte auf den Küchenstuhl: »Setz dich doch. Leiste mir ein bisschen Gesellschaft!«

Mit zwei dampfenden Kakaobechern setzte ich mich zu ihr und zeigte auf mich: »Katharina!« Ich bewunderte ihre schimmernde Haut, ihre dunklen Wimpern und dichten Augenbrauen. Sie war eine kleine Schönheit, schien es aber nicht zu wissen. Dann zeigte ich fragend auf sie. »*What's your name*?«

»Leila!«

»Oh, das ist ja ein ganz besonders schöner Name! Leila!«

Sie übte sich darin, »Katharina« zu sagen, was ihr nicht gelang.

»Kathi«, sagte ich. »Das ist einfacher.«

»Kathi.« Sie lachte, wobei sich ein entzückendes Grübchen auf ihre Wange schlich.

Leila konnte tatsächlich ein bisschen Englisch, und wir plauderten und radebrechten, so gut es eben ging. *Three brothers* hatte sie, und zwar *older brothers*.

Der Vater war Mullah, das hatte ich schon mitgekriegt. Die Mutter war Hausfrau. Und die schickte Leila auch nach oben, zur ausländischen Nachbarin, weil ihnen der Zucker für den Tee ausgegangen war. Oder weil sie auch ein bisschen neugierig war.

»*Sugar?*«

»Ja, klar!« Ich ging in die Vorratskammer und holte ihr eine Packung. »Soll ich kurz mit runterkommen?« Ich zeigte erst auf mich und dann nach unten. »Ist dein Vater zu Hause? Muss ich ein Kopftuch aufsetzen?«

Ihr Vater war in der Moschee. Die Brüder auch. Ich witterte die Gelegenheit zu einem Nachbarinnen-Abend, zog die Wohnungstür hinter mir zu und schlüpfte mit der zutraulichen Leila nach unten.

Natürlich war ich neugierig, wie Familie Mullah so wohnte.

Als Leila die Haustür aufschloss, schlug mir der Duft nach scharf gewürztem Essen entgegen. Die Wohnung war genauso geschnitten wie unsere, aber es standen kaum Möbel drin.

Die Familie Bazari pflegte auf dem Teppich zu sitzen und zu speisen. Die Mutter hantierte in der Küche und war offensichtlich nervös, weil ihre Tochter so lange weggeblieben war. Fast schon grob zerrte sie das Mädchen herbei und nahm ihr schimpfend den Zucker ab, bis sie mich bemerkte. Da riss sie erschrocken die Augen auf.

Ich stellte mich freundlich vor und streckte ihr die Hand entgegen, doch sie griff hektisch nach einem Schal und warf ihn sich über. Dabei sah sie sich um wie ein Rehkitz auf der Flucht.

»Ich bin allein«, gestikulierte ich. »Mein Mann ist nicht dabei!« Ich zeigte auf den Ring an meinem Finger und dann in die Ferne: »Draußen. Baustelle. Er arbeitet noch.«

Kurz darauf saßen wir zu dritt auf dem Wohnzimmerteppich und tranken unglaublich süßen Tee aus winzigen Tässchen. Dazu gab es köstlichen Reispudding.

»Halawa?«, bot mir die Mutter an, und ich kostete. Es handelte sich um eine arabische Süßspeise aus zerstoßenen Sesamsamen und Honig. Herrlich klebrig, mächtig und enorm süß. Die Mutter konnte aber fantastisch kochen! Deshalb waren ihre Männer so kugelrund – bei so viel Liebe, die durch den Magen ging!

Die Mutter hieß Forugh. Sie wirkte anfangs genauso schüchtern wie Leila, aber genauso schnell taute sie auf.

Wir radebrechten ein bisschen, ich erzählte, dass ich auf der Baustelle arbeitete und tippte auf einer imaginären Schreibmaschine herum. Sie erzählte mir, dass sie ausschließlich kochte, putzte und ihre Männer bediente, was mich nicht weiter verwunderte.

Plötzlich sprang sie abrupt auf und bedeutete mir, schnellstens zu verschwinden: Die Herren der Schöpfung kamen aus der Moschee heim, man hörte sie schon lärmend und polternd an der Haustür. Der Vater spuckte geräuschvoll aus, und die Söhne taten es ihm nach. Das hieß vielleicht: Hallo Mama, hier sind wir wieder, und wir haben Hunger.

Ich verdrückte mich hastig durchs Treppenhaus und spähte von oben übers Geländer.

Der Mullah sah beeindruckend aus mit seinem langen rötlichen Bart und seinem kunstvoll geschlungenen Turban. Sein mächtiger Körper war in ein langes weißes Hemd und einen aufwendig bestickten Umhang gehüllt. Mit lauter Stimme erklärte er seinen drei Söhnen etwas, es hörte sich an, als wäre er mit seiner Predigt noch nicht fertig. Die Söhne, vielleicht zwanzig, achtzehn und sechzehn, sahen aus wie Abbilder ihres Vaters. Auch sie trugen wallende Gewänder und Turban, nur die Bärte waren noch nicht so lang. Aber wohlgenährt und selbstzufrieden wirkten sie alle. Geräuschvoll verschwanden sie in der Wohnung, und dann drang Gebrüll, Türenknallen und Gepolter zu mir herauf. Plötzlich kam ein Knall, der sich anhörte wie eine Ohrfeige. Wieder hörte ich die Mutter schreien und Leila weinen.

Hastig zog ich mich in meine Wohnung zurück. Ich wollte mir lieber nicht ausmalen, was da unten passierte! Wie konnte dieser Kerl seine kleine, zerbrechliche Tochter schlagen?

Und warum vor allem? Die süße Leila war doch ein braves, fleißiges Mädchen, so eilfertig wie sie ihrer Mutter zur Hand ging?

Ob sie meinetwegen Ärger bekommen hatten? Weil ich einfach in ihre Wohnung eingedrungen war? Aber es war doch nur nett und nachbarschaftlich gemeint gewesen!

Kurz rang ich mit mir, ob ich nicht einfach noch mal runtergehen sollte. Dem aufgeblasenen Kerl da unten würde ich ganz stinkfreundlich entgegentreten, mit gesenktem Blick, respektvoll und ehrerbietig, brav verhüllt, damit ich keine unerträgliche Verlockung für ihn und seine Söhne darstellte. Bekanntlich genügte ein Hauch von Weiblichkeit, um die Konzentration der Männer auf ihren Koran zu beeinträchtigen und ihre spirituelle Erfahrung zu mindern.

Aber dann verließ mich doch der Mut. Das arme Ding! Als Bernd und ich später zu unserem Abendspaziergang aufbrachen, hörte ich es immer noch verhalten schluchzen.

Auf der Baustelle wurden immer öfter Gedanken laut, wie gefährlich es inzwischen sei, hier zu arbeiten. Bernd erkundigte sich bei seinem Arbeitgeber und hörte, dass er das Land jederzeit verlassen könne. Aber da Bernd hier der Bauleiter war, kam es für ihn, wie gesagt, nicht infrage. Die meisten Leute waren auf ihren gut bezahlten Job hier angewiesen und hätten keine Alternative gehabt. Bernd war ein Ehrenmann. Deshalb beschlossen wir einfach abzuwarten, wie sich die Dinge so entwickelten. Ich hatte zwar auch Angst, aber Bernd war für mich das Wichtigste. Seit dem Erlebnis mit dem Autokran wusste ich, wie sehr er mich brauchte und liebte, und das gab mir Kraft.

Nachts herrschte wegen des Kriegs mit dem Irak Verdunkelung. Die Straßenlaternen waren komplett ausgeschaltet und auch das Gaslicht in den Häusern wurde ab zweiundzwanzig Uhr abgedreht. Shiraz lag da wie eine Geisterstadt. Bernd und ich saßen abends bei Kerzenlicht zusammen auf dem Sofa, hielten uns in den Armen und träumten von unserer Hochzeit. Wir zählten die Tage bis zu unserem Weihnachtsurlaub. In allen Einzelheiten malten wir uns unseren großen Tag aus, obwohl wir ja im kleinen Kreis heiraten wollten: Södermanns, Bernds Mutter Elsbeth, meine Arbeitskollegin Marion und Klementine, meine ehemalige Nachbarin aus Frankfurt.

Wir wollten unsere kleine Hochzeitsgesellschaft nach der Trauung auf dem Kassler Standesamt zu einem Mittagessen im Ratskeller einladen. Weil wir nur eine Woche Urlaub hatten, konnten wir kein größeres Fest planen. Aber allein die Vorstellung, in einem hell erleuchteten Gasthaus zu sitzen, ohne Kopftuch und Mantel, Männlein und Weiblein gemischt, und in aller Öffentlichkeit Alkohol trinken, lachen und Fotos machen zu dürfen, erschien uns so fern wie ein Urlaub auf Hawaii.

Doch unsere schönen Träume wurden von einem weiteren schrecklichen Erlebnis brutal zerstört.

Eines Tages – ich ging wieder einmal zum Markt, um für Bernd und unsere Freunde einzukaufen – überholte mich ein Lastwagen und schnitt mir und anderen Passanten den Weg ab. Wir wurden regelrecht auf diesem Marktplatz zusammengetrieben. Die freundliche Gemüsefrau, bei der ich gerade noch Unterschlupf finden konnte, bedeutete mir, mein Kopftuch enger zusammenzuziehen und nicht weiter hinzuschauen. Aber es war wie ein Reflex: Ich musste hinschauen!

Auf dem Lastwagen befanden sich mehrere junge Männer, zwischen achtzehn und fünfundzwanzig Jahre alt. Sie hockten völlig verängstigt und eng zusammengequetscht wie Vieh auf der Ladefläche, waren an Händen und Füßen gefesselt. Vor meinen entsetzten Augen wurden sie nun von dort hinuntergestoßen, strauchelten, fielen, wimmerten. Kein Tier der Welt hätte so eine Behandlung verdient! Entsetzt starrte ich auf den Leiberhaufen, der sich im Schmutz des Marktplatzes zu entwirren versuchte. Den jungen Männern – Kinder fast noch – stand die Todesangst ins Gesicht geschrieben. Viele von ihnen weinten. Revolutionswächter mit Gewehren und Stöcken schrien sie an, und sie mussten sich nun in einer Reihe aufstellen.

Die Gemüsefrau redete beschwörend auf mich ein und zog mich hinter ihren Stand, und ich kniff die Augen zu, weil ich Entsetzliches ahnte. Am liebsten hätte ich mir auch noch die Ohren zugehalten, denn das Weinen und Wimmern der angsterfüllten jungen Leute ging mir durch

Mark und Bein. Jemand musste denen doch helfen! Hatte hier denn niemand Zivilcourage? Vor meinem inneren Auge war ich es, die hoch erhobenen Hauptes dazwischenging: Seid ihr noch ganz dicht? Lasst die Kinder frei! Ihre Mütter warten zu Hause auf sie!

Aber ich blieb natürlich mit eingezogenem Kopf hinter dem Gemüsestand hocken und spähte zitternd durch ein Gitter.

Plötzlich erschien dieser Mullah, unser neuer Nachbar, mit seinen Söhnen im Schlepptau. Alle wieder in vollem Ornat und mit dem Koran in der Hand. Merkwürdig, dass ich als Erstes Erleichterung verspürte. Dieser Nachbar würde doch wohl helfen, aufklären, was auch immer passiert war. Ein heiliger Mann, der Frieden stiften würde. Doch zu meinem grenzenlosen Entsetzen hielt er den verängstigten Jugendlichen mit schriller, hassverzerrter Stimme eine Strafpredigt, in der nicht eine Spur von Versöhnung zu hören war.

Dann gab er den Koran einem der Pasdarani, und dieser zog den ersten Jugendlichen aus der Reihe und fing an, ihn auszupeitschen, während er den Koran mit der Linken emporhielt. Ich traute meinen Augen kaum: fünfzig Peitschenhiebe für jeden dieser armen jungen Menschen! Und es waren viele, die da zitternd und zagend in der Reihe standen und auf ihre Bestrafung warteten. Keiner der Passanten durfte weitergehen, alle wurden gezwungen, diesem grässlichen Ritual zuzusehen.

Manche Jungen brachen ohnmächtig zusammen und ich war so fassungslos, dass ich anfing zu weinen, mir mein Kopftuch vors Gesicht zog und nicht mehr hinschaute.

Ich weiß nicht mehr, wie lange es dauerte, bis alle jungen Männer auf diese Weise bestraft worden waren. Gefühlte Stunden lang sauste die Peitsche auf sie herab, und nie zuvor hatte ich solche Schmerzensschreie aus einer menschlichen Kehle gehört. Dennoch wurde weitergeprügelt, bis jeder fünfzig Schläge erhalten hatte. Der Mullah und seine Söhne zählten laut mit, und eine grausame Genugtuung schwang in ihren Stimmen. Aber was hatten diese jungen Leute denn verbrochen? Alkohol getrunken? Eine Party gefeiert? Geraucht? Sex gehabt? Oder gar Flugblätter verteilt gegen dieses grausame Regime? Oder einfach nicht fünfmal am Tag gebetet? Ich verspürte Brechreiz bei dem Gedanken, dass sie die kleine Leila geschlagen hatten, und wollte lieber sofort tot sein, als weiterhin ihre hassverzerrten Gesichter sehen und ihre selbstgerechten Stimmen hören zu müssen. Es wurde schon dunkel, als die Folterknechte endlich ihr Werk beendeten und uns gestatteten, unsere Einkäufe fortzusetzen, wobei wir über fünfzig blutende Häuflein Elend hätten steigen müssen – was einige auch stoisch taten.

Aber mir war die Lust am Einkaufen und Kochen vergangen. Laut schluchzend stolperte ich nach Hause, wo ich einfach nur an der Wand heruntterglitt und dort hocken blieb, bis Bernd mich fand.

»Aber Liebes, was ist denn? Wir erwarten doch Gäste!«

»Ich will nach Hause, Bernd, ich will sofort nach Hause!«

In seinen Armen wimmerte ich wie ein kleines Kind und konnte mich gar nicht wieder beruhigen – auch nicht, als unsere Freunde zum Abendessen kamen.

Brigitta und Achmed erklärten mir, dass es sich bei diesen Bestrafungen mal wieder um öffentliche Warnungen handelte. Dass die Jugendlichen noch froh sein konnten, nicht ins Gefängnis geworfen worden zu sein. »Wer das überlebt hat, geht nach Hause und sündigt nie wieder.«

Ich hielt mir die Ohren zu und schrie sie an, dass ich mit ihrem Land nichts mehr zu tun haben wollte. »Ich will nach Hause, ich fliege gleich morgen früh!«

Meine Stimme überschlug sich hysterisch, und Brigitta und Achmed hielten es für besser, Bernd und mich für heute Abend in Ruhe zu lassen.

»Gib ihr das hier.« Achmed, der Arzt, drückte Bernd ein paar Tabletten in die Hand, die er mir mit Wasser einflößte.

Mein Weinen ging in dumpfe Lethargie über, und ich fühlte, wie mich Gleichgültigkeit einhüllte wie eine graue Wolldecke.

Sollten sie sich doch alle gegenseitig totschlagen, was kümmerte es mich! Hauptsache, ich war bei Bernd, dem einzigen Menschen, der mir in diesem Leben etwas bedeutete.

»Bitte glaub mir, Katharina, dieses Land ist nicht so«, tröstete mich Brigitta im Gehen. »Das sind nur ein paar aufgehetzte, hasszerfressene, dumme Menschen, die sich für die radikale Islamisierung unseres Landes hergeben. Sie sind einfach auch mal an der Macht, obwohl sie dumm sind wie Brot! Es wird nicht mehr lange dauern! Halt durch, Katharina! Bleib bei uns! Wir brauchen dich!«

Mir war alles egal. Hauptsache, sie gingen jetzt.

Erst später am Abend erzählte ich Bernd mit tonloser Stimme, dass unsere eigenen Nachbarn, der Mullah und seine Söhne, die Drahtzieher dieser furchtbaren Tat gewesen waren. »Sie haben zwar nicht geschlagen, aber sie haben die Schläge gezählt.«

»Halt dich von ihnen fern, Katharina!« Bernd strich mir tröstend über den Rücken.

»Lass dich nicht mit diesen Leuten ein!«

»Aber Leila und die Mutter tun mir so leid ...«

»Das geht uns alles nichts an, Kathi. Diese Menschen ticken komplett anders als wir! Wir können nicht mit unseren Maßstäben ...« Seine Stimme verhallte irgendwo, während ich das widerliche Knallen der Peitschenhiebe immer noch in den Ohren hatte.

Ich hielt sie mir zu, und Bernd wiegte mich in seinen Armen und flößte mir heißen Tee ein.

Ich konnte seinen Worten kaum noch folgen. Später erinnerte ich mich, dass er mir erklärt hatte, die Bazaris von unten hätten die Wohnung ehemaliger Schah-Anhänger nur bekommen, weil sie so »gottesfürchtig« waren, während die Schah-Anhänger jetzt im Gefängnis säßen, gefoltert würden und auf ihre Hinrichtung warteten.

Was mit den ehemaligen Besitzern unserer Wohnung war, wollte ich gar nicht mehr wissen. Das waren ja Verwandte der Farah Diba gewesen.

Oktober 1985

Ich hatte Bernd das Versprechen abgenommen, dass wir sobald wie möglich nach Hause fliegen würden. Aber wie immer war er auf der Baustelle unverzichtbar.

»Wenn es wirklich ernst wird«, versprach Bernd mir immer wieder, »fliegen wir sofort!«

»Aber es IST ernst!«

»Wenn die Bombardierung iranischer Städte durch den Irak zunimmt, sind wir weg. Das haben sie uns bei der Botschaft versprochen.«

Um zu erfahren, wie bedrohlich der Krieg mit dem Irak für unsere Baustelle und für unser Leben war, beschlossen wir auf mein Drängen hin zur deutschen Botschaft nach Teheran zu fliegen. Bernd hatte dort einen Freund und Kollegen, der sich um uns kümmern würde. An einem Donnerstag bestiegen wir das Flugzeug und kamen mittags in Teheran an. Diese hektische Großstadt zog mich auf widersprüchliche Weise in ihren Bann. Einerseits wollte ich immer noch weg aus diesem Land, und zwar so schnell wie möglich. Andererseits faszinierte es mich mehr und mehr. Und Teheran war etwas ganz anderes als Shiraz!

Amir, Bernds iranischer Kollege, holte uns vom Flughafen ab. Wieder drängten sich Hunderte von Großfamilien hinter der Absperrung, und sobald ein Angehöriger entdeckt worden war, ertönte lautes Freudengeheul. Dann gab es kein Halten mehr! Die tiefe Liebe dieser Menschen zueinander beschämte mich richtig. Wir bahnten uns einen Weg durch das Getümmel. Da wir von einem Inlandflug kamen, wurden wir diesmal nicht so gründlich gefilzt. Ich zog mir mein Kopftuch so tief ins Gesicht, dass ich nur noch Bernds Beine sehen konnte. So folgte ich ihm halb blind, stumm und unsichtbar.

Amir, ein fantastisch aussehender Mann mit vollem schwarzem Haar, das fast bläulich schimmerte, fuhr uns mit seinem Luxusschlitten durch die Metropole, die früher einmal mit Paris vergleichbar gewesen war. Der Straßenverkehr war noch chaotischer und unheimlicher als der in Shiraz, und ich starrte fasziniert aus dem Rückfenster. Die Frauen in ihren schwarzen Tschadors schwebten wie Gespenster durch die Abgasschwaden, wobei sie Trauben von Kindern hinter sich herzogen, die sich an ihren Mantelzipfeln festhielten. Gelbe Taxis bahnten sich hupend ihren Weg, Eselskarren rumpelten kreuz und quer durch kaum wahrnehmbare Verkehrslücken, und am Straßenrand wurden Handkarren gezogen oder geschoben. Bettler boten winzige Blumensträuße feil. Ansonsten eilten alle schnell an ihr Ziel, niemand bummelte oder schlenderte, denn das war bei Strafe verboten. Aber auch der Smog dieser Stadt lud nicht gerade dazu ein.

Amir brachte uns erst einmal zur deutschen Botschaft, die in einem mächtigen, dunklen Gebäude mit vergitterten Fenstern untergebracht war. Wir mussten durch eine Sicherheitskontrolle und wurden nach Männlein und Weiblein getrennt in einem dunklen Flur gefilzt. Ich kannte das ja alles schon und war relativ gelassen. Wir warteten in einem finsteren Raum mit einem Schreibtisch, einem Stuhl und dem Bild des Revolutionsführers mit seinem langen weißen Bart. Hinter dem Schreibtisch standen Büroschränke voller Akten und Papierberge. Auf der Fensterbank auf einem klebrigen Teefleck lag eine Fliege auf dem Rücken und versuchte surrend, wieder auf die Beine zu kommen.

Der deutsche Botschafter, ein Mann mittleren Alters mit sorgfältig gescheiteltem Haar im grauen Anzug und mit goldener Nickelbrille, gab uns allen die Hand und tat verwundert: Von einer gefährlichen Situation könne in Shiraz nicht die Rede sein! In seiner Stimme schwang eine Gleichgültigkeit mit, die der gefährlichen Langeweile eines Beamten entsprang, der seiner eigenen Beteuerungen überdrüssig war. Keine Panik!, meinte er desinteressiert. Als Deutsche hätten wir doch einen Ausnahmestatus, einen gesicherten Weg zur Arbeit und wieder zurück. Wenn wir uns wie bisher an die Vorschriften hielten, könne uns doch gar nichts passieren! Er warf einen Blick auf seine goldene Uhr und ließ dann wohlwollend seinen Blick über meine verhüllte Gestalt gleiten. In dem Raum war es drückend heiß. Unter den Kleiderschichten war ich schweißgebadet. Das rechte Auge des Botschafters zuckte.

Nach einem flehentlichen Blick meinerseits hakte Bernd nach.

Natürlich herrsche zurzeit Krieg mit dem Irak, sagte der Botschafter und nickte bedächtig. Aber anders als hier in Teheran sei doch in Shiraz kaum etwas davon zu spüren. Man gebe uns selbstverständlich Bescheid, wenn sich die Situation verschärfe. »Wenn es brenzlig wird, werden die Deutschen als Erste ausgeflogen. Wir halten ständig Kontakt zur Lufthansa.« Mit diesen Worten verabschiedete sich der Mann hastig, er habe noch wichtige Termine.

»Also was jetzt?«, sagte ich, als wir wieder auf der Straße standen und sah meine Begleiter verunsichert an. »Ich will nach Hause!«

»Kommt erst mal mit zu mir!« Amir hielt uns galant die Autotür auf und reihte sich wieder in den tosenden Verkehr ein, der jetzt am Nachmittag noch viel chaotischer wurde. »Lasst euch die Laune nicht verderben, sondern genießt diese Weltstadt!«

Staunend schaute ich aus dem Fenster: Das hier war Shiraz hoch zehn! Mir fiel auf, wie wenig junge Frauen hier vergleichsweise unterwegs waren. Man sah fast nur noch alte Frauen und Männer. Die jungen Frauen schienen sich selbst aus dem Stadtbild ausradiert zu haben.

Amir brachte uns als Erstes ins *Sheraton*, wo wir uns kurz frisch machen konnten. Das Hotel besaß noch den Standard eines westlichen Luxushotels, auch wenn man deutliche Abstriche machen musste. Es gab außer uns nur noch wenige Touristen, die scheu über die Flure huschten und sich möglichst unauffällig benahmen. Aber das Personal war freundlich und höflich. Trotzdem fiel mir auf, wie zerschlissen die Uniformen der Bediensteten waren. Der Swimmingpool, auf den ich von der Auffahrt aus einen Blick werfen konnte, lag leer und verdreckt im verdorrten Garten. In einer Ecke gestapelte Plastikliegestühle ließen das Ganze noch trostloser wirken. An der verdorrten Hecke baumelte ein Schild: »*Out of order*«.

Wie symbolisch: Das ganze Land war *out of order*!

In unserem Zimmer entdeckte Bernd die Minibar. »Hier oben funktioniert noch so ziemlich alles.« Doch darin befand sich ausschließlich Wasser. »Na ja, fast alles.« Er grinste. »Aber unten im Foyer und in den Restaurants haben sie so ziemlich alles abgeschraubt, was nicht niet- und nagelfest war. Alles ist geklaut oder kaputt.«

Natürlich: Luxus war Sünde und gehörte zerstört oder wurde anderweitig zweckentfremdet. Sicher blühte der Schwarzhandel.

Immerhin funktionierte der Aufzug noch, denn unser Zimmer lag im fünfzehnten Stock.

Bernd zog mich an die breite Fensterfront. »Schau mal, Liebes. Diesen Anblick konnten sie nicht zerstören!«

Vor uns erstreckte sich ein riesiges Häusermeer, und dahinter leuchtete die schneebedeckte Gebirgskette in der schräg stehenden Sonne. Es war eine gigantische Farbenpracht: Felsen in den verschiedensten Beigetönen, gekrönt von blendend weißem Schnee, und das alles vor einem stahlblauen Himmel, der sich gerade rosa verfärbte.

»Alles Viertausender«, schwärmte Bernd, und in seiner Stimme schwang Stolz.

Ich schmiegte mich staunend an seine Schulter und genoss den unvergesslichen Anblick. Zugegeben, bei uns in Kassel gab es nur kleine Hügel zu bestaunen.

Teheran. Was für eine beeindruckende, unvergleichliche Stadt! Was für ein lebendiges, pulsierendes Herz musste hier geschlagen haben, bevor man es in Ketten legte.

»Mach dich fein, Liebes, Amir wartet! Zieh dein rotes Kleid an, ich habe gehört, seine Frau ist eine persische Schönheit!«

Das ließ ich mir nicht zweimal sagen. Ich nahm eine Dusche und lackierte mir sorgfältig die Fingernägel.

Wir waren bei Amir zum Essen eingeladen, und ich freute mich sehr darauf, seine iranische Frau kennenzulernen. Beide waren Armenier. Bisher hatte ich ja hauptsächlich Kontakt zu deutschen Frauen gehabt, die im Iran lebten, aber nun sollte ich einen echt iranischen Haushalt kennenlernen. Aufgeregt schlüpfte ich in mein enges rotes Strickkleid, das meine Figur so gut zur Geltung brachte, bürstete meine lange blonde Mähne und bändigte sie mit einem samtschwarzen Haarreif.

Dann musste ich die ganze Pracht wieder bedecken, aber daran hatte ich mich längst gewöhnt.

Amirs Zuhause lag in einem Nobelviertel mit modernen Hochhäusern, und schon in der Tiefgarage sahen wir, dass hier schwerreiche Menschen residierten. Die Säulen waren vergoldet, und auf jedem Parkplatz stand ein schwarz glänzender Rolls Royce, ein Cadillac oder ein dicker Mercedes. Auch Fahrzeuge der Marke BMW und AUDI waren zu sehen. Bernd witzelte, das seien sicher die Autos der Angestellten.

Ein mit rotem Samt ausgekleideter Fahrstuhl, in dem ein Sofa vor einem goldgerahmten Spiegel stand, brachte uns direkt in Amirs Luxuswohnung im zweiundzwanzigsten Stock, die sich über zwei Etagen erstreckte. Von hier aus war das Panorama einfach nur atemberaubend – aber ebenso atemberaubend war der Anblick von Amirs Ehefrau Firoozeh. Die schwarzblau glänzenden Haare fielen ihr üppig über die Schultern. Ihr Gesicht war wie aus Porzellan, ihre Augenbrauen von perfektem Ebenmaß. Die Lippen waren in einem sinnlichen Dunkelrot nachgezogen, ihr Augen-Make-up ein Hauch von Blaugrau, der ihre dunklen mandelförmigen Augen betonte. Sie trug ein schwarzes Seidenkleid mit dunkelroten Vogelmotiven darauf, das aussah wie aus der neuesten *Vogue*. Hochhackige Lackschuhe mit aparten Samtschleifen ließen ihre langen Beine in den zarten Seidenstrümpfen noch schlanker erscheinen. Um den Hals trug sie ein funkelndes Diamantencollier, dazu passende Ohrringe. Wow. Selbst Bernd blieb einen Moment lang der Mund offen stehen.

Neben der atemberaubend schönen Mutter stand eine fast ebenso schöne Tochter, die zwölf Jahre alt war. Beide strahlten uns mit ebenmäßigen weißen Zähnen an und umarmten uns, als würden wir uns schon jahrelang kennen. Sie rochen nach Chanel N° 5.

Die Begrüßung und der erste Eindruck hauten mich fast um. Ehe wir uns versahen, hatten uns livrierte Dienstboten ein Glas mit eiskaltem Champagner gereicht, nachdem sie uns vorher diskret unsere schwarzen Mäntel abgenommen und lautlos in Glasvitrinen verstaut hatten.

Die Wohnungsbesichtigung dauerte fast eine Stunde. Wir schritten staunend durch eine luxuriöse Wohnlandschaft von über vierhundert Quadratmetern. Mein Blick fiel auf einen Steinway-Konzertflügel, und Zinat, die zwölfjährige Tochter, klappte beherzt den Deckel auf und spielte uns anmutig das »Regentropfen-Prélude« von Chopin vor. Mein Blick huschte währenddessen über die schönen handgeknüpften Seidenteppiche mit unglaublich farbenfrohen Mustern, die sich so kunstvoll ineinander verschränkten wie Zinats Finger auf den Tasten. Die Möbel waren exquisit, kostbare Antiquitäten, so weit das Auge reichte, und zeugten von ausgezeichnetem Geschmack. Die Küche war hochmodern ausgestattet, Marmorwände und handbemalte Fliesen säumten die Spüle, die doch tatsächlich über einen goldenen Wasserhahn verfügte. Durch einen Gang gelangte man zu einer Kühlzeile, wie es sie nur in den allerfeinsten Hotels gibt. Auf einen begehbaren Kühlschrank folgte ein begehbarer Tiefkühlschrank, in dem seltene Nahrungsmittel lagerten.

Ganze Regalreihen mit Kaviar warteten auf Gäste wie uns!

Das Esszimmer war im Rokoko-Stil gehalten und mit ausgesuchten altdeutschen Möbeln ausgestattet. Über eine Steintreppe gelangte man in einen Weinkeller. Auf die Weißweinabteilung folgte die Rotweinkammer, die drei Stufen tiefer lag. In der Mitte des runden Raumes stand ein Eichentisch aus dem sechzehnten Jahrhundert, wo man die edlen Tropfen verkosten konnte.

Der ganze Raum war nur mit Kerzen zu beleuchten. In einer Ecke stand eine alte Holzkiste mit der Aufschrift 1769. Stolz entfernte Amir eine dünne Schicht Holzwolle und zum Vorschein kamen Portweine desselben Jahrgangs. Wenn man das sah, war man sich plötzlich ganz sicher, dass der Spuk da draußen bald ein Ende haben würde: Die hiesige Pracht hatte all das überlebt!

Ich fühlte mich wie in den Kulissen eines Theaterstücks, das nur uns zu Ehren gespielt wurde. Bernd und ich stießen uns immer wieder unauffällig in die Seite, und ich musste ein hysterisches Kichern unterdrücken.

Schließlich ließen wir uns vor der Panoramascheibe in die Ledergarnitur sinken und begannen zu plaudern.

Firoozeh freute sich, dass ich so staunte, und erzählte mir, dass sie ihre Wohnung so gut wie nie verließ. Sie ignorierte das unwirtliche hässliche Teheran einfach.

Hier, in ihrem goldenen Käfig, konnte sie so sein, wie sie wollte, Musik hören, Fernsehen, tanzen, sich mit ihren Freundinnen treffen, die im gleichen Hochhaus wohnten, sich schön machen, Sport treiben – sie zeigte mir stolz ihren eigenen Fitnessraum, in dem es an nichts fehlte und in dem ein kleiner Swimmingpool eingelassen war. Es gab sogar eine Sauna, einen Massageraum und ein Trampolin für Zinat!

»Was soll ich denn da draußen in dieser freudlosen Welt, wo fremde Frauen sich das Recht herausnehmen, an meiner Kleidung zu zerren?« Nein, Firoozeh wartete lieber, bis die schlechten Zeiten vorbei waren, und das konnte ihrer Meinung nach nicht mehr lange dauern. Auch sie gab freimütig zu, dass sie hoffte, »der alte böse Wahnsinnige« würde bald das Zeitliche segnen.

»Und Zinat?« Ich schaute zu dem hübschen, begabten Kind hinüber und musste gleich an Omid denken, den kleinen Sohn meiner Freundin Brigitta. »Versteckt ihr die hier oben?« Sie musste ja zum Glück nicht in den Krieg: Endlich ein Vorteil, den man im Iran als Frau so hatte.

»Wir haben einen Chauffeur, der sie zur armenischen Schule bringt.« Firoozeh strich sich anmutig das Haar zurück und spielte mit einem Ohrgehänge: »Noch hat diese Schule den Vorteil, dass unsere Tochter nicht in den Koranunterricht gezwungen wird.« Sie seufzte, und ihre Augen bekamen einen feuchten Schimmer: »Aber der wunderbaren Schule, in der Zinats Talente gefördert werden, droht die baldige Schließung. Wir werden dann Privatlehrer für sie engagieren, die sie hier zu Hause unterrichten.« Liebevoll musterte sie ihr Töchterchen. »Wenn es schlimmer wird, wandern wir nach Amerika aus. Dort haben wir eine erwachsene Tochter, die in Florida mit einem Unternehmer verheiratet ist.« Sie zeigte auf ein Foto, das im Silberrahmen auf dem Schreibtisch stand: »Azar und George haben ihrerseits ein vierjähriges Töchterchen: Neda!«

Die glückliche, bildhübsche Familie stand vor einer Yacht.

Ich schnappte etwas von dem Gespräch auf, das die Männer gerade führten. »Wir haben hier ein eigenes Sicherheitssystem«, verkündete Amir nicht ohne Stolz, und in seiner Stimme lag auch eine gewisse Genugtuung. »Zu Beginn der Revolution sind die Revolutionsgarden in die Häuser der Reichen eingebrochen und haben alles zerstört oder geplündert, was ihnen in die Hände fiel. Mit Maschinengewehren haben sie die Kronleuchter zerschossen, in der Tiefgarage die Autoscheiben eingeschlagen und die Scheinwerfer zertreten. Sie zerschossen die Schlösser der Wohnungstüren, und wenn sie dann eindrangen, war man seines Lebens nicht mehr sicher.« Seufzend sah er seine Frau und seine Tochter an, die neben mir auf dem Sofa saßen. »Glücklicherweise sind sie nicht bis in den zweiundzwanzigsten Stock vorgedrungen.«

Eine Gänsehaut überzog mich. Welch entsetzliche Vorstellung, hasserfüllte bewaffnete Vandalen könnten in diese wunderschöne Wohnung eindringen und der Familie etwas zuleide tun!

»Wie ist euch das denn gelungen?«, staunte Bernd.

Amir lächelte geheimnisvoll. »Wir haben da so unsere Mittel.« Dabei rieb er Daumen und Mittelfinger aneinander. Aha. Schutzgeld. Mit Geld ging eben alles!

Anschließend luden uns die Amirs in ein armenisches Restaurant unweit des ehemaligen Schah-Palastes zum Abendessen ein. Das Restaurant war gut besucht, und an der Garderobe konnten wir unsere schwarze Verkleidung abgeben. Mir schossen die Tränen in die Augen, als ich die leise klassische Musik hörte, die aus den Lautsprechern kam. Das Brandenburgische Konzert mit den Blockflöten! Dass Johann Sebastian Bach sich bis hierher durchgesetzt hatte! Ein Kellner führte uns zu unserem Tisch, und sofort wurde uns ein Aperitif serviert, feinster Champagner mit ein paar Tropfen Cassis.

Verunsichert schaute ich meine neuen Freunde an: »Und wenn jetzt die Pasdarani reinkommen?«

Amir lachte und prostete mir zu: »Keine Sorge, Katharina. Das tun sie nicht. Hier kann man nur rein, wenn man Mitglied ist, die Tür ist immer abgeschlossen.« Er lächelte mich charmant an: »Entspannen Sie sich, und genießen Sie den Abend. Hier sind wir sicher.«

Dem nachfolgenden Gespräch mit Bernd »unter Männern« entnahm ich allerdings, dass er sich sehr wohl Sorgen machte, und zwar um die geschäftliche Zukunft der Armenier.

»Andererseits ist Chomeini angewiesen auf die armenischen Geschäftsleute, die den Krieg gegen den Irak nicht unwesentlich mitfinanzieren.«

Ich sah Firozeeh stirnrunzelnd an, aber die winkte nur ab, wobei ihre silbernen Armreifen klirrten. »Lassen Sie die Männer reden! Erzählen Sie mir lieber etwas über die Mode in Deutschland. Wo haben Sie nur dieses entzückende Kleid her …«

Wir plauderten und lachten, und der Champagner perlte in unseren Gläsern. Im Hintergrund perlte Johann Sebastian Bach mit einem weiteren Brandenburgischen Konzert, diesmal war es das für Solovioline und Orchester, und in diesem Moment empfand ich geradezu Triumph: Wir lassen uns unsere Lebensfreude und unsere Kultur nicht nehmen. Auch nicht von Ihnen, Herr Chomeini!

Diesen Übermut schien der mächtige alte Mann gespürt zu haben, denn auf dem Rückflug ließ mich die böse schwarze Krähe, wie ich sie heimlich nannte, nicht durch die Sicherheitskontrolle.

Bernd war auf der Männerseite längst durchgewunken worden, und ich stand einsam in dem Kabuff, in dem weibliche Passagiere abgetastet wurden.

Die wenigen anderen Frauen waren schon durch. Ich stand und stand, und keiner beachtete mich. Meine Panik wuchs.

»Ja, was ist denn diesmal wieder falsch an mir!« Nervös zupfte ich mir den Tschador tiefer ins Gesicht.

Die Pasdarani, eine dicke, stinkende Frau, die sich das Verbot von Seife und Parfüm wohl sehr zu Herzen genommen hatte, beachtete mich immer noch nicht. Ich war Luft für sie!

Dabei wollte ich doch selbst gleich in die Luft gehen. Wenn nicht bald etwas passierte, würde der Flieger ohne mich abheben!

»Was ist denn?« Wieder versuchte ich es – auf Englisch

und sogar auf Farsi –, aber die Frau strafte mich mit Verachtung und ihren Körperausdünstungen.

Schließlich kam noch eine hochschwangere Iranerin angewackelt, die sich ebenfalls einer umfangreichen Leibesvisitation unterziehen musste, was ich mir in ihrem Zustand besonders demütigend vorstellte.

»*Do you speak English*?« In meiner Panik war sie mein letzter Rettungsanker.

»Ihr Nagellack«, flüsterte sie unter ihrem Tschador.

Mich durchzuckte ein eisiger Schreck. Tatsächlich! Ich hatte vergessen, ihn zu entfernen! Beschämt starrte ich auf meine dezent glänzenden Fingernägel.

Aber mein Nagellackentferner war im Koffer! Was sollte ich denn jetzt machen?!

Zum Glück hatte die werdende Mutter welchen in der Handtasche. Sie half mir mit einem Taschentuch, meine Fingernägel vom Lack zu befreien und murmelte entschuldigend, dass ihr Land eigentlich sehr gastfreundlich sei und sie sich für das Verhalten der Sicherheitsbeamtin schäme. In letzter Sekunde wurde ich durchgewunken und konnte den Flieger doch noch besteigen.

»Wo warst du denn?!« Bernd saß völlig aufgelöst vor Sorge auf seinem Sitz. Seine Qualen der letzten halben Stunde konnte ich mir gut vorstellen! Einerseits wollte er mir nicht von der Seite weichen, andererseits konnte er seine Arbeiter auf der Baustelle nicht im Stich lassen!

Und das alles nur wegen ein bisschen Nagellack, den ich mir gestern einfach nicht hatte verkneifen können!

»Weiber!«, seufzte er, und feine Schweißperlen standen ihm auf der Stirn.

»Es tut mir leid, Bernd!« Entschuldigend legte ich

meine Hand auf seinen Arm, aber er zuckte nervös zurück, als eine streng dreinblickende Stewardess an uns vorüberging.

»Wie gut, dass ich jederzeit ausreisen kann«, murmelte ich und beschränkte mich für den Rest unseres Flugs darauf, mit zusammengebissenen Zähnen aus dem Fenster zu schauen.

November 1985

Inzwischen fuhr ich nicht mehr jeden Tag auf die Baustelle, denn ich wurde nur noch dreimal die Woche gebraucht. Das kam mir ganz gelegen. Jetzt im November war es bitterkalt, und ich wollte nicht mehr in aller Frühe noch vor dem ersten Ruf des Muezzin aufstehen. Wenn mein Bernd sich um halb sechs davonschlich, drehte ich mich genüsslich noch einmal um, legte den Kopf auf sein Kopfkissen, inhalierte seinen vertrauten Duft und schlief weiter. Jetzt hatte ich viel mehr Zeit für meine deutschen Freundinnen, die ich regelmäßig besuchte oder zu mir einlud.

Nach den schrecklichen Erlebnissen der letzten Zeit fühlte ich mich mehr und mehr zu ihnen hingezogen. Der politische Ausnahmezustand schweißte uns noch viel enger zusammen.

Auch Leila, das Mädchen von unten, kam regelmäßig zu mir hinauf, und ich hatte sie inzwischen sehr ins Herz geschlossen. Sie war ein aufgeschlossenes, bildhübsches junges Ding – neugierig und wissbegierig zugleich. Wenn die schrecklichen Männer dieser Familie in der Moschee waren – und das waren sie zum Glück die meiste Zeit des Tages –, verwandelten sich Mutter und Tochter von zwei unterwürfigen Frauen in selbstbewusste Menschen, die man einfach ins Herz schließen musste.

Weil ich nun immer öfter für unsere Freunde kochte, ließ ich mich von Forugh und Leila in die Geheimnisse der persischen Kochkunst einweisen, und wir hatten richtig Spaß dabei.

Sie kamen jetzt fast täglich und genossen es, in meiner modernen europäischen Küche herumzuwerkeln, wobei ich ihnen über die Schulter schaute und mich als gelehrige Schülerin erwies. Ich revanchierte mich bei den beiden, indem ich ihnen ein bisschen Englisch beibrachte. Das konnte meiner Meinung nach nie schaden. Leila würde es jedenfalls sicherlich eines Tages brauchen können, so dachte ich in meiner Naivität.

Leila erzählte mir, dass sie nur in die Koranschule gehen durfte, nicht in eine »normale«. Sie musste den Koran Sure für Sure auswendig lernen und in der gewünschten Tonlage und Sprachmelodie auf Arabisch vortragen, was sie gar nicht verstand. Sonst setzte es nicht nur zu Hause, sondern auch in der Schule Prügel. Ich sah auf ihre kleinen geschickten Hände, die von Striemen überzogen waren. Das Auswendiglernen des Korans und ein unterwürfiges Verhalten war ihr Beitrag zur »Familienehre«. »Wenn ein islamisches Mädchen ›aus dem Ruder läuft‹«, so klärte sie mich auf, »bringt das ›Schande‹ über die Familie.«

Ihr Vater war zu Zeiten des Schahs ein einfacher Fabrikarbeiter gewesen, bekam aber unter der Herrschaft Chomeinis die Chance, sich zum Imam »ausbilden« zu lassen.

Er wurde dafür allerdings nicht bezahlt, weil es sich um ein »Ehrenamt« handelte, sondern lebte von den Spenden der Gemeinde und von staatlicher Unterstützung.

Der islamisierte Staat hatte ihm die Wohnung unter uns zugewiesen, weil sie in der Nähe der Moschee lag.

Seine Aufgabe war es, täglich in der Moschee zu predigen und die Gebete vorzusprechen.

Dabei hasspredigte er gegen die Juden und Amerikaner, die gleichermaßen mit dem Teufel im Bunde standen und in die Hölle gehörten.

Die Söhne durften ihn dabei begleiten, aber Leila musste zu Hause bleiben und mit ihrer Mutter den Männern den Haushalt führen.

So wuchs in mir das zornige Verlangen, meinem jungen »Patenkind« wenigstens einen Grundstock an englischen Vokabeln beizubringen. Wir verbrachten die kalten, dunklen Novembertage in meiner Küche, und ich wollte alles über ihre Religion wissen.

»Wer folgende fünf Pflichten, also die Säulen des Islam, erfüllt, ist ein guter Moslem«, erklärte mir Leila eifrig: »Das Glaubensbekenntnis, Schahada: Es gibt keinen Gott außer Allah, und Mohammed ist sein Prophet.«

Sie sagten es mir immer wieder vor, und ich konnte es bald perfekt mitsprechen:

»*La illah illa Allah wa Muhammad rasul Allah.*«

Das klang wie Musik, und ich genoss es richtig, diese bedeutende Formel mit ihnen aufzusagen. Dass wir dabei Salat putzten und Kartoffeln schälten, tat ja nichts zur Sache.

»Die zweite Säule«, erklärte mir Forugh, während sie das Schaffleisch in Knoblauch und Zwiebeln anbriet, war das Gebet, genannt Salat: fünf mal täglich soll sich ein pflichtbewusster Muslim in Richtung Mekka auf den Gebetsteppich werfen und die Gebete nachsprechen, die der

Muezzin von der Moschee vorsang. Auch das machten mir die beiden mit heiliger Andacht vor, und ich empfand es als große Ehre, das so hautnah miterleben zu dürfen. Sie waren so rührend in ihrem Eifer, mir Ungläubigen ihren Glauben nahezubringen! Nur leider waren wir uns alle im Klaren, dass der Mullah das sicher nicht gern gesehen hätte!

Die dritte Säule waren die Almosen, genannt Zahat – die Steuer für die Bedürftigen.

Die vierte war das Fasten, genannt Saum: im Monat Ramadan wurde tagsüber streng gefastet, dafür nach Sonnenuntergang bis Sonnenaufgang gegessen. Das war eine große Herausforderung für alle Hausfrauen, denn sie wurden nachts geweckt, damit sie rechtzeitig mit dem Kochen anfingen. Schwangere und Schwache mussten nicht fasten, und ich fragte mich, wie so ein zartes Mädchen wie Leila, die vielleicht gerade ihre Periode bekommen hatte, das bewerkstelligte. Man durfte tagsüber nämlich auch nichts trinken, was ich als noch viel härter empfand. Umso mehr bewunderte ich die gläubigen Moslems, dass sie das regelmäßig auf sich nahmen.

Die fünfte Säule war die Pilgerreise nach Mekka, genannt Hadsch. Diese Reise hatte der Vater schon unternommen und würde sie demnächst wieder mit seinen Söhnen machen. Die Frauen waren nicht mit eingeplant, die männlichen Mitglieder der Familie erledigten das quasi stellvertretend für sie.

Aber das Allerwichtigste, so erklärte mir Leila mit heiligem Ernst, sei die Familienehre, die die Frauen und Mädchen niemals verletzen durften. Die Pforten des Himmels würden sich niemals für ein ungehorsames Mädchen oder eine ehrlose Frau auftun. Letztlich bedeutete das, dass eine Frau lieber stumm leiden sollte, als Schande über ihre Familie oder Gemeinschaft zu bringen. Was der Vater sagte, war göttliches Gesetz, und das wurde nicht infrage gestellt. Das erklärte auch die bedrohliche Atmosphäre, die ich stets in der Wohnung unter mir empfand. Meine kleine Leila war wie ein kleiner Vogel im Käfig, der keine Chance hatte zu fliegen. Forugh würde den Entscheidungen ihres Mannes als gute Ehefrau niemals widersprechen oder seinem Willen trotzen. Deshalb konnte sie ihre Tochter auch nicht vor den Schlägen und Übergriffen des Vaters schützen. Sie nahmen es als gegeben hin. Umso mehr genossen es die beiden bei mir. Natürlich hütete ich mich davor, ihnen meinerseits die christliche Religion nahezubringen, denn ich wollte sie auf keinen Fall irritieren oder gar den Mullah verärgern.

Selbstverständlich hatte ich großen Respekt vor ihrem Glaubensbekenntnis und las abends mit großem Interesse in einer englischen Übersetzung des Korans. Dort kam Jesus übrigens als wichtiger Prophet vor, unter dem arabischen Namen »Isa«.

Mit der Zeit lernte ich die Kultur und die Kochkünste der Iraner immer besser kennen. Wenn ich dann abends meinem geliebten Bernd und unseren Freunden die köstlichsten orientalischen Speisen auftischte, nahmen die »Aaahs« und »Ooohs« kein Ende. Achmed und Hussein meinten dann scherzhaft zu Bernd, er solle gut auf mich aufpassen, denn nun würde ich für den iranischen Heiratsmarkt noch viel interessanter. Und ich freute mich, dass ich die Herzen unserer iranischen Freunde erobert hatte.

Es erfüllte mich mit Stolz, dass ich inzwischen recht gut Farsi sprach und es geschafft hatte, mich auf dieses Land und seine Menschen einzulassen. Auch Bernd war riesig stolz auf mich, unsere Liebe verfestigte sich immer mehr, und wir freuten uns so sehr auf unsere Hochzeit, dass wir die Tage zählten.

Leider konnten unsere iranischen Freunde nicht mit uns nach Kassel fliegen, aber wir planten schon eine nachträgliche Hochzeitsfeier in unserer Wohnung mit einem persischen Festmahl, das meine neuen Freundinnen von unten mit mir zubereiten würden.

Umso erstaunter war ich, als Forugh mich eines Tages etwas verlegen bat, ihr unser Esszimmer und unsere Küche zur Verfügung zu stellen. Wir seien doch freitags immer bei unseren deutschen Freunden, und nächsten Freitag wäre eine Hochzeit in ihrer Familie, und dann würden wir ja auch gar nicht gestört.

»Wie?« Ich kratzte mich am Kopf. »Jetzt habe ich deine Mutter nicht richtig verstanden, Leila. Ihr habt auch eine Hochzeit in eurer Familie? Heiratet einer deiner Brüder? Oder will deine Mutter für MEINE Hochzeit kochen?«

Leila senkte den Kopf. »Für meine Hochzeit.«

Mir entfuhr ein schrilles Lachen. »Aber Leila! Da reden wir drüber, wenn es so weit ist! Bis du heiratest, vergehen noch ein paar Jahre!«

»Sie heiratet nächsten Freitag.« Forugh sah mir nicht in die Augen, so verwundert ich sie auch anstarrte.

»Aber Leila ist dreizehn!« Und sieht aus wie elf!, dachte ich erschüttert.

»Das ist durchaus erlaubt und üblich nach dem Koran!«

Ich wollte sie am liebsten schütteln. »Forugh! Sag, dass das nicht dein Ernst ist!«

Leila starrte mich staunend aber auch hoffend an, als ich so in Rage geriet. Gleichzeitig stand Angst in ihren Augen.

»Das habe ich gar nicht zu entscheiden!« Forugh bearbeitete eine mit Fett überzogene Bratpfanne und setzte ihr mit einem Topfkratzer zu. »Der Mullah hat einen Mann für sie ausgesucht, und die Hochzeit ist nächsten Freitag.«

Völlig sprachlos ließ ich mich auf einen Stuhl fallen. »Und – was sagst du dazu, Leila?« Ich zeigte mit der Spülbürste auf sie und merkte gar nicht, dass sie tropfte.

Die Geste, mit der Leila die Schultern hob, enthielt nichts als stumpfe Resignation. So würde bei uns in Deutschland eine Dreizehnjährige reagieren, wenn sie erfuhr, dass sie in der Schule sitzen blieb: Na und, dann ist das eben so. Kann ich auch nicht ändern. Ich hab halt nicht gelernt.

Leilas glanzlose Augen sagten: Na und, dann ist es eben so. Kann ich auch nicht ändern. Ich bin eben ein Mädchen.

Nachdem ich mich ansatzweise wieder gefasst hatte, ging ich vor Leila in die Knie und zwang sie, mir ins Gesicht zu sehen: »Ist er ein netter Junge, Leila? Magst du ihn?«

Leila zuckte die Achseln und starrte an die Wand. »Ich kenne ihn nicht.«

»Was?« Ich fuhr zu Forugh herum, die nicht aufhörte, mit ihren schwieligen Händen die Bratpfanne zu bearbeiten. »Sie kennt den Bengel nicht? Woher weiß sie denn dann, ob sie ihn mag?«

Nachdem von ihr auch keine Antwort kam, keimte in mir ein schrecklicher Verdacht auf.

»Wie alt ist der Kerl?«

Ich knetete den Topflappen in meinen Händen, als könnte das die von mir gefürchtete Antwort verhindern.

»Sechsundfünfzig.«

»Ich glaub, ich steh im Wald!« Mit einer wütenden Geste schleuderte ich den Topflappen von mir. »Ein alter Sack!«

»Ein alter, fetter Sack«, murmelte Leila, während sie sich nach dem Topflappen bückte.

»Das können wir doch nicht zulassen!« Ich wirbelte herum. »Forugh! Sag du doch auch mal was!«

»Es liegt nicht in meiner Entscheidung«, erklärte Forugh mit resignierten Gesten. Sie warf die Arme in die Luft. »Mein Mann und meine Söhne haben Aghajaan für Leila ausgesucht. Er ist ein frommer Mann und geht jeden Tag in die Moschee.«

»Na toll! Das sind ja großartige Voraussetzungen!« Ich raufte mir die Haare, ließ mich erneut auf den Küchenstuhl sinken, sprang wieder auf, öffnete Schranktüren und knallte Schubladen auf und zu, als könnte ich zwischen dem Besteck eine Lösung für Leilas missliche Lage finden.

»Er zahlt ein sehr gutes Brautgeld«, versuchte Forugh Verständnis zu wecken. »Das ist im Krieg überlebenswichtig!«

»WAS? Ihr verkauft eure Tochter? Die noch so jung ist?«

»Je jünger die Braut, desto höher das Brautgeld«, erklärte sie mir. »Es ist Gottes Wille«, gab Forugh mir zu verstehen, und Leila blieb so teilnahmslos und wächsern, dass ich sie an mich riss und so fest umarmte, als wäre sie mein eigenes Kind. »Du armes Kind, du armes, kleines Mädchen!«

Wir weinten alle drei. Ich nahm auch Forugh in den Arm, und so standen wir da: drei ungleiche Frauen, die sich mochten und respektierten, aber doch völlig machtlos gegen die hiesigen Männer waren. Wir hatten keine Chance.

Plötzlich hörten wir unten das Gepolter: Die heiligen Hoheiten kamen zurück! Forugh und Leila rissen sich von mir los und stürmten wie ertappte Einbrecher aus meiner Wohnung, nicht ohne sich im Rennen noch ihre Tücher über den Kopf zu ziehen.

Unten im Treppenhaus hörte ich den alten Mullah schon brüllen. Obwohl ich nichts verstand, wusste ich genau, was er schrie: »Wo wart ihr? Was habt ihr mit der gottlosen Ausländerin zu schaffen?«

Ich hörte Foroughs schrille Stimme, die sich vor Angst schier überschlug, und verstand so etwas wie »gefragt, ob sie uns Küche und Esszimmer zur Verfügung stellen, für Leilas Hochzeit!«

Dann hallten erneut saftige Ohrfeigen durchs Treppenhaus, gefolgt vom Geheul und Wehgeschrei beider Frauen. Bei jedem Knall zuckte ich selbst zusammen.

Was für ein widerlicher, selbstgefälliger Kerl, dieser dicke, rotbärtige Pseudo-Mullah mit dem verschlagenen Blick und den miserablen Manieren! Plötzlich wurde mir bewusst, dass auch Forugh sich diesen Mann nicht selbst ausgesucht hatte. Natürlich nicht! Auch sie war in jungen Jahren an ihn verkauft worden. Um dann eine Brut aufzuziehen, die ihm aufs Haar ähnelte! Nur die kleine Leila war ein Gottesgeschenk! Und die sollte am Freitag aus ihrem Leben verschwinden?! Konnte ich denn gar nichts tun? Zivilcourage, Katharina!

Ich hätte ihm so gerne die Meinung gesagt! Aber Bernd hatte mich beschworen, mich da rauszuhalten, mich von der Familie fernzuhalten! Das waren Chomeini-Getreue und damit unsere Feinde! Die Frauen wussten, dass wir in unserer Wohnung Alkohol tranken, sie hätten uns also verpfeifen können! Und was hatte ich stattdessen getan? Mit den beiden gekocht, gelacht, geplaudert, als wenn sie aus unserem Kulturkreis kämen!

Aber ich wollte doch nur alles richtig machen! Mich auf dieses Leben hier einlassen, mich in den Alltag integrieren! Das Fremde verstehen! Freundinnen haben! Das war immer mein größter Wunsch!

Verzweifelt und beschämt ließ ich mich an der kühlen Wohnungstür hinabgleiten und stürzte schon wieder in ein dunkles Loch. Konnte denn nichts in diesem Land einmal so sein, wie ich es mir vorstellte? Wieder verspürte ich den Drang, sofort nach Hause zu fahren. Aber wo war das: zu Hause?! Ich hatte ja kein Zuhause mehr in Deutschland! Bernd war mein Zuhause!

Diesmal konnte ich noch nicht mal ihm mein Leid klagen, denn er hatte mich immer wieder vor dieser Familie gewarnt und mich beschworen, einen Bogen um sie zu machen!

Als ich gerade den Gestank von Angebranntem aus meiner Küche wahrnahm und das verdächtige Zischen überkochender Milch hörte, klopfte jemand brutal an meine Wohnungstür.

Zutiefst erschrocken sprang ich auf. »Wer ist da?«

Es war der Mullah, der mit mächtiger Stimme Einlass begehrte.

O Gott. O Gott, was sollte ich tun? Mit wackligen Knien lief ich in die Küche, machte den Herd aus, packte den Schürhaken und verbarrikadierte mich hinter der Wohnungstür.

»Was wünschen Sie?« Mein Farsi war rudimentär, aber Englisch konnte der heilige Mann ja nicht.

»Meine Frau hat mir gesagt, Sie würden Ihr Esszimmer und Ihre Küche für die Hochzeit zur Verfügung stellen?!« Diesmal klang die Stimme deutlich milder, fast einschmeichelnd.

Uff! Er wollte gar keinen Streit. Er wollte uns anbetteln.

Grundsätzlich halte ich viel von nachbarschaftlicher Hilfeleistung. Ich bin auch eine große Freundin von Hochzeitsfeiern, aber in diesem Fall fiel meine Hilfsbereitschaft nicht auf fruchtbaren Boden. Neuer Zorn wallte in mir auf und mit plötzlichem Kampfgeist öffnete ich die Wohnungstür ein Stück weit, allerdings nicht, ohne vorsorglich die Kette vorzulegen. Ich spähte durch den Spalt.

Vor mir stand der Mullah, auf halber Treppe lungerte seine männliche Brut herum. Mit ihren Turbanen und langen Gewändern, die meine arme Leila stundenlang hatte bügeln müssen, lagerten die drei Sonnenblumenkerne kauend und Schalen ausspuckend auf den Stufen. Von Leila wusste ich, dass sie die weißen knielangen Hemden mit der Hand waschen musste. Heimlich hatte ich ihr schon ein paarmal meine Waschmaschine zur Verfügung gestellt, und Forugh und Leila hatten mir dafür die Hände geküsst.

»Was kann ich für Sie tun?« Meine Stimme zitterte, war aber eisig.

Der Mullah bedeutete mir, den Kopf zu bedecken. Klar. Ich war ja selbst schuld, wenn die heiligen Männer auf falsche Gedanken kamen – bei meiner blonden Mähne!

Ich griff wie ertappt nach einem Tuch und knotete es straff unterm Kinn. Währenddessen kroch schon wieder kalte Wut in mir hoch. Ich stand doch in meiner Wohnung, und sie hatten geklopft! Sie spuckten auf MEINE Treppe, die ich morgen wieder fegen durfte!

»Wir wollen dein Esszimmer und deine Küche für die Hochzeit.« Der Ton klang schon fordernder.

Sie witterten mein köstliches Essen, das ich soeben mit ihren Frauen zubereitet hatte. Normalerweise hätte ich die Nachbarn hereingebeten und ihnen etwas angeboten, wie es Brauch im gastfreundlichen Iran ist. Aber diese Kerle hatte ich gefressen. Nein, da konnten sie sabbern, so viel sie wollten!

»Was für eine Hochzeit?!«, stellte ich mich stur.

»Leila heiratet einen *pir*, einen Gottesmann. Das ist ein großes Glück für sie. Das entspricht dem Willen Gottes«, ließen sie mich wild gestikulierend wissen.

»Dass dieser Gottesmann älter ist als ihr eigener Vater, ist wohl auch ein großes Glück für sie?« Ich verschränkte die Arme vor der Brust. »Und dass ihr das kleine Mädchen regelrecht verkauft?«

»Er ist gefestigt in seinem Glauben und achtet die fünf Säulen des Islam!«

So kamen wir nicht weiter. »Ich heiße das absolut nicht gut«, gab ich ihnen mit Händen und Füßen zu verstehen. »Ich mag Leila sehr und finde, sie hat eine gute Schulbildung verdient. Sie ist ein bezauberndes Mädchen, und ich höre immer, wie ihr sie schlagt! Ihr solltet euch schämen, eure Tochter und Schwester so auszunutzen und jetzt auch noch zu verkaufen – angeblich im Namen Gottes, aber das nehme ich euch nicht ab! Das ist das Allerletzte!«

Ich redete mich ziemlich in Rage und beendete meinen wütenden Vortrag damit, dass ich für Leila alles täte, ihr sogar noch mein Ehebett für die Hochzeitsnacht zur Verfügung stellen würde – aber niemals für eine Zwangsheirat mit einem alten Sack, so gottesfürchtig er auch sein möge. Und nun sollten sie sich schleichen, da ich sonst meine gute Erziehung vergäße.

Ja, das war es im Wesentlichen, was ich wild gestikulierend und wütend mit den Augen funkelnd, auf Englisch und ein bisschen Farsi von mir gab, bevor ich ihnen die Tür vor der Nase zuschlug.

So ganz geschickt war das sicherlich nicht!, dachte ich, während ich mich daranmachte, den verbrannten Nachtisch zu entsorgen und für meinen Bernd den Tisch zu decken.

Als mein geliebter Mann eine Stunde später aus dem Bus stieg und mit großem Appetit dem Duft folgte, der durchs Treppenhaus zog, hatte ich mich schon umgezogen und den Mund versiegelt. Nein, von dieser hässlichen Begegnung würde ich ihm nicht erzählen. Nach seinem anstrengenden Arbeitstag auf der inzwischen eiskalten Baustelle hatte er wirklich etwas Besseres verdient.

Stattdessen erzählte ich Tage später alles Betty, der einzigen deutschen Freundin, die ich zu Fuß besuchen konnte. In aller Ausführlichkeit schilderte ich ihr, was sich zugetragen hatte, und Betty riet mir, der Familie Bazari doch wenigstens meine Teller und mein Besteck zu leihen, und »die Diescher, die schönen Dischdiescher«, die sie ja dann bei sich zu Hause auf dem Teppich ausbreiten könnten. So hätte ich sie nicht ganz vor den Kopf gestoßen, müsste sie aber trotzdem nicht in meine Wohnung lassen. »Du weißt, sie haben dich in der Hand! Sie wissen sicher, dass ihr Alkohol trinkt und noch gar nicht verheiratet seid. Reiz sie nischt, finde einen Gombromiss!«

Ich fand ihren Vorschlag gut und umarmte meine pragmatische Freundin zum Abschied: »Danke, dass ich mich bei dir ausheulen durfte. Du weißt, dass ich mit Bernd nicht darüber sprechen kann. Und bitte erzähl es auch nicht Horst!«

»Glar wie Gloßbrühe!« Betty erwiderte meine Umarmung und zog mir wie eine alte Pasdarani das Kopftuch tiefer ins Gesicht: »Und jetzt mach, dass du nach Hause gommst, Gleine, wir ham uns ja ganz schön verquatscht! Es wird ja schon bald dunkel!«

Sie gab mir einen liebevollen Schubs, nicht ohne nach links und rechts zu sehen: »Alles in Ordnung, die Luft ist rein, los geh!«

Ich trabte eilig davon, nicht ohne mich noch einige Male umzudrehen. Die Gute stand wirklich bis zur letzten Sekunde in ihrer Haustür und winkte mir nach. Was für eine treue Seele!, dachte ich noch. Ich konnte mich wirklich glücklich schätzen, sie zur Freundin zu haben. Ein seltsames Hochgefühl beschlich mich auf den letzten Metern meines Heimwegs. Was hatte ich nicht alles geschafft, seit ich hier lebte! Auf welch großes Abenteuer hatte ich mich da mit Haut und Haaren eingelassen, aus Liebe zu meinem Bernd! Und jetzt stand unsere Hochzeit unmittelbar bevor – in zwei Wochen würden wir endlich nach Hause fliegen!

Beschwingt eilte ich weiter, sorgfältig darauf achtend, dass ich im Dunkeln nicht über die Unebenheiten der schlechten Straßen und Gehwege stolperte. Da bemerkte ich, dass mich ein Auto verfolgte, und mein Herz begann zu rasen. Die Scheinwerfer waren aus, was in diesen Kriegstagen normal war. In dem dunklen Auto konnte ich vier Männer mit langen Bärten und Turbanen erkennen, und eine Sekunde lang durchzuckte mich der Gedanke, es könnte der Mullah mit seinen Söhnen sein, vielleicht auf dem Rückweg von der Moschee.

Sie bremsten ab und sahen sich nach mir um. Sicher nicht, um mir anzubieten, mich ein Stück mitzunehmen. Eher so, als wollten sie sichergehen, dass unter dem Tschador auch wirklich mein Gesicht steckte. Dann gaben sie Gas und fuhren davon.

Einen kurzen Moment lang war ich erleichtert, sie waren es anscheinend doch nicht gewesen. Trotzdem nahm ich die Abkürzung durch eine schmale Seitengasse. Ich konnte es kaum erwarten, nach Hause zu kommen und wollte keinerlei Aufsehen erregen und erst recht keinen Pasdarani Anlass geben, mich anzuhalten und zu kontrollieren.

Mit klopfendem Herzen erreichte ich meine Haustür und schloss sie mit zitternden Fingern auf. Jetzt nur noch im Dunkeln die Treppe rauf und die Wohnungstür aufschließen! Leider war es ja nicht gestattet, die Treppenhausbeleuchtung einzuschalten.

Da spürte ich sie. Ich roch sie und hörte sie atmen. Sie waren da. Alle vier. Im Treppenhaus.

Noch bevor ich einen klaren Gedanken fassen konnte, packten mich mindestens vier brutale Hände und drückten mich auf den kalten Boden. Zwei von ihnen hielten mich fest, ein Dritter stopfte mir ein widerlich riechendes Tuch in den Mund, das mir den Atem nahm. Ich wollte mich wehren, aber es war völlig zwecklos. Schreien konnte ich nicht, meine Zunge wurde mir so brutal in den Rachen gedrückt, dass ich glaubte, an ihr zu ersticken. Tränen schossen mir in die Augen, als sie brutal auf mich einschlugen und mich mit Füßen traten. War es das, was Leila immer ertragen musste? Sie rissen mir den Mantel hoch, und da begriff ich, dass sie es nicht dabei belassen würden. Sie hatten ihre Gürtel aus den Pluderhosen gezogen. Die Schläge peitschten auf meinen nackten Hintern, der Schmerz durchbohrte mich wie glühende Dolche. Es war, als hätte ich mich auf eine glühende Herdplatte gesetzt oder auf Stacheldraht. Ich spürte, wie Blut an meinem Schenkel hinabrann. Aber das war noch nicht alles. Mit Grauen nahm ich aus den Augenwinkeln wahr, dass sie ihre Hosen herunterließen und begannen, sich selbst zu befriedigen. Einer packte meinen blonden Haarschopf und riss meinen Kopf brutal in die Höhe, um ihn dann wieder auf den Boden zu knallen. Meine Stirn platzte auf, und ich schmeckte Blut. Das war also der Vorwurf, den sie uns Frauen machten: dass wir sie verführten mit unseren Rundungen.

Ich lag nur noch wehrlos und nach Luft ringend da, hoffte, dass es bald vorüber sein würde. Noch im Flur vergewaltigten sie mich, einer nach dem anderen, von hinten wie ein Tier. Ich konnte niemanden erkennen, mein Gesicht wurde in den Schmutz des Treppenhauses gedrückt. Der Schmerz war unbeschreiblich, als sie mich quasi aufrissen – dort, wo ich schon einmal aufgerissen worden war. In meiner dunkelsten und schlimmsten Stunde, als mein Damian tot zur Welt kam. Ich hatte ja nicht ahnen können, dass dieser furchtbare Moment noch übertroffen werden würde an Schmerz, Demütigung und Pein.

In diesem Augenblick schloss ich einfach mit allem ab und ließ meine Seele frei. Ich war mir sicher, das hier nicht zu überleben, gab mich dem Unausweichlichen hin wie ein Tier, das zur Schlachtbank geführt wird. Ich HOFFTE sogar, es nicht zu überleben.

Wie lange es gedauert hat, weiß ich nicht. Irgendwann ließen sie von mir ab, und im Dunkeln konnte ich noch erkennen, wie sie mir bedeuteten, was sie erst mit mir machen würden, wenn ich je auf die Idee käme, jemandem davon zu erzählen. Ihre Schatten fielen verzerrt an die Wände wie in einem Gruselfilm, während sie sich abrupt über die Kehle fuhren.

Dann fiel die Haustür ins Schloss, und ich hörte den Wagen davonfahren.

Bis heute weiß ich nicht, ob es der Mullah und seine Söhne waren oder von ihnen angeheuerte »Glaubensbrüder« oder völlig Fremde, die einfach nur Freiwild in mir gesehen hatten. Die Täter hatten jedoch gewusst, wo ich wohnte, und hatten es gezielt auf mich abgesehen. Ich war wie gelähmt, wie betäubt vor Schmerz, aber das Schlimmste war dieses widerliche Tuch in meinem Mund, das ich würgend ausspuckte. Diesen Gestank würde ich nie mehr vergessen.

Wie lange ich noch im Treppenhaus auf der Erde lag,

weiß ich nicht. Ich lauschte auf eventuelle Geräusche aus der Wohnung unter mir, doch es war totenstill und dunkel.

Irgendwann schleppte ich mich Stufe für Stufe auf allen vieren die restliche Treppe hoch und taumelte in unsere Wohnung.

Bernd würde erst in ein paar Stunden kommen, denn es war höchstens sechs oder sieben Uhr.

Ich setzte mich in die Dusche und ließ einfach kaltes Wasser über mich laufen. Warmes Wasser gab es nicht. Ich sah nur das Blut, das sich mit dem Wasser vermischte und gurgelnd in den Ausguss rann. Immer wieder musste ich mich übergeben, bis nur noch Galle kam. Nach langer Zeit schaffte ich es, mich mithilfe eines Spiegels zu untersuchen. Ich musste feststellen, dass ich zwar verletzt, aber nicht lebensgefährlich verletzt war. Laufen konnte ich kaum, meine Beine knickten immer wieder weg. Ich kroch zum Bett, wickelte mich in eine Decke und überlegte, was ich tun sollte. Dabei fing ich an zu zittern. Meine Zähne schlugen aufeinander, der Schüttelfrost ließ gar nicht mehr nach. Es war der Versuch meines Körpers, mit dem Schock fertigzuwerden. Ich konnte keinen klaren Gedanken mehr fassen.

»Nach Hause, nach Hause, nach Hause«, ging es mir gebetsmühlenartig durch den Kopf.

Und nie mehr hierher zurückkommen.

Wir wollten in zwei Wochen heiraten!

Konnte ich es Bernd überhaupt erzählen? Wie würde er reagieren? Würde er mich überhaupt noch heiraten? Mein Gedankenkarussell ließ sich gar nicht mehr anhalten. Ich konnte Bernd das nicht erzählen! Ich schämte mich so sehr! Nie im Leben war ich mir so wertlos vorgekommen! Wie Schlachtvieh! Man hatte mich benutzt und weggeworfen. Wie würde Bernd darauf reagieren? Ich müsste ihn bitten, die Leute von unten anzuzeigen! Aber was dann? Würde ich einen Gerichtsprozess durchstehen? Hatte ich nicht gerade gelernt, dass immer die Frauen schuld waren, wenn ihnen so etwas Unehrenhaftes passierte? Wenn nach der geltenden Scharia geurteilt würde, wäre es sogar nicht unwahrscheinlich, dass man MICH schuldig sprechen und zu einer schrecklichen Strafe verurteilen würde! Furchtbare Bilder tauchten wieder vor meinem inneren Auge auf: der am Autokran baumelnde junge Mann. Die Auspeitschung der Jugendlichen. Was würde man erst mit einer Frau tun, die gläubige Männer »verführt« hatte? Sie würden mir vorwerfen, ich hätte ihre Frauen gegen sie aufgehetzt. Die Vergewaltigung im Flur würde als »gerechte Strafe« gelten, und ich hätte mich zusätzlich zu verantworten! Ich würde Bernd in eine entsetzliche Lage bringen! Wir würden den Iran verlassen, Bernd würde seine Baustelle aufgeben und seine Männer im Stich lassen müssen. Unter diesen Umständen würde er mich bestimmt nicht heiraten. Ich war schuld, ich war an allem schuld! Er hatte mich gewarnt, ich hatte mir das selbst eingebrockt! Ich durfte ihn da nicht mit reinziehen!

Mein Gedankenkarussell drehte sich immer schneller.

Es war völlig ausgeschlossen, etwas zu unternehmen! Wir konnten die Sprache nicht. Nie würden wir gegen die Lügen und Vorwürfe der Täter ankommen. Man würde ihnen glauben und nicht mir. Es würde alles nur noch viel schlimmer machen. Obwohl ich mir kaum vorstellen konnte, dass sich meine jetzige Lage noch verschlechtern konnte, musste ich mir eingestehen, dass sie noch viel schlechter werden konnte. Das hier wäre dann nur der Anfang gewesen.

Ich durfte Bernd dem auf keinen Fall aussetzen!

Ich konnte nicht, ich liebte Bernd viel zu sehr, um ihm das anzutun! Er wollte mich heiraten, seine große Liebe! Die er bewunderte und vergötterte, und auf die er so stolz war! Sollte ich das alles zerstören? Was, wenn er es nicht ertragen konnte?

Sollte ich ihn vor die Wahl stellen: entweder der Iran oder ich!?

Was schließlich überwog, war die Scham. Nie im Leben sollte Bernd von dieser Sache erfahren. Nie im Leben! Ich würde es überhaupt niemandem erzählen. Wen sollte ich damit belasten? Helfen konnte mir sowieso keiner, im Gegenteil! Ich hatte es mir selbst zuzuschreiben. Und ich musste allein damit fertigwerden.

Bis zum heutigen Tag, an dem ich mich entschieden habe, meine Geschichte aufschreiben zu lassen, habe ich es nie jemandem erzählt.

Bernd fand mich fiebernd und mit Schüttelfrost im Bett vor, und ich stammelte was von wegen »schrecklich starke Periode mit Migräne und Übelkeit«, um die Blutflecken im Bett und meinen verwirrten Zustand zu erklären. Er kümmerte sich rührend um mich, nahm mich einfach in die Arme und hielt mich fest, aber ich konnte seine Berührung nicht ertragen. Ich starrte einfach nur an die Wand und fühlte mich innerlich wie tot. Bernd bot mir an, am nächsten Tag nicht zur Arbeit zu gehen und bei mir zu bleiben, aber ich wollte nicht angefasst werden. Ich wollte nur allein sein und diesen Schicksalsschlag irgendwie verarbeiten. Damals nach meiner Totgeburt und dem Betrug durch Falk hatte ich geglaubt, dass es nicht mehr schlimmer kommen könnte in meinem Leben. Doch das hier war noch schlimmer.

»Es wird Zeit, dass wir beide für eine Woche nach Hause fliegen«, meinte Bernd besorgt. »Glaubst du, bis zu unserer Hochzeit bist du wieder fit?«

Ich nickte mechanisch.

»Lass mich nur ein paar Tage schlafen!«

Bernd bat Achmed noch einmal um Beruhigungstabletten, und so dämmerte ich vor mich hin.

Bernd schickte mir Betty, Brigitta und Evelin vorbei, die alle ratlos an meinem Bett saßen und mir die Hand hielten. Keiner von ihnen sagte ich die Wahrheit. Ich ließ sie alle in dem Glauben, besonders heftige Periodenschmerzen und Migräne zu haben, was Schwindel und Erbrechen auslöste.

»Bis du heiratest, ist es wieder gut!«, sagten alle drei, tätschelten mir die Wange und gingen wieder.

Dezember 1985

»Willst du, Bernd Stermann, diese Frau lieben und ehren, sie achten und ihr treu sein, bis der Tod euch scheidet?«

Der Standesbeamte sah Bernd fragend an, und ich registrierte Bernds liebevollen Blick, in dem Stolz und Wärme standen. »Ja! Ich will!«

Er strahlte mich an, und ich rang mir ein Lächeln ab.

Hätte er auch so vorbehaltlos Ja gesagt, wenn er es gewusst hätte?

Auch ich beteuerte, dass ich Bernd immer lieben, ehren und achten würde, bis dass der Tod uns scheide, und dann hieß es: »Sie dürfen die Braut jetzt küssen.«

Unter dem Beifall unserer Kasseler Freunde küssten wir uns. Es war das erste Mal, dass Bernd mich wieder berühren durfte, und ich spürte seine Unsicherheit. Zum Glück stimmte Gunhild Södermann sofort eine Arie an: »Wo du hingehst, da will auch ich hingehn, und wo du bleibst, da bleibe auch ich!«

Das rührte alle zu Tränen, denn der Text passte genau zu uns.

Ich schaffte es, alle hässlichen Gedanken und Erinnerungen zu verdrängen, und fand mich kurz darauf im Kreis meiner liebsten Freundinnen und Freunde im warmen, gemütlichen Ratskeller wieder. Alles war so unwirklich. Während man Bernd und mich mit Fragen bestürmte, wurde auch schon die Hochzeitssuppe mit Grießklößen, Rindfleisch und Nudeln serviert. Bernd war so glücklich und aufgekratzt, dass er gar nicht aufhören konnte zu erzählen: von seiner Baustelle, von der politischen Lage, von Shiraz, von unseren dortigen Freunden, von Teheran und all unseren Eindrücken. So überstand ich diesen Tag und erlebte ihn wie in Watte gepackt.

Meine zweite Hochzeit. Und wieder so unwirklich und bizarr.

In meiner Verwirrung nahm ich kaum wahr, mit welch eifersüchtigen Blicken mich Bernds Mutter bedachte. Sie war eine schlichte Frau aus dem Ruhrgebiet, die im Krieg nach Kassel geflüchtet war, wo sie als Hilfsschwester im Krankenhaus Bernds Vater kennengelernt hatte. Der war Arzt gewesen, aber schon einige Jahre tot. Bernds Mutter, Elsbeth, lebte von der Witwenrente im Nachbarhaus der Södermanns und wünschte sich nichts sehnlicher, als dass ihr einziger Sohn und Sonnenschein Bernd zu ihr zurückkehren würde.

Doch nun schleppte er ihr stattdessen eine traurig und verloren wirkende Schwiegertochter an, die mit ihm im Iran lebte! Aber wollte ich das überhaupt? Würde ich das schaffen? Würde ich wirklich wieder in diese Hölle zurückkehren? Oder wollte ich bei der kleinen, schlichten Schwiegermutter bleiben?

O Gott, ein Albtraum war schlimmer als der andere!

»Katharina, diesmal musst du mir aber versprechen, glücklich zu werden!« Klementine, meine alte Nachbarin aus Frankfurt, musterte mich besorgt. »Ist auch alles in Ordnung, Kleine? Du bist ja so blass!«

Ich beteuerte ihr, dass alles bestens sei: »Nachdem meine erste Ehe so schiefgegangen ist, hab ich einfach Muffensausen. Aber glaub mir, diesmal ist es für immer!«

Klementine prostete mir zu: »Dieser Mann ist aber auch das genaue Gegenteil von Falk! So ein warmherziger, lieber Kerl! Wenn man dem in die Augen sieht, weiß man, dass er dich liebt!«

Wieder bedachte mich die grauhaarige Elsbeth mit einem eifersüchtigen Blick, doch ich hatte einfach nicht die Kraft, mich mit freundlichen Worten an sie zu wenden oder sie entwaffnend anzulächeln. Ich wirkte verspannt, was Elsbeth bestimmt auf sich bezog.

»Mach dir keine Sorgen, Kathi«, mischte sich jetzt auch Gunhild ein. »Der holt dir die Sterne vom Himmel!« Und dann sang sie auch gleich noch: »Meine Lippen, die küssen so heiß!« Sie hatte ihr Lampenfieberproblem offensichtlich überwunden.

»Wir sind ja richtig stolz, dass ihr euch auf unserer Gartenparty kennengelernt habt«, freute sich Georg Södermann, der die Darbietungen seiner Gattin mit der Videokamera festhielt.

»Tja, wir haben es doch gleich gewusst! Die beiden passen zusammen wie Topf und Deckel!«

Wieder wurden die Augen meiner Schwiegermutter Elsbeth ganz schmal. Ich kehrte ihr den Rücken zu. Ja, da war ich mir auch ganz sicher. An meinem Bernd war überhaupt nichts auszusetzen. Bis auf die Mutter vielleicht. Aber die lebte ja auf einem anderen Planeten.

»Er trägt mich auf Händen!«, schwärmte ich Klementine und Gunhild vor. »Er liest mir jeden Wunsch von den

Augen ab, und wenn ich mal traurig bin, heitert er mich mit seinem unverwüstlichen Humor wieder auf.«

Natürlich erzählten wir dann auch von den schrecklichen Dingen, den Pasdarani, den Kleidungsvorschriften, den Durchsuchungen und den öffentlichen Strafmaßnahmen, die wir miterlebt hatten, und die anderen schüttelten verständnislos ihre Köpfe:

»Dass ihr euch das antut! Baut euch doch eine Zukunft in Kassel auf!«

In Elsbeths Augen glomm ein Hoffnungsschimmer auf.

»Junge, du könntest doch auch in Kassel als Bauleiter arbeiten! In meinem Haus ist dein Kinderzimmer immer noch frei … Und für deine Frau könnte ich auch noch ein Plätzchen schaffen.«

Mir wurde unwohl. Das erinnerte mich alles so an die Ehe mit Falk! In der Villa seiner Mutter! Wobei die wenigstens schon tot gewesen war! Nein, dann doch lieber unsere geräumige Wohnung in Shiraz. Ich wollte nicht vom Regen in die Traufe kommen.

Bernd schüttelte zum Glück den Kopf: »Nein, Mama. Da müsste ich einen langweiligen Bürojob machen. Du kennst mich doch, ich brauche das Abenteuer und die Herausforderung. Der Orient reizt mich!«

»Ihr werdet schon noch angekrochen kommen«, meinte die Mutter beleidigt.

»Und du, Kathi?«, fragten die Södermanns.

»Kinder habt ihr keine, also …«

Klementine warf mir einen aufmunternden Blick zu.

Ich sah unsicher von einem zum anderen, presste die Lippen aufeinander und kämpfte gegen Übelkeit. Komisch, dass mir der Wein überhaupt nicht schmeckte! Ich hatte immer noch den Geschmack und Gestank dieses widerlichen Stofffetzens im Mund.

Bernd tätschelte meine Hand: »Ja, meine Frau ist eine ganz Tapfere und wird trotz allem nächste Woche mit mir in den Iran zurückkehren! Sie weiß eben, dass sie keinen Bürohengst geheiratet hat, sondern einen Weltenbummler!« Bernd drückte mich stolz an sich.

Das war das Stichwort für Gunhild zu singen. »Muss i denn, muss i denn zum Städele hinaus, und du mein Schatz kommst mit!«

Alle lachten und klatschten und tranken auf unser Wohl, und so kam es mir nicht ansatzweise in den Sinn, NICHT mit meinem Bernd in den Iran zurückzukehren.

Februar 1986

»Wie lange willst du die Hochzeitsnacht denn noch verschieben?«

Wir lagen nebeneinander in unserem Bett, aber ich schaffte es einfach immer noch nicht, Bernd wieder an mich ranzulassen. Bernd stützte sich enttäuscht auf die Ellbogen und musterte mich besorgt.

»Liebst du mich denn noch?«

»Mehr als mein Leben, Bernd!«

»Ist auch alles in Ordnung, Kathi?«

»Natürlich! Ich habe einfach nur schon wieder so stark meine Periode, das ist alles!«

Wir waren seit sechs Wochen wieder in Shiraz, diesmal als rechtmäßig verheiratete Eheleute. Bernd war ein rücksichtsvoller Ehemann. Er akzeptierte das und war besonders lieb zu mir.

Die kleine Leila war inzwischen auch verheiratet. Als ich sie das letzte Mal gesehen hatte, war sie eine bis zur Unkenntlichkeit geschminkte »Braut« gewesen, die todunglücklich ins Leere gestarrt hatte. Ich hatte unseren Nachbarn tatsächlich noch unser Geschirr und die Tischtücher geliehen, wie Betty mir das geraten hatte, »um keinen Ärger zu bekommen«. Als wir von unserer eigenen Hochzeit wiederkamen, fanden wir Berge von ungespültem Geschirr, die total verdreckte Tischwäsche und Hunderte ausgespuckter Sonnenblumenkerne vor unserer Wohnungstür. So viel dazu.

Bernds innige Beschwörungen, mich doch nicht mehr mit dieser Familie abzugeben, fielen endlich auf fruchtbareren Boden. Ich mied jeden weiteren Kontakt und verließ meine Wohnung nur, wenn ich sicher war, dass die Männer in der Moschee waren. Forugh zog sich genauso in ihre vier Wände zurück, Leila war nicht mehr da. Wir lebten das typische Leben iranischer Frauen.

Nun frönte ich also wieder der Einsamkeit da oben in meiner kalten Wohnung, stand immer noch unter Schock und konnte mich niemandem mitteilen. Mir war ständig hundeübel, und ich musste mich öfter übergeben. Die Erinnerung an dieses stinkende Tuch im Mund ließ mich jedes Mal wieder würgen.

»Bernd, mir ist einfach immer noch nicht wirklich gut«, gab ich meinem Mann zur Antwort, als er mich immer wieder sanft bedrängte, doch endlich die Ehe mit ihm zu vollziehen, und das Thema Periode auch nicht mehr glaubhaft war.

»Ich glaube, ich habe mir einen echten Virus zugezogen. Ich will dich auch nicht anstecken.«

»Du bist auch wirklich erschreckend dünn geworden.« Bernd musterte mich mitleidig. »Dünn und blass und traurig. So kenne ich meine starke Frau gar nicht!« Er strich mir sanft übers Haar, so wie man ein krankes Vögelchen streichelt. »Ich will doch nicht, dass du unglücklich bist!«

»Mir ist nur dauernd total schlecht …« Ich kämpfte schon wieder gegen den Drang an, mich zu übergeben, stieß ihn fort und rannte ins Bad.

Bernd ließ mich wochenlang in Ruhe, aber ich hörte ihn besorgt mit Achmed telefonieren.

Aber Achmed war Kinderarzt – er hatte seinem eigenen Sohn einen Totenschein ausgestellt! –, und ich wollte ihn auf keinen Fall mit meinen Befindlichkeiten belasten.

Aber einige Wochen später war Brigitta, seine Frau, bei mir zu Besuch.

»Liebes, bist du etwa schwanger?« Prüfend sah sie mich an. »Du weißt, ich habe nur ein paar Semester Gynäkologie studiert, aber ich war selbst dreimal in diesem Zustand und habe einen Blick dafür!«

»Quatsch!«, entfuhr es mir. »Ich habe dir doch erzählt, dass ich nach Damian nie wieder Kinder kriegen kann.«

»Wer sagt das?!«

»Na, der Oberarzt in der Frankfurter Uniklinik! Der hat das damals gesagt!«

Brigitta schüttelte den Kopf. »Männer! Ich will ja nicht schlecht über Kollegen reden. Aber ich sage dir, du kriegst ein Baby! Schau dich doch mal an, Kathi! Dein Bäuchlein rundet sich, du hast dieses gewisse Etwas in den Augen und gehst regelmäßig kotzen!«

Das stimmte. Während sie das sagte, musste ich schon wieder rennen. Ich würgte, wie ich seit der fürchterlichen Vergewaltigung würgen musste.

Sie lachte, als ich grün im Gesicht wieder ins Wohnzimmer kam.

»Wann hattest du denn zum letzten Mal deine Tage?«

Ich zuckte zusammen. Nach dem ganzen Geblute war mein Rhythmus komplett durcheinandergeraten.

Ich war froh, als es endlich aufgehört hatte! Und das andere … Du liebe Güte! Ich schlug mir die Hand vor den

Mund. Meine Knie wurden weich. Bitte, lieber Gott. Bitte nein. Bitte mach, dass das nicht wahr ist … Das Blut gefror mir in den Adern. Die nackte Panik ergriff von mir Besitz. Ich schluckte trocken, sah kleine Sterne vor meinen Augen tanzen. In meinen Ohren rauschte es.

Mit letzter Kraft ging ich zum Sofa und ließ mich darauf sinken.

Brigitta nahm mich in die Arme.

»Ein Kind der Liebe, Kathi, wie wunderschön! Pünktlich nach der Hochzeit! Ihr seid aber wirklich ein Traumpaar, dass bei euch alles so wie am Schnürchen läuft!«

Ich starrte sie an, völlig blutleer.

Das war doch nicht …

Das konnte doch nicht …

Ich wusste ja nicht mal …

»Und der glückliche Vater weiß es noch nicht!« Brigitta konnte sich gar nicht mehr einkriegen vor Freude. »Wann kommt es denn, wann ist es denn so weit?«

Ich schnappte nach Luft und versuchte etwas zu sagen, aber mein Mund war wie ausgetrocknet.

»Das kann unmöglich wahr sein … Ich kriege kein Kind, ich KANN gar kein Kind kriegen!«

Brigitta krempelte sich die Ärmel hoch. »Okay. Lass mich mal fühlen.« Mit geübtem Griff tastete sie meinen Bauch ab und schaute dabei konzentriert an die Decke: »Also, ich fress einen Besen, wenn das hier nur ein querliegender Kackhaufen ist!«

Sie griff nach meinen Fingern und drückte sie auf meinen Bauch. »Spürst du es nicht selbst? Das sieht mir nach einer zehnten bis zwölften Woche aus! Dass es sich noch nicht bewegt, ist aber auch schon alles!«

Ja. Jetzt spürte ich es auch ganz deutlich. Ich schüttelte den Kopf. Ich hatte es doch schon längst gespürt! Ich hatte es nur verdrängt und geglaubt, es wäre eine innere Verletzung, die hoffentlich bald verheilen würde. Mein Körper fühlte sich natürlich anders an als – vorher. Vor dieser SACHE.

»So freu dich doch!« Brigitta zerrte an meinem Arm. »Du hast dir doch immer ein Kind gewünscht! Es ist doch ein Wunder, dass es jetzt doch noch geklappt hat!«

Ich hing wie eine schlappe Marionette auf dem Sofa: »Klar. Ja. Natürlich. Es kommt nur so … überraschend.«

Ich nahm Brigitta das Versprechen ab, mit niemandem darüber zu reden.

»Klar«, sagte Brigitta strahlend. »Ich habe den hippokratischen Eid zwar noch nicht geleistet, aber ich halte mich an das Arztgeheimnis.«

Wieder saß ich, in eine Decke gewickelt, da und wiegte mich hin und her, wie damals, nach der SACHE.

Sollte ich es – abtreiben lassen? Das war mein erster Gedanke, als Brigitta gegangen war. Doch welcher Arzt im Iran würde das tun und dabei Kopf und Kragen riskieren? Natürlich war Abtreibung im Islam eine Todsünde und wurde auch mit dem Tod bestraft.

Ich sah mich schon am Autokran baumeln oder im Gefängnis vor mich hin schmachten! Ich schloss die Augen, summte vor mich hin, spürte das kleine Leben in mir heranwachsen – und merkwürdigerweise überhaupt keine Ablehnung. Das Würmchen konnte doch nichts dafür! Es war ja wirklich ein Wunder! Gott sei Dank, dass ich jetzt verheiratet bin!, ging es mir durch den Kopf. Ich darf jetzt offiziell schwanger sein!

Aber wie konnte ich es Bernd …

Wir hatten doch seit Wochen nicht …

Wir hatten seit diesem schrecklichen Tag nicht mehr …

O Gott, ich musste meinem heiß geliebten Mann ein Kuckuckskind unterjubeln, von dem ich selber nicht wusste, wer der Vater war!

Als Bernd an diesem Abend nach Hause kam, verführte ich ihn. Nach allen Regeln der Kunst. Und sah mir selbst dabei zu. Wie in einem total schrägen, absurden Film, dessen Abspann man lieber gar nicht sehen möchte.

März 1986

Es war seit Monaten bitterkalt, und der Winter wollte kein Ende nehmen. An der Kriegssituation hatte sich nichts geändert. Der Irak wurde stärker und der Iran schwächer. Lebensmittel waren knapp. Auch frisches Obst und Gemüse waren jetzt kaum noch auf den Märkten zu haben. Von unserer Hochzeitsreise hatten wir achtzig Kilogramm Lebensmittel in einer Aluminiumkiste als Übergepäck mitbringen dürfen, sodass wir noch nicht hungern mussten. Wir teilten alles mit unseren Freunden.

Achmed, der einen Fernseher besaß, versorgte uns reichlich mit Nachrichten über den Krieg. Er war es auch, der uns berichtete, dass die iranische Regierung erwog, alle Deutschen auszufliegen. Wir versuchten daraufhin erneut, mit der deutschen Botschaft in Teheran Kontakt aufzunehmen, aber dort beruhigte man uns und versprach, uns rechtzeitig zu informieren, wenn es hart auf hart käme. Bernd solle bis zuletzt auf seinem Posten ausharren, es war schließlich ein großer Auftrag für den Elektrokonzern, und es ging um einige Millionen.

Bernd hatte sich wahnsinnig über den zu erwartenden Nachwuchs gefreut und fragte mich jeden Tag, ob ich hier noch ein bisschen durchhalten würde.

»Meine fünfhundert Leute auf der Baustelle brauchen

mich! Ohne mich geht das ganze Objekt den Bach runter!« Er stellte mir immer wieder frei, schon mal allein nach Deutschland vorzufliegen, aber ich hatte Angst davor, wieder schwanger und allein zu sein, so wie beim letzten Mal. Und davor, bei dieser Elsbeth in Bernds Kinderzimmer zu sitzen. Auf keinen Fall sollte sich diese Lebensphase wiederholen. Ich war fest davon überzeugt, dass mein kleiner Damian keinen Lebenswillen gehabt hatte, weil seine Mutter so verzweifelt, einsam und traurig gewesen war. Nein, ich wollte bei meinem fröhlichen, positiven und tatendurstigen Bernd sein und die Schwangerschaft mit ihm verleben.

»Schließlich heißt Schwangersein ja nicht Kranksein«, sagte ich entschlossen zu Bernd.

»Was die Frauen im Iran schaffen, schaffe ich auch.«

Inzwischen wussten alle unsere Freunde in Shiraz Bescheid und freuten sich riesig mit uns.

Sie klopften Bernd auf die Schulter und gratulierten ihm zu seiner »Punktlandung«, und Bernd grinste, freute sich und war einfach nur wahnsinnig stolz und glücklich.

Alle Männer auf seiner Baustelle ließen ihn hochleben und machten heimlich ein Fass Bier mit ihm auf.

Als die Lebensmittel immer knapper wurden und unsere Vorräte zur Neige gingen, machten sich unsere Freunde Sorgen um »die junge Muddi«, wie Betty und Horst mich jetzt nur noch nannten. »Die wird ja immer dünner! Die muss doch was auf de Ribbn kriegen!«

Und so ging Horst eines Nachts heimlich auf die Jagd und erlegte – ein junges Wildschwein! Weil er mit seiner Beute nicht erwischt werden wollte, fiel ihm nichts Besseres ein, als an unserer Haustür zu klingeln. Wir öffneten verschlafen und er hielt sie uns, in eine Decke gewickelt, verschmitzt grinsend unter die Nase.

»Schwein gehabt!«, lautete sein Kommentar auf unsere Frage, ob er eigentlich noch alle Tassen im Schrank habe!

»Was sollen wir denn jetzt mit diesem blutenden Borstenvieh anfangen?«

Hastig zog ich Horst in unsere Wohnung, denn die strenggläubigen Gotteskrieger da unten mussten ja nicht unbedingt was von seiner Tat mitkriegen! Schweinefleisch war ja auch Todsünde!

»Meine Beddy versteht was davon, die macht euch ’n draumhaftes Gulasch!«

Wir warteten bis zum nächsten Freitag, an dem unsere Nachbarn den ganzen Tag in der Moschee waren. Wir verschlossen sämtliche Fenster und stopften die Ritze unter unserer Haustür mit Decken aus, damit der verführerische Duft dieser verbotenen Delikatesse nicht nach unten ziehen konnte.

Wir telefonierten all unsere Freunde zusammen und veranstalteten eine regelrechte Party. Alle steuerten etwas zum Festmahl bei, Brigitta und Achmed Joghurt als Sahneersatz, Evelin hatte noch irgendwo Rotkohl aufgetrieben, und in null Komma nichts hatte die tüchtige Betty das Tier waidgerecht zu Gulasch verarbeitet. Sie schüttete ordentlich Maggi drauf, und fertig war der Schweinebraten. Es schmeckte ganz wunderbar. Ich seufzte wohlig, als ich endlich wieder ein knuspriges Stück Schweinefleisch zwischen den Zähnen hatte!

Die anderen freuten sich tierisch, dass ich so prächtigen Appetit entwickelte. Wir hatten zwar kein Bier, aber Wein in Bohnendosen, und auch wenn ich nichts davon trank, fühlte ich mich so gut wie schon lange nicht mehr. Dieses Kind würde leben! Das schwor ich beim abgenagten Gerippe des Wildschweins! Als sich Bernds und meine Blicke über den Kerzen trafen, traten uns beiden die Tränen in die Augen. Unter dem Gelächter unserer Freunde sanken wir uns weinend in die Arme.

August 1986

Ein drückend heißer Sommer hatte den eiskalten Winter abgelöst. Inzwischen hatte sich fauliger Gestank über die Straßen gelegt, denn die Müllabfuhr war zusammengebrochen. Der Abfall türmte sich in riesigen Bergen auf den Straßen, und überall flatterten Plastiktüten im Wind. Die Abwasserkanäle waren ausgetrocknet, weil es kein Wasser mehr zum Wegspülen der Fäkalien gab. Die Scheiße stand buchstäblich bei vierzig Grad in der Gosse, von Tausenden schillernder Schmeißfliegen umsurrt. Es war wie im Mittelalter. Überall huschten Ratten umher, und ich konnte nur mit vorgehaltenem Tschador meine Einkäufe erledigen, wobei ich so wenig atmete wie möglich. Das kleine Wesen in mir war zäh und lebenswillig. Wenn es sich bewegte, verspürte ich zu meinem eigenen Erstaunen ein unglaubliches Glücksgefühl. Bernd freute sich wie verrückt, lauschte immer wieder an meinem Bauch, streichelte ihn sanft und sprach mit »seinem« Kind. Er benahm sich völlig anders als Falk damals! Genau so ein Verhalten wünschte ich mir von einem werdenden Vater. Bernd hatte tausend Kosenamen für unser »Tierchen« und erging sich in köstlichen Albernheiten. Manchmal band er sich selbst ein Kissen vor den Bauch und äffte meinen Watschelgang nach. Dann musste ich so sehr lachen, dass ich befürchtete, mein Kind würde noch ein Schleudertrauma bekommen. Man musste diesen verrückten Kerl einfach lieben! Trotz all der Kriegswirren und chaotischen Zustände, in denen wir inzwischen hausten, fühlte ich mich geborgener als damals in Falks piekfeiner Villa. Manchmal vermisste ich Klementine, die wie eine Mutter für mich gewesen war.

Meine hiesigen Nachbarn mied ich nach wie vor wie die Pest, und sie mich auch. Forugh hatte mit Sicherheit genauso Dresche bekommen wie ich, weil sie sich mit mir abgegeben hatte, und Leila wurde von dem anderen Gottesmann gefangen gehalten. Sicher war die Arme auch schon schwanger.

Immer öfter sprachen Bernd und ich nun darüber, so bald wie möglich auszureisen. Auch Bernd war jetzt absolut der Meinung, dass wir die nächstmögliche Maschine nach Deutschland nehmen sollten. Die Geburt meines Kindes stand kurz bevor. Ich liebte dieses Kind, eine ungeheure Kraft ging von mir aus, und ich geriet nicht in Panik. Ich war bei Bernd, und der gab mir Kraft und Zuversicht. Seine Vorfreude, sein unerschutterlicher Optimismus verliehen mir so viel Vertrauen, dass ich mich in Sicherheit fühlte. Bernd war der Fels in der Brandung, und er würde mich rechtzeitig nach Deutschland bringen.

Die Södermanns hatten mich längst in einer Kasseler Klinik zur Entbindung angemeldet, und dort stand auch schon ein Körbchen mitsamt Erstausstattung für »das Tierchen« bereit. Hier in Shiraz wäre nichts dergleichen zu kriegen gewesen, aber ich war mir sicher, in Deutschland niederzukommen. Insgeheim betete ich oft, dass mein Kind keine allzu schwarzen Haare, keine allzu braunen Augen und keine allzu dunkle Haut haben würde, denn Bernd war blond, und ich war hellblond. Ach was, es würde schon schiefgehen!

Hier im Iran war ich nicht bei einer Frauenärztin gewesen, denn erstens waren mir die hygienischen Verhältnisse zu schlecht, und zweitens wollte ich unangenehme Fragen vermeiden. Ich fürchtete mich einfach immer noch vor »Strafe«, wenn die Wahrheit ans Tageslicht käme! Jede Ärztin wäre verpflichtet gewesen, meine »Schandtat« zu melden, und ich würde mein Kind im Knast kriegen! Ich wollte gar nicht wissen, in der wievielten Woche ich genau war! Für Bernd war »es« im Februar passiert, an dem Tag, an dem ich ihn verführt hatte. So war er auch etwas gelassener als ich, was den Geburtstermin anging. Ende Oktober, Anfang November: davon ging Bernd aus. Dass es deutlich früher kommen konnte, musste mein Geheimnis bleiben.

Brigitta hatte immer wieder nach dem Rechten geschaut, und auch wenn sie keinen Ultraschall machen konnte, hörte sie doch die regelmäßigen Herztöne meines Kindes und fühlte, dass es diesmal richtig lag: mit dem Kopf nach unten.

»In sechs bis acht Wochen dürfte es so weit sein!«

In sechs Wochen würden wir längst in Deutschland sein, dessen waren wir uns sicher.

Es ging nur noch um letzte finanzielle Regelungen auf der Baustelle, und Bernd hatte die Baustellenkasse. Es konnte sich jetzt nur noch um Tage handeln.

Wir hatten zum Glück die Klimaanlage, die dann und wann funktionierte, aber die meisten Menschen in Shiraz mussten ohne auskommen. Die Hitze stand so brutal zwischen den hohen Hausmauern, dass der Asphalt zu schmelzen begann.

Bernd spürte, dass die Zeit drängte. Denn ich war kurzatmig, oft schweißgebadet und kreislaufmäßig am Ende, musste mich dauernd setzen und mir Luft zufächeln. Außerdem hielt ich meine geschwollenen Beine in Eiswasser, wenn denn welches aufzutreiben war.

Immer wieder hatte Bernd bei der deutschen Botschaft nachgefragt, wie es mit unserer Ausreise aussehe. Erst hatte man ihn lange vertröstet und beteuert, man würde die Deutschen als Erste ausfliegen. Irgendwann äußerte Bernd den Verdacht, es würde ein Tonband abgespult, so ähnlich waren sich stets die Nachrichten.

Achmed machte uns Druck: »Leute, ihr müsst raus, haut ab, solange es noch geht! Der Iran unterliegt dem Irak, der Krieg geht in eine furchtbare Endphase!«

Brigitta und er konnten ja nicht fliehen, denn sie hatten ja noch Omid, auch wenn es ihn offiziell nicht mehr gab. Wie schlimm für die beiden! Sie hatten Pässe, ihre zwei Töchter warteten in Köln bei der Oma, und sie hätten mit uns in die Freiheit fliegen können, wenn da nicht der halbwüchsige Sohn gewesen wäre, der sein Leben seit Jahren in seinem Zimmer fristete.

Betty und Horst wollten nicht zurück in die DDR. Sie wollten den Krieg hier aussitzen und irgendwann nach Westdeutschland ausreisen, wenn sich die Lage beruhigt hatte.

Hussein und Evelin wollten ebenfalls mit ihren fünf Töchtern in Shiraz bleiben, denn Hussein hatte hier sein Unternehmen und sein Einkommen. In Deutschland würde er im besten Fall Taxi fahren – etwas, das viele geflohene

Iraner taten, aber damit konnte er seine Familie nicht ernähren. Evelin sehnte sich nach Bayern und Frieden, und sie wäre wahnsinnig gern ausgereist, doch Hussein hatte ihren Pass einbehalten, nachdem er die Sache mit der Pille rausgekriegt hatte. Es musste zu einem Riesenstreit zwischen den beiden gekommen sein!

So gesehen waren unsere Sorgen klein im Vergleich zu denen unserer Freunde. Wir würden ausreisen und in Deutschland eine Familie gründen. Es konnte sich nur noch um Tage handeln.

Die Telefonate mit der Botschaft wurden von Tag zu Tag mühsamer. Bernd versuchte es immer wieder und wurde immer öfter aus der Leitung geworfen. Auf seiner Baustelle herrschte Chaos, viele Arbeiter waren bereits geflohen oder nächtlichen Bomben zum Opfer gefallen. Bernd hatte die Baustellenkasse aus Sicherheitsgründen mit einer Kette an seinem Handgelenk befestigt. Irgendwann brach der Telefonverkehr mit Teheran dann komplett zusammen. In der Nacht hörten wir, wie die Bombeneinschläge immer näher rückten und sahen Feuerbälle am Horizont. So langsam wurde es eng. Was war nur mit dieser Botschaft los? Ließen die uns etwa im Stich?

Wir waren mitten im Krieg, und ich war im achten Monat schwanger (Bernd glaubte, es sei der sechste Monat), als eines Nachts das Telefon klingelte. Die deutsche Botschaft!

»Sind Sie etwa immer noch da?«, wurden wir ganz entsetzt gefragt. »Wir dachten, Sie sind längst ausgeflogen!«

»Nein«, sagte Bernd so ruhig wie möglich. »Wir warten auf Ihre Anweisungen!«

»Kommen Sie so schnell wie möglich nach Teheran«, wurden wir angebrüllt, »eine letzte deutsche Lufthansa-Maschine steht dort bereit!«

»Teheran ist zwei Flugstunden von Shiraz entfernt«, erwiderte Bernd. »Wie stellen Sie sich das vor?«

Es wurde hin und her palavert, und zwischendurch brach wieder die Leitung zusammen.

Bernd erfuhr, dass es keine Maschine mehr von Shiraz nach Teheran gab. Es herrschte absolutes Flugverbot. Und mit dem Auto waren die neunhundert Kilometer auf dunklen, unbefestigten und gefährlichen Straßen nicht zu bewältigen.

Bernd wurde immer nervöser und schrie in den Hörer, was er denn nun machen solle! Er habe hier treu bis zur letzten Minute laut Dienstanweisung die Stellung gehalten. Seine Frau sei schwanger, ob das hier einen Menschen interessiere!

Offensichtlich nicht. Ich kam mir vor wie Maria und Josef auf Herbergssuche. Nur dass ich keinen Gottessohn gebären würde.

»Wie Sie nach Teheran kommen, ist Ihr Problem!« Am anderen Ende wurde aufgelegt.

Nun erfasste mich doch Panik, und ich sah auch Bernd zum ersten Mal in Angst. Wie sollten wir das denn bewerkstelligen? In meinem Bauch begann es zu ziehen.

Das konnte ich Bernd ja nun überhaupt nicht sagen. Für ihn war es ja lange noch nicht so weit! Ich sprang auf und sah Sterne vor meinen Augen tanzen.

Hastig fing ich an zu packen, aber es war wie in einem bösen Traum: Ich konnte mich nicht konzentrieren, stopfte Dinge in Koffer und zog sie wieder heraus.

»Die Pässe. Die Pässe sind das Wichtigste, wo sind sie nur, ich hatte sie doch hinter die Zuckerdose gelegt.« Mit wackeligen Beinen stieg ich auf einen Hocker, der gefährlich kippelte. Bernd legte den Arm um meine Hüfte und zog mich sanft wieder runter.

»Warte, Liebes, wir wissen doch noch gar nicht, wie wir von hier wegkommen sollen. Die Pässe habe ich längst eingesteckt.« Er klopfte auf seine Brust, wo unter dem schweißnassen Hemd ein lederner Brustbeutel zu sehen war. Da wusste ich, dass auch Bernd fluchtbereit war. Ich schluckte trocken.

Ein weiteres Ziehen machte sich unter meinen Rippen bemerkbar, und ich musste mich erst mal setzen. Das waren ja jetzt wohl noch nicht … Nein, das war sicher nur die Aufregung.

Bernd schlug schon wieder auf das Telefon ein, das zwischendurch keinen Ton mehr von sich geben wollte. Endlich erreichte er Hussein, mit dem er lautstark diskutierte.

Ich wollte nicht, dass er zu Horst und Betty lief, mit seiner verdammten Baustellenkasse am Handgelenk. Das wäre reiner Selbstmord gewesen!

Wenig später saßen unsere Freunde bei uns, denn auch sie hatten im Fernsehen mitverfolgt, dass die letzte Maschine nach Deutschland heute Nacht von Teheran aus gehen sollte.

»Die sind doch wahnsinnig bei der Botschaft! Wieso haben die euch nicht informiert?«

»Die Leitungen sind immer wieder zusammengebrochen!«

»Die hätten euch eigenhändig abholen müssen! Oder eine Privatmaschine schicken!«

»Das Flugzeug schafft ihr nie und nimmer.« Hussein raufte sich die Haare.

»Ihr könntet mit einem LKW von der Baustelle bis an die türkische Grenze fahren«, schlug Horst vor, »und euch dann zu Fuß über das Gebirge schlagen!«

»Du hast wohl'n Gnall«, lautete Bettys Kommentar. »Viel zu gefährlisch! Da gönnense eusch gleisch hier in die Luft jagen, da ham wir wenigstens Lischt!«

Evelin, die alle ihre fünf kleinen Töchter bei sich hatte, schüttelte tadelnd den Kopf. »Dös is a Schmarrn! Schau dir des Madel an! Die kann ja bald nimmermehr japsen!«

Tatsächlich begann das Ziehen in meiner Zwerchfellgegend heftiger zu werden. Das durfte doch noch nicht wahr sein! Selbst wenn ich im achten Monat war und nicht im sechsten. Es war zu früh!

Die allgegenwärtige Angst machte mich erst richtig nervös. Ich hatte meinen Bernd noch nie so angespannt gesehen! Ich sah, wie seine Kieferknochen mahlten. Er schlug mit der Faust in seine andere Hand. Er war schon an der Tür, da blieb er wieder stehen. Er verwarf seine Ideen schneller, als er sie aussprach. Er hatte völlig die Fassung verloren, stürzte einen Whiskey hinunter, wurde abwechselnd weiß und dann wieder rot. Der Schweiß stand ihm auf der Stirn, und obwohl er sich bemühte, leise zu sprechen, hörte ich die Panik in seiner Stimme, als er sich mit unseren Freunden beriet.

Da fiel mir plötzlich Amir ein, unser armenischer Freund aus Teheran! Der war stinkreich, der hatte Beziehungen, der konnte den Flughafen in Teheran erreichen! Der würde uns bestimmt einen Wagen schicken! Vielleicht konnte er erreichen, dass die letzte Maschine noch einen Tag länger auf uns wartete!

All das sprudelte aus mir hervor, und unsere Freunde nickten zustimmend.

Erneut erfasste mich die Panik, aber ich kämpfte dagegen an. Wieder hämmerte Bernd auf das Telefon ein und versuchte, eine Verbindung nach Teheran herzustellen, aber die Leitung war tot. Als er nach Stunden endlich bis zu Amir durchdrang, teilte ihm ein Dienstbote bedauernd mit, dass Amir mit seiner Frau und seiner Tochter ins Ferienhaus ans Schwarze Meer gefahren sei. Er weile schon seit Wochen nicht mehr in Teheran.

Inzwischen hatten sich alle unsere Freunde bei uns versammelt, auch Brigitta und Achmed. Sie hatten ihren Omid allein zu Hause gelassen, und das rechnete ich ihnen hoch an. Brigitta machte sich Sorgen um mich. »Geht's, Katharina? Was ist, du verziehst so schmerzhaft das Gesicht?«

»Oh, es ist nichts«, presste ich hervor und versuchte, tapfer zu atmen. »Es ziept nur ein bisschen, aber das ist die Aufregung …«

Betty reichte mir ein Glas Wasser. »Hier. Das letzte. Die Wasserleitungen streiken schon wieder.«

Achmed legte mir die Hand auf die Stirn, griff dann nach meinem Handgelenk und sah auf die Uhr. »Akutes Fieber, erhöhter Blutdruck!«

»Hallo Leute, kümmert euch gar nicht um mich, ich bin okay«, beteuerte ich, aber noch während ich das sagte, krümmte ich mich bereits unter einer heftigen Wehe.

»Ihr macht aber auch alle einen Stress!«, schimpfte Evelin, während ihre Mädchen anfingen zu weinen. Sie presste sie beschützend an sich. »Seids omoi stad, und a Rua is!«

Hussein bot uns seinen Wagen an, falls wir uns jetzt damit auf den Weg nach Teheran machen wollten. Es war eine gepolsterte Limousine mit schusssicheren Scheiben.

»Meinen Chauffeur gebe ich euch auch mit!« Er breitete die Arme aus: »Sie ist das Letzte, was ich besitze! Aber für euch tue ich das gern!«

Da war sie wieder, die sagenhafte persische Gastfreundschaft und Loyalität. Doch je länger wir redeten, desto mehr überlegte sich auch er, mit seinen fünf Töchtern und Evelin nach Deutschland auszureisen! Taxifahrer hin oder her: Dort würde er wenigstens seines Lebens sicher sein! Alle Chomeini-Gegner fürchteten jetzt stündlich um ihr Leben. Es wurde verraten, angeschwärzt, man schreckte auch nicht davor zurück, Kinder zu entführen und Frauen zu vergewaltigen …

»Kathi?« Bernd sandte mir einen fragenden Blick, aber ich krümmte mich vor Schmerz.

Mit oder ohne Chauffeur: Ich konnte und wollte mir nicht vorstellen, jetzt zwölf Stunden in diesem Auto zu sitzen, auf diesen gefährlichen, ungesicherten Straßen unterwegs zu sein, die von Schlaglöchern und Bombenkratern übersät waren und möglicherweise überhaupt nicht mehr befahrbar – um dann, falls überhaupt, wo anzukommen? Im gespenstischen Teheran am verdunkelten Flughafen, der unter Beschuss stand? In einer anderen iranischen Stadt, in der Ausnahmezustand herrschte? Oder im schneebedeckten Gebirge, an der türkischen Grenze, von wo aus man nur noch zu Fuß weiterkam?

»Alles ausgeschlossen.« Achmed ließ meine Hand nicht los. Er sah aufrichtig besorgt aus.

»Katharina kann nirgendwo mehr hin.«

»Doch, doch, es geht schon …« Ich versuchte, mich aufzurichten. Eine heftige Wehe drohte mich schier zu zerreißen.

Jetzt konnte ich es nicht länger leugnen: Mein Kind wollte auf die Welt kommen! Ich krümmte mich. Hatte es bei Damian wirklich genauso wehgetan? Sind Mütter in der Lage, so etwas immer wieder zu verdrängen? Wieso tat man sich das als Frau mehr als nur einmal an?

Ich schrie und stöhnte und klammerte mich an Bettys Arm. »Ich kann es nicht mehr aufhalten!«

Auf einmal brach Hektik aus. Wir saßen ja bei spärlichem Kerzenschein im Wohnzimmer – es gab kein Wasser und kein Licht!

»Frische Laken!«, befahl Brigitta. »Holt alle sauberen Handtücher, die ihr finden könnt!«

Evelin hatte alle Hände voll zu tun, ihre übermüdeten und verängstigten Töchter zu beruhigen, und schob sie in die Küche. Dabei beugte sie sich unauffällig zu mir: »Danke, dass ich das nicht noch mal erleben muss!« Sie drückte mir liebevoll die Schulter.

Plötzlich spürte ich einen Schwall zwischen den Beinen und hielt die Luft an, während die Flüssigkeit an meinen Beinen hinunterrann.

»Die Fruchtblase ist geplatzt.«

Brigitta überzog mein Bett mit frischen Laken und half mir ganz vorsichtig darauf. Achmed, der Kinderarzt, war auch an meiner Seite.

»Wir kriegen das hin, Katharina! Wir lassen dich nicht im Stich.«

Draußen hörte man sirrend eine Bombe nahen. Sie schlug etwa einen Kilometer Luftlinie von hier ein. Die Mädchen schrien in der Küche auf, übertönt von Hussein, der versuchte, sie zu beruhigen. Erneut durchbohrte mich ein heftiger Schmerz wie eine glühende Gewehrkugel. Bernd küsste meinen Hals. Durch seine Liebe kam ich mir vor wie ein Berg, unerschütterlich. Er war an meiner Seite.

»Na, dann woll'n wa mal. Wer möschte?!« Horst schenkte ganz stoisch Bier ein und bot jedem ein Glas an, blieb aber auf seiner Beruhigungsdroge sitzen.

»Wasser!«, schrie Brigitta ihn an.

Ich umklammerte das Bettgestell, atmete tief ein und stemmte mich, so gut ich konnte, dagegen. Es fühlte sich an, als müsste ich mich auf der Stelle komplett entleeren. Ich fürchte, es kam so einiges daher, was ich meinen Freunden lieber erspart hätte.

»Warte noch, Katharina, hechle, hechle wie ein Hund … Betty, wo bleibt das Wasser?!«

Betty molk alle unsere Wasserhähne und bekam doch tatsächlich noch eine Schüssel zusammen!

Was ich erst später erfuhr: Sie hatte sogar das Wasser aus der Toilette genommen und abgekocht!

Und dann ging alles ganz schnell. Viel schneller als damals bei Damian! Bernd hielt mich fest und atmete mit mir, obwohl er noch nie einen Kurs für werdende Väter besucht hatte. Er war so bezaubernd und fürsorglich! »Du schaffst es, mein Herz, du schaffst es, ich bin so stolz auf dich, gleich ist es da, gleich ist unser Kind da … Lass einfach los …«

Evelin, die fünffache Mutter, kam auch und veratmete mit mir die Wehen.

»Gaaaaanz tief in den Bauch …« Sie warf einen fragenden Blick auf Brigitta, und die gab grünes Licht:

»Ich seh schon das Köpfchen!« Geschickt half sie mir, das Kind zur Welt zu bringen, als hätte sie nie etwas anderes getan.

»Sakra, ist des pechschwarz … Aber des waren meine fünf auch … Und jetzt derfst pressen … Noch a bisserl, noch a bisserl …«

Schweiß rann mir in Bächen von der Stirn, und meine Laken waren nass.

»Bald ist es so weit, Katharina, gleich hast du dein Kind …«

Achmed hielt mir die Beine hoch, Horst hatte das Bier weggestellt und fragte, ob er sich irgendwie nützlich machen könne.

Wieder schien mir ein stechender Schmerz alle Kraft zu rauben.

Brigitta kümmerte sich um meinen Unterleib, Horst hielt ihr die Stehlampe, Betty machte Anreichungen, und Achmed behielt meinen Blutdruck im Auge. Gemeinsam waren sie alle ein tolles Team. Und dann ließ ich mit einem lauten Schrei einfach alles raus, was ich bisher schamhaft zurückgehalten hatte. Ich spürte, wie sich mein Kind aus mir herauswand.

Es dauerte kaum eine Stunde, da war das Baby aus mir herausgeflutscht. Unter dem großen Jubel meiner Freunde und unter gefährlichem Sirren und Krachen aus entfernten Häuserblocks.

»Du hast es geschafft, Liebling, du hast es geschafft!«

Bernd ging vor mir auf die Knie und küsste mir die Hand, und aus seinen Augen quollen Tränen. Bevor er auch nur einen Blick auf das Kind warf, tupfte er meine Stirn mit einem kalten Lappen ab und flüsterte: »Dafür werde ich dich immer lieben! Ich danke dir so, ich danke dir!«

Mir liefen auch die Tränen, ich hatte so gepresst, dass mir sämtliche Äderchen geplatzt waren.

Völlig erschöpft, total fassungslos, und nicht in der Lage, einen klaren Gedanken zu fassen, nahm ich sein Gesicht in meine Hände, zog es an mich und flüsterte: »Danke, dass du immer zu mir stehst!«

»So, Licht wieder aus! Die Flieger sind über uns, es muss auch ohne gehen!«

Horst trug artig die Stehlampe wieder weg.

Brigitta fragte Bernd, ob er die Nabelschnur durchschneiden wolle, und Betty reichte ihm eine von ihr vorher steril gemachte Hummerschere.

Ich starrte nur auf Bernds von Kerzen beschienenes Gesicht, während Achmed mir den Puls fühlte. Wie würde er reagieren? Welcher Ausdruck würde in seine Augen treten?

Mit heiliger Andacht tat er sein väterliches Werk, und in seinen Augen stand nichts als Glück, Liebe und Ergriffenheit.

»Es ist ein Mädchen«, verkündete Brigitta, nachdem sie den glitschigen Frosch untersucht hatte. »Ein bisschen klein, ein bisschen gelbstichig, aber meines Erachtens kerngesund.«

»Frühkindliche Gelbsucht, das ist für ein solches Frühchen völlig normal.« Achmed nickte mir beruhigend zu. »Das hast du großartig gemacht, Kathi.«

Brigitta drückte es Bernd in die Arme, und der trug es unendlich vorsichtig zu mir, legte es mir ganz behutsam an die Brust. Es sah aus wie ein erschöpfter Frosch. Bernds lange, kräftige Finger streichelten seinen pechschwarzen, feuchten Haarflaum, und seine Augen glänzten: »Wir haben ein Mädchen, Katharina! Wir haben eine kleine Tochter!«

Evelin verdrehte die Augen. »Jetzt hätt i so gern amoi a Schwanzerl gsehn und a kloans Sackerl – wieder nix!«

Das löste die Anspannung, und wir fingen alle an zu lachen.

»Au!« Ich zuckte zusammen. »Lachen tut noch weh …«

Ich betrachtete das winzige Wesen, das nach einem Klaps von Brigitta beleidigt aufschrie. Diesmal war es warm und lebendig und nicht wächsern und kalt. Es kniff seine Äuglein im bräunlichen Gesichtchen zusammen und saugte mit winzigen Lippen an meiner Brustwarze. Ein unfassbares Glücksgefühl stieg in mir auf: Es lebte! Ich hatte es geschafft! Ich hatte einem Kind das Leben geschenkt! Das Leben!! Wir waren ab sofort zu dritt!

Die Glückshormone schossen so stark ein, dass ich den Schmerz kaum bemerkte, als Brigitta sich den Schaden da unten bei Kerzenschein besah:

»Uiuiui, das sieht ja wüst aus …«

»Das ist noch von der letzten Geburt«, behauptete ich tapfer.

Ihre Berührungen ließen mich keuchend nach Luft schnappen. Der Schmerz nahm mir die Luft zum Atmen.

»Könntest du das bitte lassen!« Ich hatte keine Ahnung, ob sie nähte, klemmte oder mir einen Schraubenzieher ins wunde Fleisch rammte.

»Ich taste nur ganz vorsichtig. Das ist kein normaler

Dammriss, das sieht mir nach einer riesigen Wunde aus, die sich entzünden könnte.« Brigitta sah mich besorgt an.

»Du solltest in Deutschland schnellstens zum Gynäkologen gehen und das in Ordnung bringen lassen … Das gehört genäht!«

»Ja, ja – lass gut sein, Brigitta …«

Mein Körper zitterte unter ihren Handgriffen, aber ich sah in die gerührten Gesichter meiner Freunde. Berauscht von Glückseligkeit vergaß ich den Krieg, die bevorstehende Flucht, die Angst. Ich vergaß den stechenden Schmerz, den Riss in meinem Fleisch, die Schmach, die Scham. Eine grenzenlose Liebe zu meinem Kind erfasste mich, und ich hatte nur noch Augen für mein wunderschönes kleines Mädchen. Bernd zählte behutsam alle Fingerchen, mit denen es sich an meinen Busen krallte, und alle Zehen.

»Alles da …«, murmelte er überwältigt. Die dunkle Haut schien ihn überhaupt nicht zu stören.

»Wie soll det Kleene denn heißen?« Horst stand erwartungsvoll mit seinem Bier am Bett und verteilte es an alle, auch an »die junge Muddi, die braucht jetzt mal'n rischtjen Schluck!«

»Da fließt die Milsch bessär«, behauptete Betty.

Wir stärkten uns an einem sächsischen Starkbier.

Ich formte einige Male den Namen mit den Lippen. Noch nie hatte ich ihn ausgesprochen, aus Angst, das könnte Unglück bringen.

»Sara«, sagte ich und schaute Bernd fragend an.

»Ja. Das ist wunderschön. Das passt zu ihr. Sara ohne H.«

»Sara!«, sagte ich zärtlich und schaute auf das schwarze Köpfchen, das zufrieden an mir nuckelte.

»Sara. Meine kleine Sara.« Mit jedem Mal, das ich ihren

Namen aussprach, gehörte das Kind mehr zu mir. Die Erinnerung an »die Erzeuger« verblasste.

»Wieso denn ohne H«, rief Betty dazwischen, und alle gaben ihren Senf dazu.

»Sarah mit h ist Jüdisch, Sara ohne h ist Persisch!«

»Sara passt aber auch nach Kassel!«

»Na, wenn se da nicht in der Schule gleich drei von der Sorte in der Klasse haben!«

»Sara Stermann, sehr edel …«

Eine irrwitzige Erleichterung machte sich breit.

»Jetzt lasst uns doch mal einen vernünftigen Gedanken fassen!«

Evelin versprach, sobald es hell würde, nach Hause zu fahren und mir ein paar Strampler und die nötigste Ausstattung von ihren Töchtern zu bringen.

»Aber raus aus der Stadt müsst ihr trotzdem!«

Draußen brannten jetzt mehrere Häuser, und noch immer schlugen Bomben ein. Menschen rannten schreiend und kreischend durcheinander. Es war gespenstisch, wie ein böser Traum. Einerseits schwebte ich im Glück, andererseits waren wir wirklich in Lebensgefahr! Wir mussten fliehen, und zwar schnell!

»Eure letzte Maschine ist soeben aus Teheran abgeflogen«, meldete Horst, der im Wohnzimmer Radio gehört hatte. »Jetzt steckt ihr fest.«

»Aber ihr könnt unmöglich mit dem neugeborenen Wurm unter diesen auch hygienisch katastrophalen Umständen hierbleiben!«

»Das schafft das kleine Immunsystem noch gar nicht, und außerdem braucht Katharina dringend medizinische Nachsorge …«

»Ihr müsst so schnell wie möglich hier raus!«

Stunden nach der Geburt saßen wir immer noch ratlos zusammen.

»Aber wenn es keine Lufthansa-Maschine mehr gibt …« Achmed schüttelte den Kopf.

»Wie konnte euch die Botschaft der Bundesrebublig nur so im Stich lassen!« Horst wischte sich den Schweiß aus dem Nacken. »Wir haben immer gedacht, im Westen …«

»Im Westen nüscht Neues!« Auch Betty war erschüttert. »Gennt denn geiner n Piloden, der eusch noch rausflieschen kann?«

Abrupt richtete ich mich im Bett auf. »Gebt mir mal das Telefon!«

Mitten in der Nacht kam jemand mit forschen Schritten die Treppe raufgerannt. Erst klopfte er zögerlich, dann immer heftiger an unsere Wohnungstür. Es war das Klopfzeichen, das Falk und ich verabredet hatten, wenn er oder ich schelmisch an die Hotelzimmertür klopften.

Es war der Rhythmus von »Auf in den Kampf, Torero«.

Bernd öffnete. Im Schein der Kerzen standen sich die beiden Männer gegenüber.

Ich saß reisefertig mit meiner kleinen Sara im Arm auf dem Bett.

Falks Blick huschte kurz zu mir herüber, aber er verlor kein überflüssiges Wort.

»Lasst alles stehen und liegen und kommt sofort ganz leise mit«, flüsterte er heiser.

»Nur die Baustellenkasse!« Die hatte Bernd wieder an sein Handgelenk gekettet.

Wir nahmen noch nicht mal die Koffer mit, die wir

vorbereitet hatten. Falls uns jemand damit auf der Straße sah, würde das nur unnötige Aufmerksamkeit erregen.

Lautlos schlichen wir die Treppe hinunter. Ich hatte meinen Tschador übergeworfen und das Kind darunter versteckt. Bernd half mir behutsam in den vor dem Haus wartenden Wagen, und ich traute meinen Augen nicht: Darin saß schon Brigitta, ebenfalls im Tschador. Sie hob kurz das schwarze Tuch, und zwei verängstigte Augen starrten mich an: Omid!

Und am Steuer: Achmed! Es war die verdunkelte Limousine, die uns Hussein zur Flucht angeboten hatte. Wollten sie uns zum Flughafen begleiten? Aber das war doch gefährlich! Wieso hatten sie Omid aus dem Haus geholt?! Und wo war Hussein?

Mein Herz klopfte noch heftiger als ohnehin schon. Ich quetschte mich neben sie.

»Was macht ihr denn hier? O mein Gott, ihr wollt doch nicht etwa …«

»Kein Wort!« Falk ließ sich auf den Beifahrersitz fallen, und Bernd quetschte sich auch noch auf die Rückbank.

Achmed ließ den Wagen im Leerlauf die leicht abschüssige Straße hinunterrollen.

Erst an der Kreuzung, an der die Moschee stand, machte er den Motor an. Die Scheinwerfer ließ er jedoch aus, und so durchquerten wir wie ein Schiff den nächtlichen Ozean in Richtung Flughafen.

Achmed umfuhr geschickt die riesigen Schlaglöcher, die die Bombeneinschläge hinterlassen hatten sowie die inzwischen haushohen Müllberge. Im Dunkeln sah ich, wie sich Katzen, wilde Hunde und Schakale mit ihren spitzen Zähnen darüber hermachten. Ich sah mich ein letztes Mal nach dem menschenleeren Marktplatz um, auf dem ich so viel Hässliches hatte sehen müssen, auf dem ich aber auch fast drei Jahre lang täglich eingekauft hatte. In wenigen Stunden würde der Muezzin wieder rufen, die Rollgitter würden scheppernd hochgelassen werden, und die Menschen würden aus ihren Häusern quellen.

Gänsehaut überzog mich. »Aber wenn sie Omid entdecken …«, flüsterte ich zitternd.

»… werden sie ihn durchlassen.« Bernd hielt demonstrativ die Baustellenkasse in die Höhe. Ich starrte mit offenem Mund darauf.

»Du willst sie … Du meinst, das klappt?«

»Mit einer sechsstelligen Dollarsumme? Da bin ich mir ziemlich sicher!«

Achmed lenkte die Limousine wendig zum Flughafen, wo es gespenstisch leer und dunkel war.

Wir huschten wie Schatten an der Mauer des halb zerschossenen Flughafengebäudes entlang. Nirgendwo brannte Licht, aber Falk leuchtete uns mit einer Taschenlampe. Omid klammerte sich an seine Mutter, die ihren Tschador schützend um ihn gelegt hatte.

Ich presste meine Sara an mich, wohl wissend, dass auch sie keine gültigen Papiere besaß. Zum Glück gab mein Mädchen keinen verräterischen Laut von sich. Meine winzige Tochter schlief, und ich spürte ihren Atem in meiner Halsbeuge, warm und weich unter dem großen schwarzen Tuch.

Einige Soldaten und Wachmänner, die auf dem Boden geschlafen hatten, hoben verwundert die Köpfe, und einer riss sofort sein Maschinengewehr hoch und schrie etwas auf Farsi. Ich nahm im Dunkeln etwa fünf bis acht Leiber wahr, die sich aus Decken schälten und sofort kampfbereit aufsprangen.

Taschenlampen blitzten auf, und man hätte uns auf der Stelle abknallen können. Wir gefroren alle zur Salzsäule.

Falk und Bernd hoben die Hände, und mein Mann winkte mit der Baustellenkasse, verhandelte leise mit ihnen.

Schon nach wenigen Minuten ließen die Männer von uns ab wie Hunde, die man mit Fressen abgelenkt hat. Sie rissen sich gegenseitig die Kasse aus der Hand, und ich hörte die verhaltenen Freudenschreie und das Knistern der Scheine, die sie sich gierig in die Taschen stopften. Schon brach Streit zwischen ihnen aus, einer schubste den anderen zu Boden, ein dritter ging dazwischen, begann Allah zu preisen, und der Rest stimmte in das Dankesgebet mit ein. Mir entfuhr ein erleichterter Seufzer.

Falk und Bernd zogen uns weiter. Im Schatten der Mauer rannten wir aufs Rollfeld.

Und da stand sie: eine 737 Boeing – also eine ziemlich kleine Maschine.

Wir stolperten die Gangway hinauf, und Bernd half mir, weil meine Beine so zitterten und ich fast über den ausgefransten Saum meines Tschadors gestolpert wäre. Ich trug mein Kind wie ein rohes Ei, spürte sein Köpfchen an meiner pulsierenden Halsschlagader.

Brigitta stieß verhaltene Freudenschreie aus, als sie ihren Omid ins Hintere der Kabine schob, und in diesem Moment schaltete Falk die Notbeleuchtung ein.

Ich traute meinen Augen nicht: Wir waren in der Maschine nicht allein: Dort saßen auch Evelin, Hussein und ihre fünf Mädchen, dahinter Horst und Betty! Bernd hatte sie davon überzeugt, mit uns nach Deutschland zu fliehen.

Wir hatten gar keine Zeit, uns weinend in die Arme zu fallen. Bernd drückte mich auf einen Sitz und schnallte mich an.

Mit einem dumpfen Geräusch wurden die Türen verriegelt.

Das Licht erlosch wieder, und der Lautsprecher knisterte. Während wir leise anrollten, begrüßte uns Falk mit seiner sonoren Stimme offiziell als Pilot dieser Maschine:

»Willkommen an Bord, meine Damen und Herren und liebe Kinder! Ich hoffe, dass wir heil hier rauskommen. Die Startbahn wird jetzt gleich, so Gott will, ganz kurz für uns beleuchtet – das war jedenfalls der Deal mit den freundlichen Herren da draußen, die sich jetzt über eine kleine Gehaltsaufbesserung freuen.« Verhaltenes Gelächter von den hinteren Sitzen.

Ich musste trotz allem grinsen. Das war Falk: lässig und cool in jeder Lebenslage.

Ich hatte noch was gut bei ihm gehabt: Nie hatte ich ihn wegen der Sache mit seiner Tochter bei den Behörden oder bei seinem Arbeitgeber verpetzt. Und so verdankte er es mir, dass er immer noch im Pilotensessel saß. Er hatte einen Flug mit einem Kollegen tauschen können und war von Dubai aus zu uns nach Shiraz geflogen. Ich hatte ihm sprichwörtlich Beine gemacht – nein, Flügel verliehen!

Ich wusste inzwischen, dass die Sache mit seiner Tochter vorbei war. Es hatte sehr hässliche Auseinandersetzungen gegeben, nach denen Alexandra schließlich das Haus in Frankfurt eingeklagt hatte. Dort lebte sie jetzt mit den

Mädchen als Nachbarin von Klementine, die mir das alles an Weihnachten erzählt hatte. Falk war ein einsamer Mann, und ich wunderte mich, dass ich keinerlei Gefühle mehr für ihn hatte: weder positive noch negative.

»Leider gibt es auf diesem Flug keine Stewardessen, die ihnen eine kleine Erfrischung anbieten«, fuhr er nonchalant fort.

Verhaltenes Lachen ertönte in der Kabine. Falk gab Gas und ließ seinen Vogel schneller rollen.

»Falls die netten Herren uns doch kein Licht anmachen wollen, weil sie gerade mit Geldzählen beschäftigt sind: Machen Sie sich bitte keine Sorgen! Ich bin ein so erfahrener Pilot, dass ich das hier notfalls auch im Dunkeln schaffe. Allzu viel Flugverkehr ist ja heute Abend nicht, also genießen Sie Ihren Ausflug ins Blaue …«

Ich zog den Kopf ein, drückte mein Kind an mich und spürte, wie Bernd beruhigend den Arm um uns legte – um seine Frau und Tochter! In diesem Moment ging wie von Geisterhand grelles Scheinwerferlicht an! Wollten sie uns Starthilfe geben oder uns doch noch abknallen? Ich kniff die Augen zu und hielt die Luft an.

Sie schossen nicht. Die Kerle hatten also doch noch ein Ehrgefühl. Die Triebwerke heulten auf, und es ging los.

»Danke, Jungs, sehr freundlich«, murmelte Falk ins Mikro, und dann raste unser Vogel über die Rollbahn, dass es nur so schepperte. »Ihr könntet auch mal wieder neu asphaltieren«, bemerkte Falk lakonisch, und als der Flieger abhob, ging das Licht auch schon wieder aus.

Wir flogen durch die dunkle Nacht, aber es standen Tausende funkelnder Sterne am Himmel, und schon wieder bekam ich Gänsehaut. Das war der Iran! Er konnte so wundervoll sein! So märchenhaft, geheimnisvoll, so überirdisch schön!

Die Maschine flog einen großen Bogen, und wir spähten noch ein letztes Mal in das schwarze Loch unter uns, das die völlig verdunkelte Stadt Shiraz war.

»Wie lange waren wir jetzt hier?«, fragte ich Bernd. Meine Stimme war ganz heiser.

»Knapp drei Jahre – ungefähr tausend Tage.«

»Mit heute tausendundein Tag.« Wir hielten uns an den Händen.

Endlich machte Falk das Kabinenlicht an. Ein erleichtertes Raunen ging durch die Maschine, und Brigitta riss sich weinend den Tschador herunter und schloss den blassen Omid in die Arme. Schluchzend wiegte sie ihn hin und her und war völlig aufgelöst.

»Wir fliegen zu unseren Töchtern nach Köln, endlich werden wir wieder eine Familie sein ...«

Auch Achmed weinte und wischte sich dicke Freudentränen aus den Augen.

Betty und Horst schienen es auch gerade erst zu begreifen: Sie waren frei und flogen nach Westdeutschland! Wir alle sprangen von unseren Sitzen auf, umarmten uns und lachten und weinten durcheinander.

Falk meldete sich übers Mikrofon und verkündete gut gelaunt, dass wir jetzt auf direktem Weg nach Dubai seien, wo wir sicherlich noch was Schönes zu essen und zu trinken bekämen. Dort müsse er sich leider schon wieder von uns verabschieden, denn er hätte diese Maschine hier nur mal eben für eine kleine Spritztour benutzt. Aber von Dubai aus kämen wir ja wohlbehalten an unseren Bestimmungsort.

Wir klatschten frenetisch Beifall, aber nur ich wusste, dass Falk einen verbotenen Alleingang gewagt hatte, um uns zu retten. Vermutlich hatte er die Leute im Tower bestochen. Ich kannte ihn. Der machte so was. Das gab ihm den nötigen Kick.

Nach einer Stunde sahen wir die Lichter Dubais unter uns, und Falk landete sanft und sicher.

»Meine Damen und Herren, liebe Kinder, ich hoffe, dass Ihnen der Flug mit Lufthansa gefallen hat«, ließ Falk seine wohlklingende Stimme noch einmal über die Lautsprecher ertönen. »In Dubai hat es angenehme dreiunddreißig Grad und leichten Südwestwind. Lassen Sie bitte keine Abfälle liegen, denn wir waren außerplanmäßig unterwegs, und es kommen keine Putzfrauen mehr rein. Aber im Krieg gelten Ausnahmeregeln, und es war mir eine Ehre, Ihnen behilflich zu sein.«

Dann rollte er, wie wenn nichts wäre, zum Terminal, und wir stiegen fassungslos aus, geblendet von der Lichterpracht des blitzsauberen Flughafens.

Beim Aussteigen drehte ich mich noch einmal um. Da sah ich, wie Falk an seinen Knöpfen drehte und in sein Headset sprach. Genau so hatte er ausgesehen, als ich das erste Mal in sein Flugzeug gestiegen war, auf dem Weg nach Kalifornien. Plötzlich kamen mir die Tränen.

Er drehte den Kopf, sah mich an und hob aufmunternd den Daumen. Ich nickte ihm dankbar zu, und Bernd zog mich weiter.

Es war vier Uhr früh, als wir uns in einem edlen Restaurant zum Essen niederließen, Horst erst mal eine Runde Heineken bestellte, und ich mein soeben erwachtes Töchterchen zum Stillen anlegte. Immer wieder umarmten wir uns vor Freude. Wir konnten es nicht fassen! Wir waren frei!

Die Männer hatten inzwischen in Erfahrung gebracht, dass am nächsten Tag eine KLM-Maschine nach Amsterdam gehen würde, und hatten bereits Tickets für uns besorgt.

Bei der deutschen Botschaft hier in Dubai würde man bis dahin Notpässe für uns ausgestellt haben.

»Wie habt ihr denn das geschafft?«, staunte ich, und mir blieb der Mund offen stehen.

Hussein murmelte, sein Wagen sei ja schließlich auch noch was wert gewesen, und der Interessent, der ihn soeben vom Flughafen in Shiraz abholte, hätte ihm Bares dafür gegeben.

Es war ein unbeschreibliches Glücksgefühl, dort zu sitzen und mit vollen Backen zu mampfen – in aller Öffentlichkeit, ohne Tschador vor dem Gesicht.

Anschließend verteilten wir uns auf diverse Zimmer des Flughafenhotels, das mit blitzsauberen Laken und blinkenden Badezimmern auf uns wartete.

Bernd und ich legten unser kleines Töchterchen behutsam in die Mulde eines duftenden Kopfkissens, nahmen ein ausführliches Bad und lagen dann noch lange Arm in Arm wach. Als wir endlich einschlafen konnten, sahen wir einer sorglosen Zukunft in Deutschland entgegen.

Mai 1987

»Saralein! Tu schön Winkewinke machen! Die Mama tut arbeiten!«

Elsbeth, meine Schwiegermutter, stand klein und drall im Küchenkittel mit meinem Mädchen am Gartenzaun und schwang seine Patschhändchen.

Sara zahnte gerade und wandte sich weinerlich ab. Sie war einfach überreizt von der gluckenhaften Überfürsorge ihrer »Großmutter«. Elsbeth konnte sie keine Sekunde in Ruhe lassen.

Mir brach es schier das Herz, als ich in meinem Businesskostüm und meinen hochhackigen Pumps zur Bushaltestelle lief. Überall grünte und blühte es in diesem schönen Vorort von Kassel, und ich beneidete jede junge Mutter, die einen Kinderwagen über den Bürgersteig schob. Ich selbst hatte erfreulicherweise sofort wieder einen Job beim Bärenreiter-Verlag bekommen, sodass ich mein wunderschönes Mädchen tagsüber in Elsbeths Obhut lassen musste.

Bernd und ich waren tatsächlich in sein Elternhaus gezogen: Was blieb uns auch anderes übrig, als wir vor einem knappen Jahr wieder in Deutschland gelandet waren?

Elsbeth war ein zweischneidiges Schwert. Einerseits erwies sie sich als liebevolle Oma, die sich ein Bein ausriss für ihr geliebtes Enkelkind.

Andererseits war sie total verknallt in Bernd – was ich ihr gar nicht verübeln konnte. Aber die Beziehung zu ihrem Sohn war dermaßen innig, dass ich mir wie das fünfte Rad am Wagen vorkam.

Auf unserer Hochzeit war mir Elsbeths Eifersucht nicht entgangen. Doch inzwischen war ich diejenige, die eifersüchtig auf Elsbeth war!

Denn so sah unser Alltag inzwischen aus: Elsbeth saß mit meinem Bernd und meinem Kind vergnügt am Frühstückstisch, während ich, die böse Rabenmutter, um acht Uhr das gemeinsame Haus verließ, um Karriere zu machen.

So sah das zumindest Elsbeth und sagte es leider auch ständig laut.

»Die Mama tut aaabeiten, tu schön Winkewinke machen!«

Dann nahm sie mein unschuldiges Kind, trug es wieder ins Haus und knallte die Tür zu.

Bernd las die Stellenanzeigen.

Natürlich gab es Jobs. Langweilige Jobs. Im Büro. Von neun bis fünf.

Er hatte auch schon einige davon ausprobiert. Bei Versicherungsfirmen. Bei Bauunternehmen. Aber es war nicht mehr mein Bernd, der da gelangweilt seine Zeit absaß, Zahlenkolonnen addierte und sich in die Firmenhierarchie einordnen musste. Er war ein Alphatier. Er war es gewohnt, mit dem Bauhelm auf dem Kopf im Freien zu arbeiten und nicht mit Ärmelschonern im Büro.

Jedes Mal hatte er nach wenigen Wochen wieder gekündigt.

»Kathi, ich gehe ein in der deutschen Spießigkeit!«

Ich hatte ihn beruhigt: »Lass dir Zeit, Liebster, du musst kein Bürohengst werden. Ich hab ja einen guten Job, und du kannst dich um das Kind kümmern.«

Ich hoffte nämlich sehr, dass Bernd ein festes Band zu Sara knüpfte. Gleichzeitig hoffte ich, eines Tages so viel Geld zu verdienen, dass wir es uns leisten konnten, bei Elsbeth auszuziehen. Wir träumten von einem kleinen Häuschen im Grünen. Also, ICH träumte davon. Bernd träumte von einer abenteuerlichen Großbaustelle im Orient. Nur mir zuliebe harrte er hier aus. Nach und nach wurde mir auch klar, warum der liebe Bernd stets das Weite suchte: Seine Mutter war in ihrer Überfürsorge auch für ihn schwer zu ertragen.

Das Schicksal konnte so grausam sein: Nun lebte ich schon wieder in einer schwiegermütterlichen Behausung, nur dass die Schwiegermutter diesmal a) noch lebte und die Behausung diesmal b) keine Villa, sondern ein spießiges Reihenhaus war.

Unsere Nachbarn waren die Södermanns, und bei denen drehte sich alles wie immer um Gunhild.

Gunhild und ihre Auftritte, Gunhild und ihre Ängste, Gunhild und ihre Therapeuten.

Inzwischen empfand ich Gunhilds Probleme als total lächerlich, und so gern ich die Södermanns hatte, verspürte ich bei unseren Besuchen bei ihnen immer schnell eine gepflegte Langeweile. Gunhild musste uns immer was vorsingen, kaum dass wir über die Schwelle getreten waren. Und Georg musste immer sofort seine blöde Videokamera hervorholen und Gunhild dabei filmen. Das, so erklärte er uns, gehöre zu ihrer Therapie. Wahrscheinlich hofften beide, Gunhild würde noch einmal Anneliese Rothenberger Konkurrenz machen! Aber dem war natürlich nicht so.

Gunhild sang, wenn sie Glück hatte, auf Hochzeiten und Beerdigungen und eben auf ihren eigenen Hauskonzerten, zu denen sie die gesamte Nachbarschaft nötigte. So aufregend ich das damals gefunden hatte, als ich Bernd in ihrem Garten kennenlernte, so selbstherrlich kam es mir jetzt vor. Die hatten echt keine anderen Probleme als sich selbst! Bei den Södermanns war die Zeit einfach stehen geblieben!

Und bei Elsbeth eben auch.

Sie hüllte mein unschuldiges Perserkind in rosafarbene selbst gestrickte Ensembles mit Bommelmütze, die meinen Modegeschmack beleidigten, und überschüttete mein Töchterchen mit falschem Deutsch. »Tu ma schön Heia machen, tu ma schön Happenpappen machen, tu ma schön Kacka ins Töpfchen machen« und dergleichen mehr. Jetzt war es nicht mehr der Muezzin mit seinem monotonen Gesang, der nervte – jetzt nervte Elsbeth. Und zwar deutlich schlimmer.

Wollte ich mein Kind in etwas anderes kleiden als in Elsbeths Strickwaren, meinte Bernd, ich solle meine Schwiegermutter doch nicht so brüskieren: »Sie tut doch alles für uns und reißt sich ein Bein aus, damit du arbeiten gehen kannst!«

Das stimmte ja auch. Welche Mutter eines knapp einjährigen Kindes saß beruflich schon wieder so fest im Sattel? Mein Beruf machte mir auch Spaß, und bald hatte ich in der Chefetage Fuß gefasst.

Und so hatten wir schon ein »besinnliches« Weihnachtsfest im Stermannschen Reihenhaus verbracht, mit viel Lametta an einem überladenen Weihnachtsbaum und vielen selbst gestrickten Geschenken von Elsbeth. An Silvester hatten wir uns das akustische Feuerwerk bei Södermanns gegeben und waren über Karneval mitsamt Elsbeth und unserem dick vermummten Kind ins Sauerland gefahren – dieser Albtraum war beinahe noch schlimmer als Shiraz im Krieg! Das heißt, wir führten ein spießigeres Familienleben, als ich mir das jemals hätte vorstellen können. Ich konnte es gar nicht fassen!

Zweimal hatte ich Deutschland den Rücken gekehrt, um genau diesem Schicksal zu entgehen, und jetzt steckte ich tiefer drin denn je.

Während der letzten Monate hatte sich die liebe, hilfsbereite Elsbeth in einen wahren Schwiegermutterdrachen verwandelt: Nachts eilte sie, die uns ihr eheliches Schlafzimmer überlassen hatte, auf ihren wackeren kurzen Beinen schneller zu meinem schreienden Kind als ich, die ich, vom Job und seinen Anforderungen geschwächt, aus komatösem Schlaf erwachte: »Tut ihr mal schön heia machen, ich tu das Kind schon schaukeln!«

Dabei wollte ich mein Kind doch stillen, wenigstens nachts! Aber nein, die wackere Elsbeth kam mir zuvor und stopfte meiner Sara schon das Fläschchen in den Mund.

Nach kurzer Zeit kamen dann Bemerkungen so nach dem Motto: »Tut ihr ma schön an einem zweiten Kind aabeiten, ich krich dat auch noch hin!«

Sie schob mich quasi ins Schlafzimmer, wenn ich von der Arbeit kam! »Die Sara und ich, wir tun euch auch gar nicht stören! Getz ist der Bernd verheiratet, und getz will ich auch noch mehr Enkel!«

Schon auf der Fahrt ins Sauerland, wo wir uns darum stritten, »wer am Kinderwagen packen« durfte, um ihn durch gefühlte drei Meter Neuschnee zu schieben, hatte ich Bernd gegenüber angedeutet, dass mir seine Mutter mit ihrer erdrückenden Liebe auf die Nerven ging.

»Aber du musst sie doch verstehen, Katharina!« Bernd war neben mir hergestapft, während sich die übereifrige Elsbeth durchgesetzt hatte und vor uns ganz allein keuchend den Kinderwagen schob: »Sie hat doch nur mich. Ich war immer weg. Und jetzt hat sie gleich eine ganze Familie in ihren vier Wänden aufgenommen. Sie freut sich doch einfach nur. Sie ist so eine liebe Mutti, Omi und Schwiegermutti! Lass ihr doch ihr bisschen Glück!«

Und eigentlich war ja auch alles gut: Wir hatten ein Dach über dem Kopf, wurden bekocht, versorgt und verwöhnt, mein Töchterchen wurde noch viel mehr versorgt und verwöhnt, und ich konnte in meinen Verlag fliehen, wo ich bald anfing, Überstunden zu machen, was meinen Chef sehr freute. Auch nahm ich jede Fortbildung wahr und blieb häufig übers Wochenende weg. Ich ertappte mich bei dem Gedanken, dass ich abends nur deshalb so lange arbeitete, weil ich Elsbeth dann vermutlich nicht mehr wach vorfinden würde.

Leider fand ich dann auch mein Töchterchen nicht mehr wach vor, ja nicht einmal schlafend, denn Elsbeth hatte irgendwann damit angefangen, sie nachts mit in ihr Zimmer zu nehmen. »Wegen die Nestwärme. So ’n Kind braucht doch Nestwärme. Sachma. Woll?!«

Sie schlief jetzt in Bernds altem Kinderzimmer, in dem immer noch Bonanza-Poster hingen, und ließ sich von Hoss und Ben Cartwright bewachen. Die Gute, Hilfsbereite, Edle, Uneigennützige. Dabei durchschaute ich sie längst: Sie wollte ihren Sohn und ihre Enkelin für sich allein haben! Ich dagegen sollte mich möglichst fernhalten und eine ordentliche Miete bezahlen.

»Tu du mal auf Dienstreise gehen. Wir schaffen dat hier schon. Woll, Bernd?«

Ob sie mit ihm und meiner kleinen Sara im Ehebett schlief, wenn ich weg war?

Mein fröhlicher, starker Bernd wurde immer mehr zum kleinen Jungen degradiert. Ich erkannte ihn kaum wieder! Friedfertig saß er in der Ecke und las Zeitung.

Nur am Wochenende bekam ich meine Sara zu Gesicht und musste mit Entsetzen feststellen, wie sehr Elsbeth mir das Kind entfremdete. Mein kleines Mädchen wurde langsam dick.

Weinte sie, eilte Elsbeth sofort mit »lecker Happenpappen« herbei. »Tu du dich mal ausruhen, Katharina, ich tu dat Kind schon trösten.«

Zahnte sie, drängte Elsbeth mich weg: »Tu du mal arbeiten, ich weiß, wie man mit sowat umgeht.«

War meine kleine Sara krank, riss Elsbeth sie an sich: »Ich geh damit zum Aazt, du kennst den ja gaanich, dat war schon dem Bernd sein Aazt.«

Sie schaltete mich mehr und mehr aus!

Es war ein schleichender Prozess, aber inzwischen hatte ich sie durchschaut.

»Bernd, so geht das nicht weiter! Ich möchte, dass wir uns eine eigene Wohnung nehmen«, flüsterte ich eines Abends, als Elsbeths naiver Singsang aus dem Badezimmer hallte: »Da setzen wir die Sara in dat Pullefässchen rein, in dat Pullefässchen rein, in dat Pullefässchen rein …«

Ich hielt mir die Ohren zu. Das war wirklich schlimmer als der Muezzin!

Bernd sah überrascht von seiner Zeitung auf. »Wie stellst du dir das denn vor? Wer soll sich denn dann um unser Kind kümmern?«

»Na, du vielleicht?«, zischte ich etwas gereizter als beabsichtigt.

»Du bis doch der Vatta, woll?«, äffte ich Elsbeth nach. »Tu du dich mal kümmern! Tust ja nicht aabeiten, sachma!«

Ich erschrak selbst darüber. Wie viel Wut und Hass mussten sich bereits in mir aufgestaut haben, dass ich so weit ging!

Bernds Augen wurden schmal: »Katharina, ich erkenne dich ja gar nicht wieder! Meine Mutter ist so glücklich mit ihrem Enkelkind, und ich suche händeringend Arbeit. Ich kann jederzeit wieder ins Ausland gehen, da renne ich offene Türen ein.«

Seine Augen füllten sich mit Tränen, und ich kam mir ungeheuer schäbig und kaltherzig vor.

»Es tut mir leid, Bernd!« Versöhnlich schmiegte ich mich an ihn. »Aber sie entfremdet mir mein Kind!«

»Quatsch!« Bernd schnaubte. »Sie will dich entlasten!«

»Warum darf ich mein Kind dann nicht baden?«

»Weil du ein Business-Kostüm anhast?!« Bernd schüttelte den Kopf. »Weil du seit halb sieben auf den Beinen bist?! Weil du heute mit Sicherheit noch nichts gegessen hast?«

Nein. Hatte ich nicht. Mir hing der Magen auf den Knien.

Bernd erhob sich und holte einen Teller mit Aufgewärmtem aus der Küche. »Hier! Mamas Hackbraten. Extra für dich. Weil du ihn so magst.«

Tatsächlich schmeckte er wunderbar, und dankbar vertilgte ich die ganze Portion.

»Na siehst du!«, sagte Bernd und lächelte mich aufmunternd an. »Sie meint es nur gut.«

Wie auf Kommando erschien die Gutmeinende im Küchenkittel mit meinem sauberen, duftenden Mädchen im Arm. Sie hatte es in ein niedliches Bademäntelchen mit Kapuze gehüllt. Das ganze Gesichtchen glänzte von Nivea.

»Tu ma schön die Mama gute Nacht sagen, die Ommi bringt dich getz in die Heia. «

Meine Sara sabberte vergnügt auf Ommis Kittelschürze und winkte verständnislos in meine Richtung, während Elsbeth ihr Händchen schüttelte. Sie kannte mich kaum mehr! Wer war diese fremde Frau, die immer so gestresst aussah?

»Wie dat Fähnchen auf dem Turme …«, stimmte Elsbeth an. »Kuckma, Bernd, wat dat Schätzelein schon kann!« Sie setzte es aufs Töpfchen, um vorzuführen, dass Sara schon stubenrein war, was für ein neun Monate altes Kind völlig übertrieben war!

Mein Kind sollte nach Herzenslust in die Windeln scheißen dürfen und nicht Elsbeths Dressurversuchen zum Opfer fallen.

Ich sprang so abrupt auf, dass fast der Teller zu Boden gefallen wäre: »Danke, Elsbeth, aber jetzt übernehme ich sie!«

Sie riss das Kind in die Höhe: »Nich dat wat an dein schönes Kostüm kommt!«

Wir gerieten regelrecht ins Rangeln, und Sara begann

zu weinen. »Sisste! Happich doch gesacht! Getz iss Aa auf die Seidenbluse!« Sie fing an, mit ihrem Waschlappen auf meinem Busen rumzuwischen, wobei sie aber keinesfalls gewillt war, mein Kind loszulassen, das mit nacktem Hintern heulend zwischen uns hing. Bernd musste zusehen, wie seine Mutter und seine Frau einen regelrechten Ringkampf ausführten. Es war wie in Brechts *Der kaukasische Kreidekreis!* Wieder mal gab ich aus reiner Weisheit nach. Aber meine Weisheit wich einer zunehmenden Wut. Wie sollte das nur weitergehen?

Juli 1987

Unsere gegenseitige Antipathie wurde immer größer. Elsbeth riss mir alles aus der Hand, was ich meinem Kind füttern wollte:

»Is nich gut für son Kind, sachma, Bernd. Kuckma, Bernd. Son Ei is nich gut für son Kind. Kricht dat Pickel von«, petzte sie eines Sonntagmorgens, als ich meinem hungrigen Mäuschen einen Löffel Eigelb geben wollte, und Bernd im Bademantel die Treppe herunterkam.

Endlich hatte ich Sara einmal auf dem Schoß, als die übereifrige Elsbeth aus der Küche schoss und mir das Kind entriss. »Komma inne Küche, die Ommi hat'n leckeren Happenpappen Grießbrei für dich gekocht …«

Ich wollte nicht, dass Sara fett wurde. Und ich wollte, dass Bernd zu mir hielt. Das tat er aber nicht. Er wollte nur häuslichen Frieden und in Ruhe die Stellenangebote lesen.

Ich verzog mich heulend ins Schlafzimmer, hatte Migräne und war für niemanden zu sprechen, auch nicht für Bernd.

»Wat hattse denn? Isse überaabeitet, Bernd? Sachma! Is gaanich belastbar, woll? Dann tun wa se nich stören, sachma. Die Mama muss heia machen.«

Diese Babysprache!! Auch meinen Bernd verhätschelte

sie völlig! Hatte er im Iran noch selbstständig mit Messer und Gabel gegessen, steckte sie ihm jetzt winzige Leberwursthäppchen zu. Natürlich wusch sie ihm auch die Wäsche und bügelte ihm die Unterhosen. Sie überzog sein Bett und machte einen Knick in sein Kopfkissen. Sie hob seine Hosen vom Boden auf und hängte sie auf den Bügel. Er pinkelte auch wieder im Stehen. Alles Dinge, die ich ihm im Iran erfolgreich abgewöhnt hatte. Er war nicht mehr der Bernd, den ich geliebt hatte.

Bernd ging dem Weiberknatsch so gut es ging aus dem Weg, indem er sich hinter der Zeitung verkroch, vor den Fernseher verzog oder mit seinen Jugendfreunden Fußball spielen ging.

»Die will dat Kind doch gaa nich«, hörte ich Elsbeth eines Morgens zu Bernd sagen, als ich mich im Badezimmer bei angelehnter Tür schminkte und mir die Haare föhnte. Natürlich legte ich viel Wert auf mein Äußeres – nicht zuletzt auch deshalb, weil ich mich knapp drei Jahre lang hatte verhängen müssen. Außerdem machte es mir Spaß, auch auf diesem Gebiet *up to date* zu sein. Die wohlwollenden Blicke meiner Kollegen und Chefs taten mir gut. Mit Hingabe widmete ich mich gerade meinem langen blonden Haar.

»Kuckma, die is doch nur mit sich beschäftigt.« Diese Worte drangen an mein Ohr, als ich den Föhn ausschaltete. In die plötzliche Stille hinein sagte Elsbeth: »Junge, die hat längs ein andern. Ich zieh dir dat Kind groß. Ich happ dich groß gekricht, und ich krich auch dat Kind hier groß!«

Wie von der Tarantel gestochen, ließ ich Föhn und Bürste fallen und schoss ins Bonanza-Zimmer, wo Elsbeth am Wickeltisch stand und Sara in Selbstgestricktes zwängte.

»Ich lasse mir das nicht länger gefallen!« Wütend stieß ich sie zur Seite, aber die zähe Elsbeth baute sich sofort wieder vor mir auf. »Tu ma nich an dat Kind packen, du hass kalte Hände.«

»Das ist mein Kind und Bernds Kind, und wir kommen auch ohne dich klar!«

»Katharina, was soll denn das …«

»Lass sofort mein Kind los!«

»Ich zieh dat groß! Du has ja nur deine Karriere im Kopf!«

Diesmal artete unser Streit in einen regelrechten Kampf aus, und wieder begann Sara, bitterlich zu weinen.

Bernd ging wie so oft beschwichtigend dazwischen: »Mutti meint es doch nur gut mit dir, Kathi! Sie will dir doch nur helfen!«

»Das ist MEIN Kind«, fauchte ich und fuhr die Krallen aus. »Ich will, dass wir hier wegziehen, Bernd!«

»Aber das können wir Mutti doch nicht antun …«

»Überleg es dir, Bernd. Sie oder ich!« Tränenblind stob ich davon.

Unten wartete bereits mein neuer Arbeitskollege, der mich seit ein paar Wochen im Auto mitnahm, und so konnte ich nur noch hastig meine Tränen abwischen, meine Handtasche packen und auf meinen Pumps die Treppe hinunterstöckeln.

Elsbeth holte zum Rundumschlag aus: »Is dat nich wat dunkel, Bernd, sachma?«, hörte ich sie sagen, als ich wutschnaubend unten stand und einen letzten Blick in den Handspiegel warf. Ich wischte mir gerade mit Spucke die verschmierte Wimperntusche ab, als ich glaubte, meinen Ohren nicht zu trauen. »Is wat dunkel, wollnich? Kuck ma hier, die Augen. Ganz schwatte Augen. Sachma, Bernd. Ich happ schon von Anfang an gedacht, dat könnte auch von ein Araber sein. Von ein Iraner. Sachma.«

In dem Moment hupte mein Kollege zum zweiten Mal, stieg aus dem Auto und winkte.

»Komm schon, Kathi, schöne Frau!« Er stand vor dem Gartentor und breitete die Arme aus, als ich geradezu fluchtartig auf ihn zueilte. Sicher wunderte er sich, dass ich ihn so heftig umarmte. Oben am Bonanza-Fenster bewegten sich die Gardinen.

September 1987

»Und dann ist er einfach gegangen«, berichtete ich meiner Freundin Marion am ersten Tag nach den Sommerferien. Wir saßen in der Kassler Fußgängerzone in einem Eiscafé unter beigefarbenen Sonnenschirmen, und ich leckte gedankenverloren an meiner Waffel. »Er hat mich mit seinen großen traurigen Augen noch einmal angesehen und hat überhaupt nichts gesagt, kein Wort. Er hat einfach nur seinen Koffer genommen und ist ins Taxi gestiegen.«

Marion schaukelte gedankenverloren den Buggy, in dem meine einjährige Sara saß und auf einen Löffel biss.

»Ich hatte einen richtigen Flashback!« Seufzend löffelte ich mein Vanilleeis und steckte Sara ein bisschen davon in den Mund. Begeistert leckte sie sich über die Lippen und verlangte schmatzend nach mehr. Sie ließ den Eislöffel fallen, riss ihr Schnäbelchen auf und strampelte fordernd mit den Beinen. Sie war richtig drall geworden. Ein echter Temperamentsbrocken. In ihren langen, dichten Wimpern hingen oft Wuttränen, wenn sie etwas nicht gleich bekam. Elsbeth hatte sie richtig verzogen.

»Wieso Flashback?«, riss mich Marion aus meinen Gedanken.

»Wieder ist mein Mann ohne mich davongefahren.

Und wieder bin ich mit einer alten Frau zurückgeblieben.«

»Nur, dass du diesmal eine beste Freundin hast.« Marion nahm meine Hand und drückte sie. »Du kannst fürs Erste bei mir wohnen, und dann sehen wir weiter. – Aber erzähl mir genau, was passiert ist!«

»Ich bin dann zum Esszimmertisch, wo noch das ganze Frühstücksgeschirr stand, und habe die aufgeschlagene Zeitung gesehen«, berichtete ich weiter.

Marion nahm das strampelnde Kind aus dem Wagen, rückte sein Sonnenmützchen zurecht und setzte es auf ihren Schoß. »Und dann?«

»Darin hab ich die Stellenanzeige entdeckt. Saudi-Arabien. Ein Riesenprojekt. Eine Großbaustelle mit zweitausend Arbeitern.« Ich schob Sara einen Löffel Sahne in den Mund, damit sie still war. »Genau was er immer wollte.«

»Und – er hat dich nicht gefragt, ob du mitkommen möchtest?«

»Doch. Oft. Diese Stelle war ihm schon länger angeboten worden.« Ich presste die Lippen zusammen. »Aber Saudi-Arabien ist für Frauen genauso unerträglich wie der Iran.«

Marion nickte. »Da dürfen die Frauen nicht mal Auto fahren.«

Ich musste lächeln. »Als wenn das das Schlimmste wäre! Du weißt ja die Hälfte, Süße.«

»Und da hast du ihm gesagt, du kommst nicht mit?«

»Ja. Ich habe gesagt, dass ich mit ihm in Kassel leben möchte. Aber nicht mit seiner Mutter. Nur wir drei …« Ich warf einen besorgten Blick auf mein kleines Mädchen, das sich inzwischen die Sonnenmütze vom Kopf gerissen hatte. »Aber er hat sich nicht getraut, sich seiner Mutter zu widersetzen.« Kopfschüttelnd hob ich die Mütze vom Boden auf.

»Bernd war schon ein paarmal drüben und hat mir jedes Mal hoch und heilig versprochen, dass es nur für kurze Zeit und auch das letzte Mal wäre. Ich bin mit Sara allein bei der Schwiegermutter geblieben. So habe ich mir mein Leben in Deutschland nicht vorgestellt.« Hastig widmete ich mich wieder meinem dahinschmelzenden Eis. Gedankenverloren gab ich Sara den Löffel, und sie leckte ihn gierig ab.

»Du Arme! Schon wieder heimatlos …«

»Ich kam mir während Bernds Abwesenheit wirklich vor wie eine Nomadin. Elsbeth hat abends immer die Haustür abgeschlossen. Als wüsste sie nicht ganz genau, dass ich noch komme!«

»Das klingt schlimm. Fast so schlimm wie deine Zeit im Iran!«

»Die hatte auch ihre tollen Seiten. Ich habe dort viel gelernt.«

Marion nickte. »Du bist sehr viel ernster geworden. Erwachsener. Reifer.«

Wenn du wüsstest, was mir im Iran wirklich passiert ist!, dachte ich. Ich warf einen Blick auf mein dunkelhäutiges Mädchen.

»Ständig hat mir Bernd in den letzten Monaten vom Orient, von tollen Aufträgen und dem guten Geld, das er dort verdient, vorgeschwärmt. Er hat sogar vorgeschlagen, ich solle mitkommen und das Kind bei Elsbeth lassen!«

»Was für ein Albtraum! Wie kann er das nur ernsthaft in Erwägung ziehen!«

»Er hätte Sara auch mitgenommen. Hauspersonal gibt es dort drüben genug. Aber Frauen dürfen da überhaupt nicht frei rumlaufen. Ich hätte dort mit Sara wie eine Gefangene gelebt.«

»Wie kommt er nur auf die Idee, dass du da mitspielst? Zumal du hier so einen sensationellen Job hast!« Marion schüttelte heftig den Kopf.

»Ja, so ging das Monate hin und her. Ich wollte unsere Ehe retten und habe mir viel zu lange gefallen lassen, dass Elsbeth sich dermaßen in unser Leben einmischt. Ich will nicht sagen, dass sie alleine schuld ist, aber letztlich hat sie viel zu unserer Entfremdung beigetragen. Und was Bernd und mich angeht: unsere Ehe funktioniert offensichtlich nur im Orient …«

Marion drückte mitfühlend meine Hand, auf die Sara fröhlich mit ihrem klebrigen Eishändchen patschte. »Wirst du dich scheiden lassen?«

Ich sah sie nachdenklich an. »Es würde mir das Herz brechen. Meine erste Ehe ist gescheitert, und meine zweite hat gerade mal knapp zwei Jahre gehalten? So weit bin ich noch nicht.«

»Und Elsbeth? Wird die kampflos hinnehmen, dass du mit Sara ausziehen willst?«

Ich schüttelte hastig den Kopf und wischte eine Träne fort.

»Die will doch tatsächlich ihr Großmutterrecht einklagen. Bei Gericht! Sie meint, Sara sei doch viel mehr ihr Kind als meines. Ich könne es doch gar nicht großziehen! Da ist mir der Kragen geplatzt, und ich habe im Zorn geschrien, sie sei gar nicht die Großmutter! Nur damit sie Ruhe gibt!«

Marion starrte mich mit offenem Mund an. »Das Kind ist nicht von Bernd?!«

»Elsbeth hat ihm diesen Floh selbst ins Ohr gesetzt!«, wich ich einer direkten Antwort aus. »Auch deshalb hat Bernd mich nur mit unendlich traurigen Augen angesehen und ist gegangen. Ohne ein Wort.«

April 1988

Ich lebte mit Sara zuerst einige Zeit bei Marion. Wir wechselten uns mit dem Babysitten ab und richteten es mit der Arbeit so ein, dass immer eine von uns zu Hause war. Aber das war natürlich keine Dauerlösung. Eines Tages wurde eine Dreizimmerwohnung in ihrem Mietshaus frei, und ich zog zwei Etagen tiefer ein.

Inzwischen konnte ich mir ein Au-pair-Mädchen leisten. Ich wählte eines aus Kalifornien, und die blonde Chrissie erinnerte mich an mich selbst, als ich mich damals nach dem Abitur begeistert ins pralle Leben gestürzt hatte.

Wir verstanden uns prächtig, ich ließ Chrissie viele Freiheiten, und wir wurden dicke Freundinnen. Dank meines guten Gehalts konnten wir sogar ein paarmal zusammen in Urlaub fahren. Sie war robust, pflegeleicht, praktisch veranlagt, immer fröhlich und gut gelaunt. Wir saßen oft gemeinsam in der Küche und plauderten über Gott und die Welt. Wir lachten auch viel zusammen. Endlich lebte Sara in einer harmonischen Umgebung, wurde nicht mehr hin und her gerissen und erlebte keinen Streit. Auch wenn wir keinen Garten hatten, und unser Haus ein schlichtes graues Mietshaus in einer Arbeitersiedlung war: Es ging uns so gut wie noch nie.

»Komm doch mal mit zum Tennis!«, forderte mich Chrissie eines Tages auf. Es war der Ostersamstag, und wir bemalten gerade Ostereier. Das heißt, Chrissie und ich malten, während Sara herumkleckste, mit der Schere die Eier kaputt hauen und den Sinn des Osterfestes so gar nicht einsehen wollte.

Klar!, dachte ich insgeheim. Wie sollte sie auch!

»Ich hab einen süßen Boyfriend, der spielt da im Verein, und heute ist Tag der offenen Tür«, fuhr Chrissie mit ihrem amerikanischen Akzent fort. »Wir spielen heute ein gemischtes Doppel, und Florian bringt seinen Vater mit!«

Ich hatte ihr erzählt, dass ich früher eine gute und begeisterte Tennisspielerin gewesen war, und sie hatte die Fotos gesehen, auf denen ich Siegespokale hielt und stolz in die Kamera strahlte.

»Ach, Chrissie!«, seufzte ich, während ich Sara daran hinderte, ihrer Puppe die Haare abzuschneiden. »Wie soll denn das gehen? Du hast heute frei, und ich bin dran mit unserem kleinen Ungetüm!«

Sara war inzwischen im Trotzalter und schlug nach mir: »Haare ab!! Puppe, Haare ab!«

»Ja, klar! Kopf ab wär dir wahrscheinlich noch lieber!« Sanft entwand ich ihr die Schere und gab ihr stattdessen einen Holzkochlöffel. Sofort drosch sie damit auf die Puppe ein.

Chrissie lachte. »Im Tennisklub gibt es Kinderbetreuung. Da krabbeln noch ganz andere Ungeheuer rum!«

Das Wetter war prächtig, der Frühling überrumpelte uns schier: Überall blühte es, und die Amseln sangen sich die Kehle aus dem Leib. Insofern hatte ich schon große

Lust, mich mal wieder meinem früheren Lieblingssport hinzugeben.

Nicht auszudenken, dass eine Frau im Iran Tennis spielte! Ach, auf wie viele Dinge hatte ich Bernd zuliebe verzichtet!

Er war nun schon seit acht Monaten auf seiner neuen Großbaustelle, und auch wenn er regelmäßig Geld für Sara schickte, war unser Kontakt doch auf das Nötigste beschränkt.

Obwohl ich es kaum fassen konnte, musste ich mir doch eingestehen, dass die Luft raus war. Der Iran hatte uns zusammengeschweißt. Aber den Iran gab es für uns nicht mehr.

Und so kam es, dass Chrissie und ich an diesem Ostersamstag das inzwischen wieder sanft schlafende Trotzkind im Buggy zum Kasseler Tennisverein schoben. Staunend stellte ich fest, dass es der vornehmste der ganzen Stadt war.

Ja, Chrissie, dieses selbstbewusste, kraftstrotzende Mädel hatte sich erwartungsgemäß nicht in einen Sozialhilfeempfänger verknallt. Kaum waren wir angekommen, lief sie mit ihren wippenden blonden Zöpfen im knappen weißen Röckchen auf einen dunkel gelockten Jungen zu, der sie stürmisch umarmte und durch die Luft wirbelte.

»Kathi, das ist mein Flo!«

Oh, wie hinreißend!, dachte ich. So ein süßer Bengel!

So einen Flo will ich auch mal wieder ins Ohr gesetzt bekommen!

Florian gab mir die Hand und zeigte hinter sich: »Und das ist mein Vater.«

Ich fuhr herum, und da stand das erwachsene Ebenbild

dieses Knaben: schwarze Locken, dunkle Augen, braun gebrannt, in eleganter weißer Tenniskleidung und mit einem festen, kühlen Händedruck.

»Thomas.« Klar, unter Tennisspielern duzte man sich gleich.

»Katharina, also Kathi.«

Ich stand ziemlich benommen da und konnte nur hoffen, dass mein Kind in den nächsten zwei Stunden nicht wach würde. Schon jetzt erwog ich, es mit irgendwas zu betäuben. Denn ich wollte unbedingt Tennis spielen, und zwar ein gemischtes Doppel!

»Ich hab nur jahrelang nicht gespielt«, entschuldigte ich mich bei Thomas, der erfreulicherweise gleich entschieden hatte, dass wir gemeinsam gegen die jungen Leute antreten würden.

»Aber es geht doch ausgezeichnet!«

Wir spielten uns ein paar Bälle zu, und mein Ballgefühl und meine Reflexe stellten sich sofort wieder ein. Mich erfasste ein wahrer Glücksrausch, als wir die jungen Leute schließlich in zwei spannenden Sätzen vom Platz fegten!

Immer wieder machten wir *High five*, wenn einem von uns ein guter Ball gelungen war, und am Ende sanken wir uns erschöpft und verschwitzt, aber glücklich in die Arme.

Meine Sara tat mir den unglaublichen Gefallen: Sie schlief, bis es hieß »Satz und Sieg!«

Erst da bemerkte Thomas, dass es sich um mein Kind handelte, das die ganze Zeit unter seinem Sonnenhütchen im Schatten geschlummert hatte.

Das war es jetzt bestimmt mit seinem Interesse!, dachte

ich. Der wird mich zu keiner weiteren Partie mehr einladen.

Aber wie durch ein Wunder bekam Sara gerade keinen Trotzanfall, sondern schenkte meinem Tennispartner ein allerliebstes Lächeln. »Da! Ball! Sara auch Ball!«

Zu meinem grenzenlosen Erstaunen bückte sich Thomas, drückte Sara einen gelben Tennisball in die Hand und hechtete gleich hinterher, als sie ihn von sich schleuderte. Sara dankte es ihm mit einem glucksenden Lachen. Dieses Spiel wiederholte sich ungefähr fünfzigmal. Ich warf einen Blick auf die Muskeln von diesem durchtrainierten Thomas. Und rechnete jeden Moment damit, dass seine Frau auftauchen würde. Schließlich hatte er einen schon erwachsenen Sohn! Vielleicht war sie eine der eleganten Damen, die dort oben auf der Dachterrasse Prosecco tranken?

»Sara, jetzt ist es genug. Der Mann ist jetzt müde.«

»Nein, der Mann ist überhaupt nicht müde! Wo denkst du hin, Kathi! Sehe ich schon so alt aus?«

Er hob Sara aus dem Wagen, nahm sie an die Hand und ließ sich von ihr beim Platzabziehen »helfen«: »Sichst du, sie ist beschäftigt. Du kannst in Ruhe duschen gehen.«

Ich traute meinen Augen nicht: Ein wildfremder Mann, der eher James Bond glich als einem Kindergärtner, wusste meine Tochter zu beschäftigen. Sie dackelte überglücklich in ihrer dicken Pampershose mit ihm über den Platz, und ihre Fußstapfen mischten sich mit den Spuren unseres Kampfgetümmels.

Als ich frisch geduscht und geföhnt wieder aus der Garderobe kam, waren die beiden gerade fertig. Sara hatte gerade den kleinen Besen entdeckt, mit dem man die weißen Linien von der roten Asche befreite. Sie ritt darauf wie eine kleine Hexe.

Chrissie und Flo waren Arm in Arm abgezogen, und nun stand ich da.

»Vielen Dank, Thomas. Es hat mir wahnsinnig Spaß gemacht. Ich werde dich jetzt von meinem Temperamentbündel erlösen.«

»Aber du kommst doch noch mit auf die Terrasse? Nachher ist Siegerehrung!«

»Ach nein, ich möchte hier nicht alles aufmischen …« Mein Versuch, Sara den Besen wegzunehmen, führte zu Protestgeschrei, und die ersten Köpfe fuhren zu uns herum.

Thomas gab Sara den Besen wieder. »Du kannst sie doch nicht einfach so bei der Arbeit unterbrechen! Sieh nur, wie gewissenhaft sie das macht!«

Kaum zu fassen; Sara wurde in Thomas' Händen zu Wachs, strahlte ihn aus ihren dunkelbraunen Augen an, zeigte ihm ihre Milchzähnchen und fegte mit ihm die Linien blank. Nicht ohne mir noch einen Blick weiblichen Triumphs zuzuwerfen.

»Geh ruhig schon mal auf die Terrasse!« Thomas scheuchte mich weiter. »Wir kommen dann nach.«

»Ja, Mama, geh Rasse!« Sara beachtete mich nicht weiter.

Während ich ein großes Zitronenwasser herunterstürzte, sah ich den beiden zu. Wie konnte ein Mann nur so viel Geduld haben? Seufzend lehnte ich mich zurück.

»Sie haben ja wirklich hammerharte Schmetterbälle drauf!« Ein Ehepaar am Nachbartisch lächelte mir freundlich zu. »So eine tolle Spielerin könnten wir hier im Verein gut gebrauchen, was meinst du, Holger?«

»Ich bin Steffi«, stellte sich die Frau vor. »Mein Mann Holger ist hier der Klubmeister.«

Und während ich noch dankbar abwehrte und zu erklären versuchte, dass ich eigentlich keine Zeit hatte und auch völlig aus der Übung war – was die beiden mit einem Lachen vom Tisch wischten –, hatten sie mir schon ausgiebig von Thomas vorgeschwärmt.

»Er ist einer der besten Architekten der Stadt! Unser Haus hat er auch gebaut. Also, wie er das mit dem Wintergarten gemacht hat und mit dem Schwimmteich im Garten … Der hat einen ganz eigenen Stil und ist als Geschäftsmann total integer.« Holger nahm einen Schluck von seinem Bier. »Das ist noch ein Mann, bei dem der Handschlag gilt! Auf sein Wort kann man sich verlassen.«

»Wie schön!«, murmelte ich und sah nervös zum Tennisplatz, auf dem die beiden noch immer beschäftigt waren.

»Er hat sicher eine Menge Kinder …«

»Im Gegenteil! Er ist einer der begehrtesten Junggesellen der Stadt!«

»Steffi!«

»Stimmt doch! Warum darf ich das denn nicht sagen …« Steffi nahm kichernd einen Schluck von ihrem Sekt.

»Aber … Er ist doch der Vater vom Florian …«

»Aus einer längst vergangenen Beziehung. Soweit ich weiß, war er noch nicht mal mit dessen Mutter verheiratet, oder Holger?«

Kurz schrillten bei mir die Alarmglocken. Das hatte ich doch alles schon mal mit Falk … Nein, ich würde mich nie wieder an einen Mann binden, der nicht wirklich frei war. Aber was waren das überhaupt für Hirngespinste! Ich selbst war nicht frei!

»Nein, ein Mann wie Thomas heiratet nicht. Der legt sehr viel Wert auf seine Freiheit.«

Na, wenn das kein Stichwort war! Ich hatte verstanden. Nicht, dass die glaubten …

Ich erhob mich. »Dann will ich nicht länger stören …«

»Nein, bleiben Sie doch, Katharina! Sie würden gut zu uns in den Klub passen!«

Die beiden ließen mich einfach nicht gehen, bestellten mir noch was zu trinken und zogen mich mit in den Kreis der anderen Klubmitglieder. Wir plauderten, lachten, tranken.

Es war eine fröhliche, unbeschwerte Runde, und wir diskutierten über Gott und die Welt.

Als Thomas schließlich mit einer strahlenden Sara an der Hand auf die Terrasse kam, ernteten wir wohlwollende Blicke.

»Sie ist bezaubernd.« Thomas setzte sie mir auf den Schoß, und weil Sara ihn nicht loslassen wollte, setzte er sich gleich neben mich.

»Stimmt, was die anderen sagen? Trittst du unserem Klub bei, Katharina?«

»Also nein … Ich glaube nicht. Ich hätte gar keine Zeit, und wie gesagt, das Kind …«

»Oh, bitte! Wir haben eine Spielecke mit Kinderbetreuung! Wir könnten wirklich eine so gute Spielerin gebrauchen!« Die Frauen aus der Damenmannschaft ließen einfach nicht locker.

Ich konnte gar nicht fassen, dass sich plötzlich ein Vorhang für mich hob, und ich auf einer Bühne stand, von der ich heute Morgen noch gar nichts gewusst hatte!

Holger übernahm die Preisverleihung, und tatsächlich hatten Thomas und ich das Gästeturnier nach Punkten gewonnen! Was für ein Glücksgefühl! Die anderen klatschten, Thomas gab mir rechts und links ein Küsschen, und Sara patschte erfreut in die Händchen, was alle Welt in Entzücken versetzte.

Ich genoss es so sehr, mal wieder als Frau im Mittelpunkt zu stehen! Thomas schenkte mir ein paar anerkennende Blicke, und wir unterhielten uns angeregt. Ich erzählte von Kalifornien und vom Iran, und er konnte kaum glauben, was ich alles schon erlebt hatte. Er konnte wunderbar zuhören und stellte mir viele interessierte Fragen.

Nach der Preisverleihung wurde das Essen serviert, und spätestens jetzt wäre es mir nicht mehr in den Sinn gekommen, die Bühne zu räumen. Thomas und ich steckten die Köpfe zusammen und waren in ein intensives Gespräch vertieft. Er selbst wollte gar nicht viel über sich reden, machte einen bescheidenen Eindruck und winkte ab, als ich ihm erzählte, wie die anderen von ihm schwärmten.

Wie durch ein Wunder war Sara das liebste und sanfteste Kind, verharrte brav auf meinem Schoß und schlief irgendwann wieder ein.

Es war schon dunkel, als Thomas uns schließlich in seinem schwarzen BMW nach Hause fuhr. Ich schämte mich ein bisschen, als er sein schickes Auto in unsere Arbeitersiedlung lenkte und ich ihm das schmucklose graue Mietshaus zeigte, in dem ich wohnte.

Er verlor kein Wort darüber, hielt mir nur gentlemanlike die Haustür auf und ließ mich mit dem schlafenden

Kind in den Aufzug steigen. »Gute Nacht, Katharina. Ich habe mich sehr gefreut, euch kennenzulernen. Schlaf gut. Auf bald.«

Als ich Sara oben ins Gitterbettchen legte, fiel mir ein, dass er kein einziges Mal nach dem Vater meines Kindes gefragt hatte.

Und ich hätte auch nicht gewusst, was ich ihm darauf geantwortet hätte.

Und so tat sich endlich die Welt für mich auf, die ich mir immer erträumt hatte:

Ich hatte ein wundervolles Kind, neue Freunde, einen tollen Job und *last but not least*: Ich hatte einen charmanten Verehrer!

Wir trafen uns zwar nur auf dem Tennisplatz, und das auch immer nur zufällig. Aber es ergab sich oft nach den Spielen, dass wir auf der Klubterrasse in lockerer Runde zusammensaßen und plauderten. Sara fühlte sich in der Spielecke sehr wohl, Chrissie und Florian waren auch da, ich führte Marion in den Klub ein, und so verbrachten wir einen herrlich entspannten Sommer mit vielen aufregenden Turnieren, gekrönt von einem romantischen Fest mit Feuerwerk.

An diesem Abend fragte mich Thomas zum ersten Mal nach Saras Vater.

Wir standen auf dem Rasen des Klubs, jeder ein Glas in der Hand, und bestaunten das Feuerwerk. Ich sagte zu Thomas, dass das schönste Feuerwerk nicht mit dem Sternenhimmel im Iran mithalten könne.

»Und wo steckt Saras Vater? Ist der im Orient geblieben?«

»Er ist dorthin zurückgekehrt.«

»Wie kann man eine so wunderbare Frau wie dich nur alleine lassen?« Er legte das Tuch, das mir von den Schultern gerutscht war, sanft um mich und ließ seinen Arm dann wie zufällig auf meinem Rücken liegen. »Und ein so wunderbares Kind?«

»Er kann hier in Deutschland nicht leben«, sagte ich wahrheitsgemäß. »Sein großer Sandkasten ist der Nahe Osten.«

Thomas sah mich von der Seite aus an: »Hat er dich freigegeben?«

»Nicht offiziell.«

»Würde er dich freigeben, wenn ich ihn darum bäte?«

Mir stellten sich alle Härchen auf. Thomas, der freiheitsliebende Thomas, sagte solche Sachen?

Ich schluckte. »Weißt du, Thomas, darüber habe ich noch gar nicht nachgedacht!«

Thomas verstärkte den Druck seiner Hand auf meinem Rücken. »Katharina, lass dir bitte alle Zeit der Welt. Ich habe mich immer für bindungsscheu gehalten.« Er nippte bedächtig an seinem Wein. »Bis ich dich kennengelernt habe …«

»Mich gibt es nur im Doppelpack!«

Thomas lachte kaum hörbar. »Du musst wissen, dass ich mich zuerst in Sara verliebt habe.«

Ich rückte ein Stück von ihm ab und fragte perplex: »Du stehst also nicht auf Blondinen?«

Er stieß ein leises Schnauben aus. »Die Haarfarbe einer Frau ist mir herzlich egal. Auch die Größe, das Gewicht und all diese Äußerlichkeiten. Nein, was mich an Sara so entzückt, ist ihr Temperament. Und an ihrer Mutter entzückt mich ihre Intelligenz und Herzenswärme.« Er schaute mich an: »Hast du dir mal selbst dabei zugesehen, wie du mit deinem Töchterchen umgehst?«

»Ähm … Nein? Ich hoffe, ich schimpfe sie nicht allzu oft …?«

»Diese liebevolle Konsequenz, diese selbstverständliche Hingabe, das habe ich von Anfang an genossen …«

Ich sah ihn erstaunt an. Das war mir gar nicht aufgefallen. »Ich dachte, alle Mütter sind so zu ihren Kindern?«

Er schüttelte den Kopf. »Nein, da habe ich schon anderes erlebt.«

»Thomas«, sagte ich nach einer Weile. »Ich mag dich auch sehr, Sara ist ganz verrückt nach dir, aber ich bin noch nicht frei. Bitte, gib mir Zeit, und lass uns einfach Freunde sein.«

Ich war immer noch nicht so weit, Bernd einfach aus meinem Leben gehen zu lassen.

Wir schwiegen, legten den Kopf in den Nacken und genossen die Farbenpracht des Feuerwerks.

Juli 1988

Von da an sahen wir uns nicht mehr nur im Tennisklub. Fast jeden Abend rief mich Thomas zu Hause an. »Wir sind gute Freunde, also darf ich dich anrufen!«

»Natürlich!«

Ich freute mich ja schon den ganzen Tag darauf! Er wartete immer, bis Sara im Bett war, und dann telefonierten wir stundenlang.

So verging fast ein Jahr, und wir wurden immer vertrauter miteinander. Er drängte mich nie zu mehr, und es wäre mir auch nicht in den Sinn gekommen, Bernd zu betrügen. Ich wollte mir erst klar darüber werden, wie es mit uns weitergehen sollte. Vielleicht kam Bernd ja doch eines Tages zurück. Schließlich waren wir verheiratet, und ich wollte mir nach wie vor nicht wirklich eingestehen, dass mit gerade mal Anfang dreißig schon meine zweite Ehe gescheitert war.

Im Sommer kam Bernd auf Urlaub. Er wohnte bei seiner Mutter, und vielleicht war es das, was endgültig den Ausschlag gab. Seine Mutter wollte mich nicht sehen, und ich sie auch nicht. Aber Bernd wollte Sara für ein Wochenende mit zu Elsbeth nehmen. Dabei war der Kontakt schon lange abgebrochen! Mir stellten sich sämtliche Nackenhaare auf. Mir lag es auf der Zunge, ihm zu sagen, dass er wirklich nicht der Vater war, aber ich brachte es einfach nicht fertig.

Das konnte ich Bernd nicht antun, das hatte er nicht verdient.

So gab ich ihm zähneknirschend meine zweijährige Sara mit, die sich kaum noch an die beiden erinnerte! Ihr wildes schwarzes Haar ließ sich gar nicht bändigen, und sie schrie und weinte und versteckte sich hinter mir, als Bernd sie mit dem Taxi abholte. »Komm, die Ommi macht dir einen leckeren Happenpappen!«

O Gott, das würde ich nicht überleben! Ich wusste zwar, dass Bernd sie mir am Montag wiederbringen und sie nicht etwa in den Orient verschleppen würde, was es ja bekanntlich auch gibt. Aber dass er sie zu Elsbeth schleppte, war schon schlimm genug!

So kam es, dass mich Thomas am Telefon völlig aufgewühlt und verzweifelt vorfand, als er an diesem Freitagabend anrief.

»He, Katharina! Weinst du etwa? Was ist denn los?«

Ich erzählte es ihm und begann zu schluchzen.

»Er schläft bei seiner Mutter? Und nicht bei dir?« Ich hörte ihn scharf ausatmen. »Das spricht ja Bände!«

»Aber ich kann ihm seine Tochter schlecht vorenthalten …« Könnte ich doch!, dachte ich. Wenn ich nur den Mut hätte, die Wahrheit zu sagen.

»Weißt du was, Katharina?«

Ich hörte den fröhlichen Unterton in Thomas' Stimme. »Wir machen morgen früh einen Ausflug aufs Land. Was meinst du? Dann kommst du auf andere Gedanken.«

»Willst du am Wochenende nicht Tennis spielen?« Ich schniefte hoffnungsvoll in ein Taschentuch.

»Nein, aber ich spiele heute Abend noch ein Herrenturnier. Das kann ich jetzt nicht mehr absagen, die anderen zählen auf mich. Aber morgen früh um zehn hol ich dich ab. Kennst du Warburg schon?«

»Na ja, das ist doch diese beschauliche Kleinstadt mit den alten Fachwerkhäusern …« Mehr wusste ich nicht. Ich hatte ja noch nicht mal ein Auto! Und Zeit für Ausflüge blieb mir bei meinem knapp bemessenen Zeitplan auch nicht.

»Lass dich überraschen, Kathi! Ich zeige dir die Umgebung von Kassel, und wir übernachten in einem alten Landgasthaus.«

Ich schluckte.

»Natürlich in zwei Einzelzimmern«, sagte Thomas.

Dann kam der Tag, an dem mein Leben wieder eine neue Wendung nahm: Wir waren den ganzen Tag mit offenem Verdeck über Land gefahren. Thomas hatte mir die wunderschöne Umgebung von Kassel gezeigt. Mittags waren wir durch das alte Städtchen Warburg geschlendert, vorbei an den wunderschön erhaltenen Fachwerkhäusern, durch enge beschauliche Gassen. Wir hatten auf der Stadtmauer gestanden und die herrliche Aussicht genossen. In der Ferne zog sich die Diemel durch satte Wiesen, und wir machten dort einen langen Spaziergang. Die Vögel zwitscherten, die Butterblumen färbten ganze Felder gelb, und kurz musste ich an das Picknick in Persepolis denken, bei dem ich mit Bernd so glücklich gewesen war.

Aber ich musste mir auch eingestehen, dass das Kapitel Bernd endgültig abgeschlossen war. Mein Herz gehörte Thomas.

Und nun, an einem lauen Abend, saßen wir im Gastgarten eines urigen Landgasthofes am Rande eines verwunschenen Teiches, an dem die Grillen zirpten. Wir hatten gemütlich zu Abend gegessen und viel geredet.

Ich hatte ihm alles erzählt, jedenfalls fast alles: von Falk, von dessen Tochter Alexandra, auch woran meine erste Ehe gescheitert war. Thomas hatte immer nur den Kopf geschüttelt und meine Hand gehalten. Dann hatte ich vom Iran erzählt, von Bernd, unserer großen Liebe, von der abenteuerlichen Geburt und unserer Flucht. Doch durch unsere Rückkehr nach Deutschland hatte sich alles verändert. Ich erzählte von Elsbeth – hier brach Thomas ein paarmal in schallendes Gelächter aus – und von meiner Sehnsucht nach einer ganz normalen Familie ohne übergriffige Schwiegermütter oder Töchter, die mein Leben zerstörten. »Es ist wie verhext. Warum muss mir immer so was Bescheuertes passieren?«

»Du bist zu harmoniesüchtig. Eher zu gut für diese Welt. Ich hätte dich gar nicht verdient.«

»Doch!«, sagte ich aus tiefer Überzeugung. »Wenn einer, dann du, Thomas.«

Thomas nahm meine Hände und hielt sie ganz fest. Sie waren warm und weich, und mich erfasste plötzlich das Gefühl: »Lieber Gott, bitte lass es nicht hier enden!«

Thomas sah mich plötzlich ganz ernst an, und in seinen Augen spiegelte sich die Kerze, die auf unserem Tisch stand.

»Katharina.« Seine Stimme klang auf einmal ganz heiser. »Du hast ein wirklich außergewöhnliches Leben geführt, und ich habe noch nie eine Frau getroffen, die mich so fasziniert hat.«

»Ja …?« Ich schluckte.

»Ich habe lange überlegt, ob es mir ernst mit dir ist, und ob ich einfach so in dein Leben eindringen darf, in dein turbulentes, verrücktes Leben, das du so tapfer meisterst …«

Ich bekam eine wohlige Gänsehaut. Obwohl ich mich immer vor diesem Moment gefürchtet hatte, hoffte ich jetzt, dass er Wirklichkeit würde.

Seine Stimme wurde weich: »Ich habe mich in dich verliebt, Katharina. Und zwar nicht so, wie man sich in eine bildschöne blonde Frau verliebt, die gut Tennis spielt und lange tolle Beine hat.«

Sein Blick ruhte unverwandt auf mir. »Ich habe mich in den Menschen verliebt, in die Frau mit der chaotischen Vergangenheit und ihren Schicksalsschlägen, in die Frau mit dem wilden, schwarzäugigen Kind. Und wenn ich dich jetzt bitte, mit mir zu leben, nehme ich das ganze Paket. Die ganze bunte Mischung.« Liebevoll lächelnd sah er mich an.

Tiefes Vertrauen zu ihm erfasste mich. Dieser Mann stand zu seinem Wort. Er würde weder mit jüngeren Frauen durchbrennen noch in den Orient abhauen, sobald es schwierig wurde. Er würde zu mir stehen. So wie er zu seinem Wort stand. So gut kannte ich ihn inzwischen.

»Ich liebe dich auch, Thomas. Ich liebe dich schon viel länger, als ich es mir eingestehen wollte.«

Er beugte sich zu mir, und zum ersten Mal küssten wir uns nicht nur freundschaftlich, sondern richtig innig auf den Mund.

Die Wirtin brachte eine neue Kerze, da unsere heruntergebrannt war.

»Ich bin bereit, für alles, was da kommt, die Verantwortung zu übernehmen«, sagte Thomas, nachdem sie wieder gegangen war.

In mir wallte ein enormes Glücksgefühl auf. Ja, diesen ruhigen, zuverlässigen, starken Mann hatte ich mir insgeheim immer gewünscht. Trotzdem hatte ich nicht zu hoffen gewagt, dass er es tatsächlich ernst mit mir meinen könnte.

Wir blieben dann über Nacht in diesem Landgasthof und pfiffen auf die zwei vorbestellten Einzelzimmer. Es war unbeschreiblich schön. Natürlich hatte ich Bernd gegenüber ein sehr schlechtes Gewissen. Aber tief in meinem Innersten wusste ich, dass es richtig war.

März 1989

Meine Scheidung von Bernd ging schnell und unproblematisch über die Bühne.

Ich war selbst erstaunt, wie gelassen er alles hinnahm. Ich sagte, dass er keinen Unterhalt mehr für Sara zahlen müsse, und er gab auch sie frei. Bernd hat mich nie nach Saras Herkunft gefragt, aber bestimmt vermutete er, ich hätte ihn im Iran betrogen. Diesen Stachel hatte Elsbeth ihm eingepflanzt. Dass er letztlich seiner Mutter näher stand als mir, musste ich einfach zur Kenntnis nehmen. Das war der Anfang vom Ende gewesen.

Elsbeth habe ich nie wiedergesehen. Södermanns erzählten mir nur später, sie habe ihr ganzes Haus mit Bildern von Sara zugepflastert: Sara und Bernd, Sara und sie, Sara, Sara, Sara. Aber kein einziges Bild von mir.

Thomas hatte für Sara und mich eine Art Penthouse gebaut, unweit seiner Firma. Er holte mich aus meiner grauen Mietwohnung, und wir zogen dort gemeinsam ein. Sara ging nun in einen Kindergarten, der eher zur Upper Class gehörte, denn diese Gegend war die feinste von Kassel. Aber Thomas war immer bescheiden und protzte nie herum. Leute, die mit ihrem Geld angaben, waren nicht sein Fall.

»Ich möchte nie mehr ohne dich aufwachen. Und ich möchte dich so schnell wie möglich heiraten und Sara adoptieren.«

Thomas ging vor uns auf die Knie und überreichte uns einen wunderschönen Blumenstrauß.

Sara fiel ihm um den Hals, obwohl sie gar nicht richtig begriff, welch schwerwiegende Entscheidung wir da soeben trafen. Ich musste weinen und sagte unter Tränen Ja. Ich konnte gar nicht fassen, dass sich das Karussell meines Lebens schon wieder so heftig gedreht hatte, aber ich war schwindlig vor Glück: eine dritte Chance, eine dritte Liebe, ein drittes großes Kapitel meines Lebens!

Wir nahmen »unser Kind« auf den Arm und tanzten selig durch unsere neue Wohnung. Sara jauchzte und lachte und warf den Kopf in den Nacken und ihre schwarzen Haare flogen nur so durch die Luft.

Dann fuhren wir gemeinsam in den Tennisklub, erzählten es unseren Freunden und feierten die ganze Nacht.

Sommer 1989 – Sommer 1999

Es folgten die schönsten Jahre meines Lebens. Erst jetzt erfuhr ich nach und nach, dass Thomas aus einer sehr wohlhabenden Familie stammte. Er war sich nie sicher gewesen, ob die Frauen, die ihn begehrten, wirklich ihn meinten oder nur sein Geld. Und deshalb hatte er so lange mit dem Heiraten gewartet.

Wir richteten unser lichtdurchflutetes nagelneues Nest mit Blick über die ganze Stadt sehr behaglich ein, und Sara hatte endlich ein großes Kinderzimmer. Thomas hängte ihr eine Hängematte hinein und baute ihr vom Kaufmannsladen bis zur Puppenküche alles auf, was ein Mädchenherz begehrt. Wenn ich daran dachte, wie sie unter anderen Umständen im Iran als Tochter des Mullah hätte leben müssen, stockte mir der Atem. Doch niemals kam ein Wort über meine Lippen: Dieses Geheimnis blieb in meinem Innern versiegelt.

Im Mai 1989 heirateten wir im Tennisklub mit über hundert Gästen. Alle unsere Freunde freuten sich mit uns und waren sich darin einig, dass wir wunderbar zusammenpassten.

Wir waren eine glückliche Familie, und unsere Sara wuchs zu einem bildschönen, blitzgescheiten Mädchen heran. Noch bevor sie in die Schule kam, unternahmen wir zu dritt ausgedehnte Reisen, denn meine Erzählungen hatten Fernweh und Reisefieber in meinem bodenständigen Thomas geweckt.

Unsere Hochzeitsreise machten wir mit dem Wohnmobil: sieben Wochen lang durch Griechenland. Wir genossen die Freiheit und Ungezwungenheit, die Thomas so nie erlebt hatte, weil er sein Leben lang nur hart gearbeitet hatte. Und ich war seit dem Iran geradezu ausgehungert nach Dolce vita. Wir liefen tagelang nur barfuß herum, genossen die Wärme auf der Haut und trugen riesige bunte Sonnenhüte. Sara vergötterte Thomas, der die seltene Gabe hatte, stets freundlich, aber konsequent mit ihr umzugehen. Auf geheimnisvolle Weise schien er stets zu wissen, was dieses Kind brauchte.

Nach ihrer chaotischen Geburt und ihrer überkandidelten Kleinkindzeit gedieh sie nun wie eine Blume, die endlich die richtige Behandlung bekommt: genug Sonne, genug Schatten, genug Wasser, genug Zuspruch, aber eben nie zu viel von allem. Wir sprachen Englisch mit ihr, und sie lernte früh Tennisspielen und Reiten. Nur musikalisch wollte sie sich nicht fördern lassen. Da hatten sich meine Gene wohl leider nicht durchgesetzt.

Später fuhren wir natürlich auch nach Kalifornien, wo ich meinen geliebten Bruder Ted, seine Frau Pam und die Jungs wiedersah. Wir wohnten wochenlang in ihrem wunderschönen Haus in Santa Barbara, und fast hätte sich der Kreis hier geschlossen, wenn es nicht anders gekommen wäre.

Dezember 1999

Wir waren zehn glückliche, erfüllte, sorglose Jahre verheiratet und bereiteten uns auf Thomas' fünfzigsten Geburtstag vor. Sara war inzwischen ein temperamentvoller Teenager von dreizehn Jahren, ging aufs Gymnasium und machte uns nur Freude. Sie brachte interessante junge Leute mit nach Hause, und es war immer was los.

Um mich besser um sie kümmern zu können, hatte ich nach der Hochzeit bei Bärenreiter gekündigt und genoss nun das Leben, von dem ich immer geträumt hatte: eine Familie, viele Freunde, und ein abwechslungsreicher Alltag. An meine zwei früheren Leben dachte ich nur noch selten und ließ sie zurück wie abgelegte Kleidungsstücke.

Wir hatten regelmäßig Gäste, und es machte mir Freude, sie orientalisch zu bekochen.

»Thomas, alles in Ordnung mit dir?«

Wir erwarteten seine Geburtstagsgäste, und ich stand gerade mit Sara in der Küche und legte letzte Hand an unsere Vorspeisenplatte.

Thomas stand blass in der Tür und schien Gleichgewichtsprobleme zu haben. Er taumelte leicht und hielt sich am Türrahmen fest.

»Papa? Alles okay?«

Sara ließ ihre gefüllten Weinblätter fallen und rannte zu

ihm. Sie griff ihm unter den Arm und schob ihn zu einem Stuhl an der Festtafel.

»Vorsicht, die Nachspeise!« Schnell rettete ich die Glasschüsseln, die dabei gefährlich ins Wanken gerieten. »Thomas! Was ist mit dir? Du bist leichenblass!«

»Nichts. Ich habe nur zu viel gearbeitet in letzter Zeit …«

Ich sah den feinen Schweißfilm auf seiner Stirn, und seine Lippen hatten sich blau verfärbt.

»Papa? Ist das ’ne klassische Midlife-Crisis?« Sara fächelte ihm mit dem Küchenhandtuch Luft zu. »Komm, fünfzig werden ist doch nicht schlimm!«

Thomas zerrte an seinem Hemdkragen und versuchte die Krawatte zu lockern. Seine Finger zitterten.

»Mir ist irgendwie nicht gut …«

»Wir rufen den Notarzt.«

»Nein, ich hab nur plötzlich schreckliche Zahnschmerzen …«

Ich half meinem Mann, sein Hemd zu öffnen und legte die Hand auf seine Wange. »Wo denn?«

Er zuckte zurück. »Au! Überall! Mein ganzer Hals … Es ist, als bohrten sich glühende Nadeln in meine Haut …«

Plötzlich begann er zu schwanken. Hilfe suchend klammerte er sich an meiner Hand fest.

»Papa! Spielst du uns was vor? Hast du was getrunken?« Sara nahm seinen Arm. »Wenn das ein Geburtstagsgag sein soll, finden wir das gar nicht lustig!«

In diesem Moment lief ihm der Speichel aus dem Mund, und er verdrehte die Augen.

»Schnell! Ruf Rolf an!«

Rolf war Internist – ebenfalls ein Freund aus unserem Tennisklub. Er würde zwar ohnehin in zwei Stunden zum

Geburtstagsfest kommen, aber so lange konnten wir nicht warten. Der verständigte sofort die Rettung und versprach, umgehend zu kommen.

»Ich weiß nicht, was mit mir los ist …«, stammelte Thomas und fing auf einmal an zu lallen.

»Ich kann meinen linken Arm nicht mehr bewegen …«

Wir gerieten total in Panik. Geistesgegenwärtig schaltete ich noch den Herd aus, als wir unten auch schon das Martinshorn des Notarztwagens hörten.

Vier Sanitäter kamen nach oben gepoltert, betteten Thomas auf eine Liege und bugsierten ihn ins Treppenhaus.

Der Lift war zum Glück so geräumig und modern, dass wir alle darin Platz hatten.

Während ich unserem Freund Rolf die Symptome schilderte, leuchtete er Thomas mit der Taschenlampe in die Augen, zog das Augenlid herunter, versuchte ihn anzusprechen, klopfte ihm auf die kalkweiße Wange und murmelte was von »Schlaganfall«.

»Sofort in die neue *Stroke Unit* im Klinikum Kassel!«

Ehe ich mich versah, saßen Sara und ich hinten bei Thomas im Rettungswagen. Mein geliebter Mann hatte bereits das Bewusstsein verloren, und Rolf leitete erste Maßnahmen ein.

»Aber er hat morgen Geburtstag«, jammerte Sara fassungslos. »Gleich stehen bei uns fünfzig Gäste auf der Matte!«

»Er kann froh sein, wenn er seinen Geburtstag noch erlebt«, sagte Rolf, während er eine Spritze aufzog.

Seine Worte gingen mir durch Mark und Bein. Ich konnte es nicht fassen! Mein starker Thomas, dieser sportliche starke Typ, unser großes Glück, unser Fels in der

Brandung! Unsere Familie, unsere Zukunft – all das sollte es plötzlich nicht mehr geben?

Im Klinikum bereiteten sie hastig sofort alles für eine Notoperation vor, und Sara und ich fanden uns eine Viertelstunde später vor dem OP wieder, dessen große Türen sich hinter Thomas schlossen.

Uns blieb nichts anderes übrig, als die beiden Münztelefone im Eingangsbereich mit Beschlag zu belegen und unseren Freunden wieder abzusagen.

Vier schreckliche Tage und Nächte kämpfte mein Thomas um sein Leben, bis Rolf mit der erlösenden Nachricht kam, dass er diesen schweren Schlaganfall überlebt hatte.

»Aber er ist nicht mehr der Thomas, den wir kennen.«

Auf Zehenspitzen betraten wir die Intensivstation, und es wurde mir ganz weh ums Herz. Mit eingefallenem Gesicht starrte mein Mann an die Decke, die Hände unnatürlich ineinander verkrampft.

»Er hat relativ schwache Lähmungserscheinungen, und mit viel Training in einer Spezial-Rehaklinik kann er es vielleicht schaffen, seine Extremitäten wieder zu bewegen«, teilte uns Rolf mit, der selber sichtlich betroffen war. »Aber von Tennisspielen, Golfen und um die Welt reisen kann keine Rede mehr sein.«

Sara und ich nahmen seine Hände, die keinerlei Reaktion zeigten und starrten uns fassungslos an. Noch nie hatte ich meine Sara so blass gesehen, und ihre Augen waren schreckgeweitet. Sie fasste sich als Erste: »Macht nix, Papa, wir lieben dich und halten zu dir, egal, wie lange es dauert.«

Ich bewunderte die Tapferkeit meiner Tochter, die die Tragweite dieser Tragödie viel schneller als ich begriff.

»Ich bin so dankbar und glücklich, dass du noch lebst, Thomas!« Unter Tränen küsste ich seine Hände. »Ich werde immer für dich da sein, in guten wie in schlechten Zeiten, das habe ich dir versprochen, und das halte ich auch …«

Ich hatte es inzwischen schon dreimal versprochen, und diesmal wollte ich eher sterben als wieder eine Ehe zerbrechen zu sehen.

Ich schluchzte verzweifelt. »Aber bitte gib dich nicht auf, Thomas!«

»Warum antwortet er denn nicht?« Sara starrte Rolf fragend an.

»Ich fürchte, er leidet am sogenannten Locked-in-Syndrom.« Rolf nahm uns mit nach draußen, denn Thomas konnte uns zwar hören, aber nicht mehr sprechen und nach außen hin nicht mehr reagieren. »Er ist quasi in sich selbst gefangen, und es bedarf unendlich viel Zeit und Geduld, ihn aus dieser Art Wachkoma herauszuholen!«

»Geht besser jetzt nach Hause«, riet uns Rolf. »Thomas braucht einfach Ruhe, und ihr solltet endlich mal was essen und eine Runde schlafen.«

So kamen wir völlig entkräftet und traumatisiert wieder in unsere Wohnung. Das Festmahl in den Töpfen und Pfannen war inzwischen kalt und ranzig geworden.

Mechanisch entsorgten wir die Partyspuren und aßen etwas von den Resten, die noch essbar waren.

Ich ließ mich apathisch in einen Sessel sinken und starrte ins Leere.

»Mama, wir schaffen das!« Sara ging vor mir in die

Knie und schüttelte meinen Arm. »Wir dürfen uns auf keinen Fall hängen lassen! Wir müssen Papa das Gefühl vermitteln, dass wir ganz viel Kraft haben!«

Sie hatte recht. Was für eine wundervolle Tochter mir doch das Leben geschenkt hatte!

Schon machte sich Sara am Computer zu schaffen und recherchierte im Internet alles über das Thema Schlaganfall und seine Folgen.

Wir vertieften uns in bergeweise Informationen, und Rolf brachte uns ebenfalls entsprechende Literatur mit. Bald wussten wir so ziemlich alles über Thomas' grausames Schicksal.

Er würde möglicherweise halbseitig gelähmt bleiben, für immer im Rollstuhl sitzen, nie mehr arbeiten können und stets auf fremde Hilfe angewiesen sein.

»Mama, wir schaffen das!«

»Ja, Sara. Wir schaffen das.«

Täglich fuhren wir zu Thomas ins Krankenhaus und redeten ihm gut zu, sagten ihm, wie sehr wir ihn liebten, und wie wenig es uns ausmachen würde, ihn für den Rest seines Lebens zu pflegen.

Er lag mit weit aufgerissenen Augen da, aus denen die Tränen tropften. Er verstand uns, konnte aber nicht antworten!

»Papa, wir schieben dich im Rollstuhl rum. Das macht uns gar nichts aus!«

»Mit allem können wir leben, nur sterben darfst du nicht!«

Wochenlang versuchten wir ihm auf diese Weise klarzumachen, dass WIR damit leben konnten, dass er möglicherweise nie wieder alleine auf die Toilette gehen, nie wieder allein essen, schlucken, lesen, fernsehen, mit Freunden sprechen und uns umarmen konnte.

WIR konnten damit leben. Behaupteten wir. Aber was wir damals nicht bedachten, war, dass THOMAS nicht damit leben konnte.

Winter 1999/2000

Zwei Monate später holte ich ihn nach Hause. Er war »austherapiert«, im Krankenhaus konnten sie nichts mehr für ihn tun. Er verweigerte sich allen Therapieversuchen, es war zu demütigend für ihn.

»Wenn er nicht mitarbeitet, hat es leider keinen Zweck.« Rolf schüttelte resigniert den Kopf.

»Er will nicht mehr. Er hat keinen Lebenswillen mehr.«

»Ach was, dann nehmen wir ihn eben mit heim. Zu Hause in seinen eigenen vier Wänden wird er sich besser fühlen.«

Dachten wir. Sagten wir. Beschlossen wir.

Doch das Dahinvegetieren in unserer Wohnung war für Thomas erst recht eine Qual.

Er musste mitansehen, wie seine Frau und seine Tochter alles für ihn aufgaben, was ihr Leben ausgemacht hatte: Freunde, Sport, gesellschaftliche Verpflichtungen. All das, wovon ich immer geträumt hatte: einen erfüllten, glücklichen Alltag. Ich hatte es ihm oft genug erzählt!

Er saß da, in sich zusammengesunken und verkrampft, stumm, und mit eingefallenen Wangen, mit leerem Blick und Speichel, der ihm aus dem Mundwinkel rann, und starrte an die Wand.

Sara musste wieder zur Schule gehen, aber ich wich meinem Thomas nicht von der Seite.

Ich legte seine Lieblingsmusik für ihn auf, erzählte ihm alles Mögliche, um nicht diese unerträgliche Stille in unserer Wohnung aushalten zu müssen. Ich ließ den Fernseher laufen, las ihm aus der Zeitung vor und kam mir dabei so unnütz vor wie noch nie in meinem Leben. Immer öfter ertappte ich mich dabei, dass ich heimlich auf die Uhr schielte. Wollte die Zeit denn gar nicht rumgehen? Wie lang einem so ein Tag doch werden konnte, wenn man einen behinderten Menschen bei Laune halten musste, der gar nicht bei Laune gehalten werden wollte?

Ich telefonierte stundenlang mit meinen Freundinnen, ließ ihn immer mithören, und behauptete, alles sei bestens. Vielleicht hörte Thomas an meiner Stimme, dass überhaupt nichts bestens war. Vielleicht wusste er es selber.

Wenn Sara nach Hause kam, lebten wir ihm einen halbwegs normalen Alltag vor, mit Hausaufgaben, Essenkochen und Fernsehen. Auch unsere Freunde standen zuverlässig auf der Matte. Alle liebten Thomas, sprachen ihm Mut zu und erzählten ihm vom Tennisklub. Sein Partner hatte das Architektenbüro übernommen und zwei junge Architekten eingestellt. Sie erledigten jetzt Thomas' Aufgaben – natürlich nur übergangsweise, wie sie behaupteten.

Dann kam das Millennium-Silvester. Wir feierten eine kleine Party mit engen Freunden bei uns im Penthouse und bestaunten um Mitternacht das Feuerwerk.

Ein neues Jahrtausend brach an!

Ich zog mir fröstelnd die Jacke enger um die Schultern. Erinnerungen blitzten auf wie Funkenregen: Kalifornien. Falk. Las Vegas. Frankfurt. Das Kind, das ich verloren hatte. Klementine. Södermanns. Dann Bernd. Unsere romantischen Treffen in Istanbul. Meine erste Reise nach Shiraz. Der unglaubliche Sternenhimmel im Iran. Der Marktplatz mit all seinem Grauen. Die Vergewaltigung, aus der meine geliebte Sara hervorging.

Spätestens da wurde mir klar, dass selbst aus dem größten Unglück wieder Glück erwachsen kann. Ich schaute zu meinem Thomas hinüber, der teilnahmslos in seinem Pflegebett lag.

Sara hielt ihn in den Armen und sagte vollkommen ernst: »Frohes neues Jahr, Papa! Ein neues Jahrtausend ist angebrochen! Wir kriegen das wieder hin, Papa – das hast du früher auch immer zu mir gesagt!«

Unsere Freunde nahmen seine Hand und redeten ihm gut zu. Dann versuchten sie, ganz nach meinem Wunsch, wieder Normalität herzustellen und begannen zu tanzen.

Mit mir tanzte niemand. Ich saß bei Thomas auf der Bettkante. »Schau nur, wie sich alle amüsieren! Unsere Freunde werden immer zu uns halten, Thomas!«

Doch an alldem konnte mein Thomas nicht mehr teilhaben. Ich sah, wie sehr er litt! Er schämte sich schrecklich, vom Versorger zum Klotz am Bein geworden zu sein. Er wollte, dass ich Spaß hatte und mittanzte, aber das tat ich natürlich nicht.

Im Grunde hatte ich mit meinem bisherigen Leben abgeschlossen. Von nun an würde ich mich nur noch um Thomas kümmern. Spaß und Abenteuer hatte ich genug erlebt.

In der fahlen Wintersonne schob ich ihn durch den Park, unter seiner braun karierten Wolldecke. Über zugefrorene Pfützen und altes Laub, und irgendwann glaubte ich, einen Funken Lebenswillen in seinen Augen zu entdecken.

»Rolf, ich glaube, er ist jetzt bereit für eine Therapie!«

»Na gut, dann bringen wir ihn in die Spezialklinik nach Göttingen!«

So ließen wir ihn mit einem Krankentransport ins etwa eine Autostunde entfernte Göttingen bringen.

Trotzdem kam es mir vor, als führten wir ein Schaf zur Schlachtbank, als ich meinen Thomas wegfahren sah. Ich fuhr natürlich im eigenen Wagen hinterher, brachte ihm seine Sachen und stellte viele Fotos von uns dreien aus glücklicheren Zeiten auf: Sara, Thomas und ich mit unseren Sonnenhüten in Griechenland auf dem Campingplatz. Sara, Thomas und ich an meinem vierzigsten Geburtstag im Tennisklub. Sara, Thomas und ich bei Ted und Pam am Strand in Kalifornien, Sara, Thomas und ich bei Saras Tanzstunden-Abschlussball. Alle Bilder zeugten von einem sorglosen, glücklichen Familienleben, von Liebe und Lebensfreude. Vielleicht hätte ich diese Bilder lieber nicht aufstellen sollen.

Denn Thomas versuchte, sich das Leben zu nehmen und stürzte sich im dritten Stock der Rehaklinik aus dem Fenster.

Er wollte dieses Familienleben nicht länger stören.

Er überlebte jedoch – nur, dass die Heilungschancen jetzt noch geringer waren.

Monatelang fuhr ich jeden Tag von Kassel nach Göttingen. Manchmal war Sara dabei, aber sie hatte Schule und Prüfungen. Doch immer richtete ich Thomas die allerliebsten Grüße aus und hielt ihm unsere Videokamera vor die Nase, mit der Sara liebevolle, witzige Botschaften für ihn aufgenommen hatte. Jeden Abend drehten wir unser »Papa-ich-hab-dich-lieb-und-du-schaffst-das-schon«-Video. Wir waren geradezu besessen davon.

Sara spielte Szenen aus ihrem Theaterstück vor, tanzte Cha-Cha-Cha, und ich führte ihm mein neues Frühlingskleid vor. Sara sagte ein französisches Gedicht auf, ich erzählte den neuesten Tratsch aus dem Tennisklub, Sara machte Handstand, ich backte Thomas einen Kuchen in Herzform, und wir beide hielten bunt bemalte Ostereier in die Kamera.

Wir glaubten, wir müssten Thomas nur unseren fröhlichen Alltag in die Reha-Klinik bringen, um seinen Lebenswillen zu stärken. Wir ließen unseren Thomas keinen einzigen Tag außen vor, in der festen Annahme, ihn so ins Leben zurückholen zu können.

»Wir packen das, Papa! Am Wochenende komme ich wieder mit! Bis dahin gute Besserung!«

»Wir lieben dich, Thomas! Wir freuen uns, wenn du bald gesund wirst!«

»Der Bodo hat den Henning in drei Sätzen geschlagen! Das gibt's doch nicht! Es wird Zeit, dass Thomas hier wieder neue Maßstäbe setzt!«

Unsere Freunde sprachen auch in die Kamera. Geballte Power, positive Energie. Freunde fürs Leben. Ich war mir sicher, dass wir alles richtig machten.

Mai 2000

»Frau König, sind Sie schon unterwegs?«

Der behandelnde Arzt, Dr. Schmitterer, erwischte mich auf dem Handy, als ich bereits im Auto saß.

»Ja, ich bin in einer Viertelstunde da!«

»Fahren Sie mal kurz auf einen Parkplatz, Frau König!«

»Was … Was ist denn passiert?«

»Fahren Sie mal rechts ran!«

»Das ist nicht nötig«, sagte ich. »Ich bin gleich da.«

In dem Moment wusste ich, was passiert war.

Thomas hatte ernst gemacht. Er wollte uns nicht länger zur Last fallen.

Mein Thomas hatte sich aus dem neunten Stock des Krankenhauses gestürzt.

Diesmal war er sofort tot.

Ich habe lange gebraucht, um diesen Schicksalsschlag zu verarbeiten.

Meine Sara ging viel pragmatischer damit um als ich. Woher hatte sie nur diese Zähigkeit, diese unbändige Kraft?

»Mami, der Papi hat das aus Liebe zu uns getan! Damit wir beide noch ein gutes Leben haben! Er wollte uns nicht damit bestrafen, sondern befreien!«

Mein Mädchen wurde vierzehn, und sie war so weise

und tapfer, dass mir die Tränen kamen. Was für ein Halt dieses Kind für mich war! Was für ein Gottesgeschenk! Egal ob von Allah oder von unserem Gott. Sara war alles für mich.

Auf ihren Wunsch hin flogen wir im Sommer nach Kalifornien. Zu Ted und Pam und den Cousins, die Sara abgöttisch liebte. Hier hatte ich vor knapp dreißig Jahren schon den Tod meiner Eltern verarbeitet, und ich spürte, dass ich hier auch den Tod meines geliebten Mannes verarbeiten würde.

»Er ist aus Liebe zu uns aus dem Leben geschieden. Weil er uns unser Leben zurückgeben wollte. Und Mami, das genießen wir jetzt. Das sind wir ihm schuldig!«

Ted und Pam trösteten mich wie damals, als meine Eltern so abrupt aus meinem Leben gerissen worden waren. Aber mein größter Trost war jetzt Sara.

Als die Sommerferien zu Ende gingen, spürten wir, dass wir beide nicht nach Deutschland zurückwollten.

»Mami, lass uns hier leben! Du hast dich hier immer wohlgefühlt – und Scheiße, ja, ich fühle mich hier auch wohl!«

Sara hatte sich in Kalifornien verliebt. Wer wollte es ihr verdenken? Wieder musste ich schaudernd daran denken, wie es ihr heute wohl ginge, wenn wir im Iran geblieben wären.

Also blieben wir. Und irgendwann ging Sara auf dasselbe College, auf dem ich damals studiert hatte. Sie wurde eine echte Amerikanerin.

April 2014

Sara und ich leben nun seit vierzehn Jahren in Kalifornien.

Sie ist meine beste Freundin und mein Abbild, wenn auch nicht äußerlich. Sie hat das Temperament und den Durchhaltewillen einer Fußballmannschaft. Und sie ist ein Segen.

2004 traf ich Friedhelm, einen passionierten Golfer. In Kalifornien kommt man um Golf gar nicht herum. Friedhelm ist ein aufmerksamer, liebevoller Mann. Freunde sagen, dass er sehr gut aussieht. Er besitzt zwei Jagdhunde und geht regelmäßig mit ihnen auf die Pirsch.

Manchmal lehne ich mich zurück und kann es kaum begreifen: Ich habe viermal im Leben die große Liebe gefunden. Und jeder Mann hat mich in ein unglaubliches, spannendes Abenteuer verwickelt. Ich bin mit jedem Mann gereift und habe von jedem Mann unendlich viel gelernt. Ich habe um jeden Mann geweint, aber ich bin immer ich selbst geblieben. Meinen allergrößten Schatz Sara habe ich allerdings keinem von ihnen zu verdanken. Sara verdanke ich nur mir. Und meinem Schweigen.

Ich sitze in unserem Strandhaus in Santa Barbara, unweit von Ted und Pam, und lasse mein turbulentes Leben

Revue passieren. Da sehe ich Friedhelm mit den Hunden den Strand entlangeilen: Er trägt einen Cowboyhut, und die Hunde hecheln. Im Schein der untergehenden Sonne sehen sie fast unwirklich aus. Ich winke, und er winkt zurück. Er beschleunigt seine Schritte. Gleich werde ich mein Tagebuch zuklappen und ihm seinen Drink mixen. Später wollen noch Ted, Pam und die Kinder zum Grillen vorbeikommen. Die Jungs sind schon verheiratet und haben ihrerseits Kinder. Und ein Au-pair-Mädchen aus Deutschland!

Vor vierzig Jahren saß ich genau hier, an diesem Strand, und das Buch meines Lebens lag aufgeschlagen vor mir, ohne dass schon viele Seiten beschrieben waren. Jetzt bin ich siebenundfünfzig. Mein langes blondes Haar trage ich in einem dicken Zopf, und wenn sich ein graues Haar daruntermischt, kann ich auf eine Reihe von erstklassigen Friseuren zurückgreifen. An meinem Gesicht lasse ich nichts machen, denn mein Gesicht erzählt die Geschichte meines Lebens. Ich spiele immer noch Tennis und habe Golf als neue Leidenschaft entdeckt. Das Jagen ist wieder eine neue Dimension. Ich höre nicht auf, dazuzulernen und dem Leben und seinen Chancen offen gegenüberzutreten.

Meine Sara hat einen Arzt kennengelernt, an dem Krankenhaus in Santa Barbara, an dem sie ihre Ausbildung zur Krankenschwester gemacht hat. Sie ist Nachtschwester, na ja, und der junge Arzt hatte wohl auch Nachtdienst: Die beiden haben mich Anfang des Jahres zur Großmutter gemacht. Die kleine Blue ist jetzt vier Monate alt.

Blue heißt sie, weil sie blaue Augen hat. Und weil das

Meer und der Himmel hier so blau sind. Aber sie hat ziemlich schwarze Haare, wenn Sie mich fragen.

Ich klappe das Buch zu, denn es ist dunkel geworden. Ich höre die Hunde bellen und Friedhelms Schritte im Sand knirschen. Es duftet nach Blüten, nach Meer, nach Gras und Freiheit. Ich lege den Kopf in den Nacken. Dieser Sternenhimmel ist wunderbar, aber nicht so grandios und märchenhaft wie im Iran.

Nachwort der Autorin

Diese Geschichte verdanke ich einem verpassten Flieger. Um die fünf Stunden Wartezeit auf dem Frankfurter Flughafen herumzukriegen, las ich noch einmal alle Mails, die während meiner Abwesenheit eingegangen waren, und in einem Anhang, den ich vorher übersehen hatte, fand ich sie. Der Funke sprang sofort über.

Nach *Drachenkinder,* der packenden Afghanistan-Geschichte von Sybille Schnehage, suchte ich wieder nach einer starken Protagonistin, die sich dem Leben mit Tapferkeit stellt und nach Schicksalsschlägen wieder aufsteht. Eine Heldin mit Vorbildcharakter.

Katharina von Schenck ist so eine Frau. Sofort rief ich sie an, und wir vereinbarten ein Treffen bei ihr zu Hause.

Frau von Schenck heißt in Wirklichkeit anders, und ihre Geschichte war auch nicht in allen Teilen so wie beschrieben. Sie möchte nicht erkannt werden, und ihr Kind, das inzwischen eine eigene Familie gegründet hat, soll auch weiterhin ein nicht öffentliches Leben genießen.

Es gibt Brigitta und Achmed, Evelin und Hussein, Betty und Horst. Falk ist inzwischen gestorben. Und es gab seine Tochter, zu der er eine Liebesbeziehung unterhielt. Zu Bernd hat Katharina noch losen Kontakt. Es gibt Elsbeth. Es gab Thomas. Es gibt Friedhelm und die Hunde, es gibt Ted, Pam und die Kinder, die inzwischen selbst Kinder haben.

Aber das Wichtigste – es gibt diese starke Frau, die nach dreißig Jahren Schweigens das Bedürfnis hatte, ihr Geheimnis zu lüften und ihre Geschichte zu erzählen.

Ich kann mich nur bei ihr bedanken, dass sie Vertrauen zu mir hatte und mir ihre Lebensgeschichte buchstäblich in die Hände legte.

Alle Änderungen haben wir einvernehmlich und behutsam vorgenommen.

Ich freue mich auf alle Einsendungen von spannenden Lebensgeschichten, die ich alle selbst lese. Vielleicht springt ja bald wieder der Funke!

Hera Lind, im August 2014

Nachwort von Katharina von Schenck

Als Hera Lind mich anrief und mir die Zusage für meine Geschichte gab, war ich zunächst sprachlos – was bei mir höchst selten der Fall ist. Dann aber kam augenblicklich die ganz große Freude auf. Und als sie mir dann noch sagte, dass sie mich gern persönlich kennenlernen möchte, war ich ganz aus dem Häuschen vor Vorfreude auf ihren Besuch.

Wir haben uns auf Anhieb gut verstanden, und es war, als würden wir uns schon viele Jahre kennen. Ich konnte ihr alles erzählen, und ich war selber erstaunt, wie einfach das war.

Seit dreißig Jahren wollte ich meine Geschichte aufschreiben bzw. erzahlen, und jetzt war es so weit. Vieles, was verdrängt oder verschüttet war, kam dank Hera Lind wieder zum Vorschein, und ich habe beim Lesen manches Mal geweint, aber auch gelacht.

Natürlich haben wir mit Rücksicht auf einige Personen die Namen und auch die Geschichte verändert. Aber alles hat sich so oder zumindest so ähnlich zugetragen. Der Iran war ein wichtiger Bestandteil meines Lebens, vielleicht sogar der wichtigste. Ich weiß das Leben heute viel mehr zu schätzen, ganz einfach, weil mir bewusst geworden ist, wie vieles gar nicht selbstverständlich ist.

Vor allem hat mich meine Zeit dort Toleranz gegenüber anders denkenden und anders lebenden Menschen gelehrt!

Es war eine wunderbare und ganz und gar unkomplizierte Zusammenarbeit, und als die letzte Zeile geschrieben bzw. gelesen war, fehlte mir direkt etwas.

Ich lebe heute mit meinem Mann Friedhelm auf dem Land im beschaulichen Nordhessen. Wir haben ein wunderschönes Haus, einen herrlichen Garten, einen Jagdhund und viele Freunde. Ich bin dankbar für dieses friedliche, unaufgeregte Leben. Kalifornien ist und bleibt mein zweites Zuhause, und ich bin so oft wie möglich dort und besuche meine Familie.

Aber hier lebt inzwischen auch meine Enkeltochter, und für mich ist es das schönste Geschenk und das größte Glück, sie heranwachsen zu sehen.

Katharina von Schenck, Mai 2014